墨　人　著

墨人博士作品全集【全60冊】

第二冊　文學醫學命學與人生

文史哲出版社印行

國家圖書館出版品預行編目資料

墨人博士作品全集 / 墨人著. -- 初版-- 臺北市:文史哲, 民 100.12

頁： 公分

ISBN 978-957-549-987-7 (全套 60 冊：平裝)

1.現代文學 2. 中國文學 3.別集

848.6 100022602

墨人博士作品全集【全60冊】

第二冊 文學醫學命學與人生

著 者：墨 人
出 版 者：文 史 哲 出 版 社
http://www.lapen.com.tw
登記證字號：行政院新聞局版臺業字五三三七號
發 行 人：彭 正 雄
發 行 所：文 史 哲 出 版 社
印 刷 者：文 史 哲 出 版 社
臺北市羅斯福路一段七十二巷四號
郵政劃撥帳號：一六一八〇一七五
電話886-2-23511028 · 傳真886-2-23965656

【全60冊】定價新臺幣 36,800 元

中華民國一百年（2011）十二月初版

ISBN 978-957-549-987-7 08992

墨人博士著作品全集　總目

一、散文類

二、長篇小說

三、中短篇小說散文合集

四、詩詞及論評

附：外篇

墨人的一部文學千秋史

張萬熙先生，筆名墨人，江西九江人，民國九年生。爲一位享譽國內外名小說家、詩人、學者。歷任軍、公、教職。六十五歲始自從國民大會簡任一級加年功俸的資料組長兼圖書館長公職崗位退休，但已是中國文壇上一位閃亮的巨星。出版有：《全唐詩尋幽探微》、《紅樓夢的寫作技巧》、二百九十多萬字的大長篇小說《紅塵》、《白雪青山》、《春梅小史》；詩集：《哀祖國》；散文集：《小園昨夜又東風》……。民國五十年、五十一年連續以短篇小說，兩次入選維也納納富出版公司出版的《世界最佳小說選集》。七十歲時自東吳大學中文系教席二度退休，仍著述不輟，爲國寶級文學家。墨人博士在臺勤於創作六十多年（在大陸時期已創作十年），並以其精通儒、釋、道之學養，綜理戎機、參贊政務、作育英才，更以其對傳統文學的精湛造詣，與對新文藝的創作，在國際上贏得無數榮譽，如：美國世界大學榮譽文學博士、美國馬奎士國際大學榮譽文學博士、美國艾因斯坦國際學院榮譽人文學博士（包括哲學、文學、藝術、語言四類）、英國劍橋國際傳記中心副總裁（代表亞洲）、英國莎士比亞詩、小說與人文學獎得主，現在出版《全集》中。

壹、家世・堂號

張萬熙先生，江西省德化人（今九江），先祖玉公，明末時以提督將軍身份鎮守雁門關，蒙古騎兵入侵，戰死於東昌，後封為「河間王」。其子輔公，進士出身，歷任文官。後亦奉召領兵「三定交趾」，因戰功而封為「定興王」。其子貞公亦有兵權，因受奸人陷害，自蘇州嘉定（即今上海市一區），謫居潯陽（今江西九江）。祖宗牌位對聯為：嘉定源流遠，潯陽歲月長；右書「清河郡」、左寫「百忍堂」。

貳、來臺灣的過程

民國三十八年，時局甚亂，張萬熙先生攜家帶眷，在兵荒馬亂人心惶惶時，張先生從湖南長沙火車站，先將一千多度的近視眼弱妻，與四個七歲以下子女，從車窗口塞進車廂，自己則擠在廁所內動彈不得，千辛萬苦的從湖南長沙搭火車南下廣州，從廣州登商輪來臺。七月三日抵基隆，由同學顧天一先生，接到臺北縣永和鎮鄉下暫住。

參、在臺灣一甲子奮鬥的過程

一、初到臺灣的生活

家小安頓妥後，張萬熙先生先到臺北萬華，一家新創刊的《經濟快報》擔任主編，但因財務不濟，四個月不到便草草結束。幸而另謀新職，舉家遷往左營擔任海軍總司令辦公室秘書，負責紀錄整理所有軍務會報紀錄。

民國四十六年，張先生自左營來臺北任職國防部史政局編纂《北伐戰史》（歷時五年多浩大工程，編成綠布面精裝本、封面燙金字《北伐戰史》叢書），完成後在「八二三」炮戰前夕又調任國防部總政治部，主管陸、海、空、聯勤文宣業務，四十七歲自軍中正式退役後轉任文官，在臺北市中山堂的國民大會主編研究世界各國憲法政治的十六開大本的《憲政思潮》，作者、譯者都是台灣大學、政治大學的教授、系主任，首開政治學術化先例。

張先生從左營遷到臺北大直海軍眷舍，只是由克難的甘蔗板隔間眷舍改爲磚牆眷舍，大小一般，但邊間有一片不小的空地，子女也大了，不能再擠在一間房屋內，因此，張先生加蓋了三間竹屋安頓他們。但眷舍右上方山上是一大片白色天主教公墓，在心理上有一種「與鬼爲鄰」的感覺。張夫人有一千多度的近視眼，她看不清楚，子女看見嘴裡不講，心裡都不舒服。張先生自軍中假退役後，只拿八成俸。

張先生因爲有稿費、版稅，還有些積蓄，除在左營被姓譚的同學騙走二百銀元外，剩下的積蓄還可以做點別的事。因爲住左營時在銀行裡存了不少舊臺幣，那時左營中學附近的土地只要三塊多錢一坪，張先生可以買一萬多坪。但那時政府的口號是「一年準備，兩年反攻，三年掃蕩，五年成功。」張先生信以爲真，三十歲左右的人還是「少不更事」，平時又忙著上班、寫作，實在不懂政治、經濟大事，以爲政府和「最高領袖」不會騙人，五年以內真的可以回大陸，張先生又有「戰士授田證」。沒想到一改用新臺幣，張先生就損失一半存款，呼天不應。但天理不容，姓譚的同學不但無后，也死了三十多年，更沒沒無聞。張先生作人、看人的準則是：無論幹什麼都是「誠信」第一，因果比法律更公平、更準。欺人不可欺心，否則自食其果。

二、退休後的寫作生活

張先生四十七歲自軍職退休後，轉任台北市中山堂國大會主編十六開大本研究各國憲法政治的《憲政思潮》十八年，時任簡任一級資料組長兼圖書館長。並在東吳大學兼任副教授二十年、香港廣大學院指導教授、講座教授、指導論文寫作、不必上課。六十四歲時即請求自公職提前退休，以業務重要不准，但取得國民大會秘書長（北京朝陽大學法律系畢業）何宜武先生的首肯，六十五歲依法退休。當時國民大會、立法院、監察院簡任一級主管多延至七十歲退休，因所主管業務富有政治性，與單純的行政工作不同，六十五歲時張先生雖達法定退休年齡，還是延長了四個月才正式退休，何秘書長宜武大惑不解地問張先生：「別人請求延長退休而不可得，你爲什麼反而要求退休？」張先生答以「專心寫作」，何秘書長才坦然不疑。退休後日夜寫作，因胸有成竹，很快完成了一百九十多萬字的大長篇小說《紅塵》，在鼎盛時期的《臺灣新生報》連載四年多，開中國新聞史中報紙連載最大長篇小說先河。但報社還不敢出版，經讀者熱烈反映，才出版前三大冊。當年十二月即獲行政院新聞局「著作金鼎獎」與嘉新文化基金會「優良著作獎」，亦無前例。《台灣新生報》又出九十三章至一百二十二章，只好名爲《續集》。墨人在書前題五言律詩一首：

浩劫未埋身，揮淚寫紅塵，非名非利客，孰晉孰秦人？
毀譽何清問？吉凶自有因。天心應可測，憂道不憂貧。

二〇〇四年初，巴黎 youfeng 書局出版豪華典雅的法文本《紅塵》，亦開「五四」以來中文作家大長篇小說進入西方文學世界重鎭先河。時爲巴黎舉辦「中國文化年」期間，兩岸作家多由政府資助出席，張先生未獲任何資助，亦未出席，但法文本《紅塵》卻在會場展出，實爲一大諷刺。張先生一生「只問耕耘，不問收穫」的寫作態度，七十多年來始終如一，不受任何外在因素影響。

肆、特殊事蹟與貢獻

一、《紅塵》出版與中法文學交流

《紅塵》寫作時間跨度長達一世紀，由清朝末年的北京龍氏家族的翰林第開始，寫到八國聯軍、滿清覆亡、民國初建、八年抗日、國共分治下的大陸與臺灣，續談臺灣的建設發展、開放大陸探親等政策。空間廣度更遍及大陸、臺灣、日本、緬甸、印度，是一部中外罕見的當代文學鉅著。墨人五十七歲時應邀出席在西方文藝復興聖地佛羅倫斯所舉辦的首屆國際文藝交流大會，會後環遊地球一周。七十歲時應邀訪問中國大陸四十天，次年即出版《大陸文學之旅》。《紅塵》一書最早於臺灣新生報連載四年多，並由該報連出三版，臺灣新生報易主後，將版權交由昭明出版社出版定本六卷。由於本書以百年來外患內亂的血淚史爲背景，寫出中國人在歷史劇變下所顯露的生命態度、文化認知、人性的進取與沉淪，引起中外許多讀者極大共鳴與回響。

旅法學者王家煜博士是法國研究中國思想的權威，曾參與中國古典文學的法文百科全書翻譯工作，他認爲深入的文化交流仍必須透過文學，而其關鍵就在於翻譯工作。從五四運動以來，中西文化交流一直是西書中譯的單向發展。直到九十年代文建會提出「中書外譯」計畫，臺灣作家才逐漸被介紹到西方，如此文學鉅著的翻譯，算是一個開始。

王家煜在巴黎大學任教中國上古思想史，他指出《紅塵》一書中所引用的詩詞以及蘊含中國思想的博大精深，是翻譯過程中最費工夫的部分。爲此，他遍尋參考資料，並與學者、詩人討論，歷時十年終於完成《紅塵》的翻譯工作，本書得以出版，感到無比的欣慰。他笑著說，這可說是「十年寒窗」。

《紅塵》法文譯本分上下兩大冊，已由法國最重要的中法文書局「友豐書店」出版。友豐負責人潘立輝謙沖寡言，三十年多來，因對中法文化交流有重大貢獻而獲得法國授予文化「騎士勳章」的榮譽。他於五年前開始成立出版部，成爲歐洲一家以出版中國圖書法文譯著爲主業的華人出版社。

潘立輝表示，王家煜先生的法文譯筆典雅、優美而流暢，使他收到「紅塵」譯稿時，愛得不忍釋手，他以一星期的時間一口氣看完，經常讀到凌晨四點。他表示出版此書不惜成本，不太可能賺錢，卻感到十分驕傲，因爲本書能讓不懂中文的旅法華人子弟，更瞭解自己文化根源的可貴之處，同時，本書的寫作技巧必對法國文壇有極大影響。

二、不擅作生意

張先生在六十五歲退休之前，完全是公餘寫作，在軍人、公務員生活中，張先生遭遇的挫折不少。軍職方面，張先生只升到中校就不做了，因爲過去稱張先生爲前輩、老長官的人都成爲張先生的上司，張先生怎麼能做？因爲張先生的現職是軍聞社資料室主任（他在南京時即任國防部新創立的「軍事新聞總社」實際編輯主任，因言守元先生是軍校六期老大哥，未學新聞，不在編輯之列）。但張先生以不求官，只求假退役，不擋人官路，這才退了下來。那時養來亨雞風氣盛行，在南京軍聞總社任外勤記者的姚秉凡先生頭腦靈活，他即時養來亨雞，張先生也「東施效顰」，結果將過去稿費積蓄全都賠光。

三、家庭生活與運動養生

張先生大兒子考取中國廣播公司編譯，結婚生子，廿七年後才退休，長孫修明取得美國南加州大學電機碩士學位，之後即在美國任電機工程師。五個子女均各婚嫁，小兒子選良以獎學金取得美國華盛頓大學化學工程博士，媳蔡傳惠爲伊利諾理工學院材料科學碩士，兩孫亦已大學畢業就業，落地生根。

張先生兩老活到九十一、九十二歲還能照顧自己。（近年以一印尼女「外勞」代做家事）張先生一伏案寫作四、五小時都不休息，與臺大外文系畢業的長子選翰兩人都信佛，六十五歲退休後即吃全素。低血壓十多年來都在五十五至五十九之間，高血壓則在一百一十左右，走路「行如風」，年輕人很多都跟不上張先生，比起初來臺灣時毫不遜色，這和張先生運動有關。因爲張先生住大直後山海軍眷舍八年，眷舍右上方有一大片白色天主教公墓，諸事不順，公家宿舍小，又當西曬，張先生靠稿費維持七口之家和五個子女的教育費。三伏天右手墊塡著毛巾，背後電扇長吹，三年下來，得了風濕病，手都舉不起來，花了不少錢都未治好。後來章斗航教授告訴張先生，圓山飯店前五百完人塚廣場上，有一位山西省主席閻錫山的保鑣王延年先生在教太極拳，勸張先生天一亮就趕到那裡學拳，一定可以治好。張先生一向從善如流，第二天清早就向王延年先生報名請教，王先生有教無類，收張先生這個年已四十的學生，王先生先不教拳，只教基本軟身功攀腿，卻受益非淺。

四、耿直的公務員性格

張先生任職時向來是「不在其位，不謀其政」。後來升簡任一級組長，有一位「地下律師」的專員，平時鑽研六法全書，混吃混喝，與西門町混混都有來往，他的前任爲大畫家齊白石女婿，平日公私不分，是非不明，借錢不還，沒有口德，人緣太差，又常約那位「地下律師」專員到家中打牌。那專員平日不簽到，甚至將簽到簿撕毀他都不哼一聲，因爲爲他多報年齡，屆齡退休時想更改年齡，但是得罪人太多，金錢方面更不清楚，所以不准再改年齡，組長由張先生繼任。

張先生第一次主持組務會報時，那位地下律師就在會報中攻擊圖書科長，張先生立即申斥，並宣佈記過。簽報上去處長都不敢得罪那地下律師，又說這是小事，想馬虎過去，張先生以秘書處名譽紀律爲重，非記過不可，讓他去法院告張先生好了。何宜武祕書長是學法的，他看了張先生簽呈同意記過，那位地下律師「專員」不但不敢告，只暗中找一位不明事理的國大「代表」來找張先生的麻煩。因事先有人告訴他，張先生完全不理那位代表，他站在張先生辦公室門口不敢進來，幾分鐘後悄然而退。人不怕鬼，鬼就怕人。諺云：「一正壓三邪」，這是經驗之談。直到張先生退休，那位專員都不敢惹事生非，西門町流氓也沒有找張先生的麻煩，當年的代表十之八九已上「西天」，張先生活到九十二歲還走路「行如風」，一坐到書桌，能連續寫作四、五小時而不倦，不然張先生怎麼能在兩岸出版約三千萬字的作品？

（原載新文豐《紮根台灣六十年》，墨人民國一百年十一月十三日校正）

墨人博士作品全集

文學是千秋藝業
秦皇漢武今何在
李白杜甫仍風流

全集共分四大類
一、散文類　二、小說類
三、文學理論類
四、新詩古典詩詞類

我出生於一個「萬般皆下品，惟有讀書高」的傳統文化家庭，且深受佛家思想影響，因祖母信佛，兩個姑母先後出家，大姑母是帶著賠嫁的錢購買依山傍水風景很好，上名山廬山的必經之地的「天后宮」出家的，小姑母的廟則在鬧中取靜的市區。我是父母求神拜佛後出生的男子，並寄名佛下，乳名聖保，上有二姊下有一妹都夭折了，在那個重男輕女的時代！我自然水漲船高了。我記得四、五歲時一位面目清秀，三十來歲文質彬彬的李瞎子替我算命，母親問李瞎子，我的命根穩不穩？能不能養大成人？李瞎子說我十歲行運，幼年難免多病，可以養大成人，但是會遠走高飛。母親聽了憂喜交集，在那個時代不但妻以夫貴。也以子貴，有兒子在身邊就多了一層保障。母親的心理壓力很大，李瞎子的「遠走高飛」那句話可不是一句好話。

到現在八十多年了，我還記得十分清楚。母親暗自憂心。何況科舉已經廢了，不必「進京趕考」，更不會「當兵吃糧」，安安穩穩作個太平紳士或是教書先生不是很好嗎？我們張家又是大族，人多勢眾，不會受人欺侮，何況二伯父的話比法律更有權威，人人敬仰，去外地「打流」又有什麼好處？因此我剛滿六歲就正式拜孔夫子入學啓蒙，從《三字經》、《百家姓》、《千字文》、《千家詩》、《論語》、《大學》、《中庸》……《孟子》、《詩經》、《左傳》讀完了都要整本背，在十幾位學生中，也只有我一人能背，我背書如唱歌，窗外還有人偷聽，他們實在缺少娛樂。除了我父親下雨天會吹吹笛子、簫，消遣之外，沒有別的娛樂，我自幼歡喜絲竹之音，但是很少聽到。讀書的人也只有我們三房、二房兩兄弟，二伯父在城裡當紳士，偶爾下鄉排難解紛，他是一族之長，更受人尊敬，因為他大公無私，又有一百八十公分左右的身高，眉眼自有威嚴，能言善道，他的話比法律更有效力，加之民性純樸，真是「夜不閉戶，道不失遺」。只有「夏都」廬山才有這麼好的治安。我十二歲前就讀完了四書、詩經、左傳、千家詩。我最喜歡的是《千家詩》和《詩經》。

關關雎鳩，在河之洲，
窈窕淑女，君子好逑。

我覺得這種詩和講話差不多，可是更有韻味。我就喜歡這個調調。《千家詩》我也喜歡，我背得更熟。開頭那首七言絕句詩就很好懂：

雲淡風清近午天，傍花隨柳過前川。
時人不識余心樂，將謂偷閒學少年。

老師不會作詩，也不講解，只教學生背，我覺得這種詩和講話差不多，但是更有韻味。我也了解大意，我以讀書爲樂，不以爲苦。這時老師方教我四聲平仄，他所知也止於此。

我也喜歡《詩經》，這是中國最古老的詩歌文學，是集中國北方詩歌的大成。可惜三千多首被孔子刪得只剩三百首。孔子的目的是：「詩三百，一言以蔽之，曰思無邪。」孔老夫子將《詩經》當作教條。詩是人的思想情感的自然流露，是最可以表現人性的。先民質樸，孔子既然知道「食色性也」，對先民的集體創作的詩歌就不必要求太嚴，以免喪失許多文學遺產和地域特性。楚辭和詩經不同，就是地域特性和風俗民情的不同。文學藝術不是求其同，而是求其異。這樣才會多彩多姿。文學不應成爲政治工具，但可以移風易俗，亦可淨化人心。我十二歲以前所受的基礎教育，獲益良多，但也出現了一大危機，沒有老師能再教下玄。幸而有一位年近二十歲的姓王的學生在廬山一未立案的國學院求學，他問我想不想去？我自然想去，但廬山夏涼，冬天太冷，父親知道我的心意，並不反對，他對新式的人手是刀尺的教育沒有興趣，我便在飄雪的寒冬同姓王的爬上廬山，我生在平原，這是第一次爬上高山。

在廬山我有幸遇到一位湖南岳陽籍的閻毅字任之的好老師，他只有三十二歲，飽讀詩書，與民國初期的江西大詩人散原老人唱和，他的王字也寫的好。有一天他要六七十位年齡大小不一的學生各寫一首絕句給他看，我寫了一首五絕交上去，廬山松樹不少，我生在平原是看不到松樹的，我是即景生情，信手寫來，想不到閻老師特別將我從大教室調到他的書房去，在他右邊靠牆壁另加一桌一椅，教我讀書寫字，並且將我的名字「熹」改爲「熙」，視我如子。原來是他很欣賞我那首五絕中的「疏松月影亂」這一句。我只有十二歲，不懂人情世故，也不了解他的深意。時任漢口市長張群的侄子張繼文還小我一歲，卻是個天不怕、地不怕的小太保，江西省主席熊式輝的兩個小舅子大我幾歲，閻老師的侄子卻高齡二十八歲。學歷也很懸殊，有上過大學的、高中的，多是對國學有興趣，支持學校的袞袞諸公也都是有心人士，新式學校教育日漸西化，國粹將難傳承，所以創辦了這樣一個尚未立案的國學院，也未大張旗鼓正式掛牌招生，但聞風而至的要人子弟不少，校方也本著「有教無類」的原則施教，閻老師也是義務施教，他與隱居廬山的要人嚴立三先生也有交往。（抗日戰爭一開始嚴立三即出山任湖北省主席，諸閻老師任省政府秘書，此是後話。）同學中權貴子弟亦多，我雖不是當代權貴子弟，但九江先組玉公以提督將軍身分抵抗蒙古騎兵入侵雁門關戰死東昌(雁門關內北京以西縣名,一九九〇年我應邀訪問大陸四十天時去過。)而封河間王;其子輔公。以進士身分出仕,後亦應昭領兵三定交趾而封定興王;其子貞公亦有兵權,因受政客讒害而自嘉定謫居潯陽。大詩人白居易亦曾謫爲江州司馬,我另一筆名即用江州司馬。我是黃帝第五子揮的後裔,他因善造弓箭而賜姓張。遠祖張良是推薦韓信爲劉邦擊敗楚霸王項羽的漢初三傑之首。他有知人之明,深知劉邦可以共患難,不能共安樂,所以悄然引退,作逍遙遊,不像韓信爲劉邦拼命打天下,立下汗馬功勞,雖封三齊王卻死於未央宮呂后之手。這就是不知進退的後果。我很敬佩張良這位遠祖,抗日戰爭初期(一九三八)我爲不作「亡國奴」,即輾轉赴臨時首都武昌以優異成績考取軍校,一位落榜的姓熊的同學帶我們過江去漢口。中共未公開招生的「抗日大學」(當時國共合作抗日,中共在漢口以「抗大」名義吸收人才。)辦事處參觀,接待我們的是一位讀完大學二年級才貌雙全,口才奇佳的女生獨對我說負責保送我免試進「抗大」一期,因未提其他同學,我不去。一年後我又在軍校提前一個月畢業,因我又考取陪都重慶中央政府培養高級軍政幹部的中央訓練團,而特設的新聞「新聞研究班」第一期,與我同期的有爲新詩奉獻心力的覃子豪兄(可惜五十二歲早逝)和中央社東京分社主任兼國際記者協會主席的李嘉兄。他在我訪問東京時曾與我合影留念,並親贈我精裝《日本專欄》三本。他七十歲時過世,這兩張照片我都編入「全集」一百九十多萬字的空前大長篇小說(紅塵)照片類中。而今在台同學只有兩位了。

民國二十八年(一九三九)九月我以軍官、記者雙重身分,奉派到第三戰區最前線的第三十二集團軍上官雲相總部所在地，唐宋八大家之一，又是大政治家王安石，尊稱王荆公的家鄉臨川，（屬撫州市）作軍事記者，時年十九歲，因第一篇戰地特寫《臨川新貌》經第三戰區長官都主辦的行銷甚廣的《前線日報》發表，隨即由淪陷區上海市美國人經營的《大美晚報》轉載，而轉爲文學創作，因我已意識到新聞性的作品易成「明日黃花」，文學創作則可大可久，我爲了寫大長篇《紅塵》、六十四歲時就請求提前退休，學法出身的秘書長何宜武先生大惑不解，他對我說：

「別人想幹你這個工作我都不給他，你爲什麼要退？」我幹了十幾年他只知道我是個奉公守法的張萬熙，不知道我是「作家」墨人，有一次國立師範大學校長劉真先生告訴他張萬熙就是墨人，劉校長看了我在當時的「中國時報」發表的幾篇有關中國文化的理論文章，他希望我繼續寫，劉校長真是有心人。沒想到他在何宜武秘書長面前過獎，使我不能提前退休，要我幹到六十五歲多四個月才退了下來。現在事隔二十多年我才提這件事。鼎盛時期的（台灣新生報）連載四年多的拙作《紅塵》出版前三冊時就同時獲得新聞局著作金鼎獎和嘉新文化基金會「優良著作獎」，劉真校長也是嘉新文化基金會的評審委員之一，他一定也是投贊成票的。「世有伯樂而後有千里馬」。我九十二歲了，現在經濟雖不景氣，但我還是重讀重校了拙作「全集」我一向只問耕耘，不問收穫，我歷任軍、公、教三種性質不同的職務，經過重重考核關卡，寫作七十三年，經過編者的考核更多，我自己從來不辦出版社。我重視分工合作。我頭腦清醒，是非分明，歷史人物中我更敬佩遠祖張良，不是劉邦。張良的進退自如我更歎服。在政治角力場中要保持頭腦清醒，人性尊嚴並非易事。我們張姓歷代名人甚多，我對遠祖張良的進退自如尤爲歎服，因此我將民國四十年在台灣出生的幼子依譜序取名選良。他早年留美取得化學工程博士學位，雖有獎學金，但生活仍然艱苦，美國地方大，出入非有汽車不可，這就不是獎學金所能應付的，我不能不額外支持，他取得化學工程博士學位與取得材料科學碩士學位的媳婦蔡傳惠雙雙回台北探親，且各有所成，幼子曾研究生產了飛機太空船用的抗高溫的纖維，媳婦則是一家公司的經理，下屬多是白人，兩孫亦各有專長，在台北出生的長孫是美國南加州大學的電機碩士，在經濟不景氣中亦獲任工程師，我不要第三代走這條文學小徑，是現實客觀環境的教訓，我何必讓第三代跟我一樣忍受生活的煎熬，這會使有文學良心的人精神崩潰的。我因經常運動，又吃全素二十多年，九十二歲還能連寫四、五小時而不倦。我寫作了七十多年，也苦中有樂，但心臟強，又無高血壓，一是得天獨厚，二是生活自我節制，我到現在血壓還是60－110之間，沒有變動，寫作也少戴老花眼鏡，走路仍然「行如風」，十分輕快，我在國民大會主編《憲政思潮》十八年，看到不少在大陸選出來的老代表，走路兩腳在地上蹉跎，這就來日不多了。個人的健康與否看他走路就可以判斷，作家寫作如在八十歲以後還不戴老花眼鏡，沒有高血壓，長命百歲絕無問題。如再能看輕名利，不在意得失，自然是仙翁了。健康長壽對任何人都很重要，對詩人作家更重要。

一九九〇年我七十歲應邀訪問大陸四十天作「文學之旅」時，首站北京，我先看望已九十高齡的老前輩散文作家，大家閨秀型的風範，平易近人，不慍不火的冰心，她也「勞改」過，但仍心平氣和。本來我也想看看老舍，但老舍已投湖而死，他的公子舒乙是中國現代文學館的副館長，他也出面接待我，還送了我一本他編寫的《老舍之死》，隨後又出席了北京詩人作家與我的座談會，參加七十賤辰的慶生宴，彈指之間卻已二十多年了。我訪問大陸四十天，次年即由台北「文史哲出版社」出版照片文字俱備的四二五頁的《大陸文學之旅》。不虛此行。大陸文友看了這本書的無不驚異，他們想不到我七十一高齡還有這樣的快筆，而又公正詳實。他們不知我行前的準備工作花了多少時間，也不知道我一開筆就很快。

我拜會的第二位是跌斷了右臂的詩人艾青，他住協和醫院，我們一見如故，他是浙江金華人，卻體格高大，性情直爽如燕趙之士，完全不像南方金華人。我們一見面他就緊握著我的手不放，侃侃而談，我不知道他編《詩刊》時選過我的新詩。在此之前我交往過的詩人作家不少，沒有像他如此豪放真誠，我告別時他突然放聲大哭，陪我去看他的北京新華社社長族侄張選國先生，陪我四十天作《大陸文學之旅》的廣州電視台深圳站站長高麗華女士，文字攝影記者譚海屏先生等多人，不但我爲艾青感傷，陪同我去看艾青的人也心有戚戚焉，所幸他去世後安葬在八寶山中共要人公墓，他是大陸唯一的詩人作家有此殊榮。台灣單身詩人同上校軍文黃仲琮先生，死後屍臭才有人知道，他小我二歲，如我不生前買好八坪墓地，連子女也只好將我兩老草草火化，這是與我共患難一生的老伴死也不甘心的，抗日戰爭時她父親就是我單獨送上江西南城北門外義山土葬的。這是中國人「入土爲安」的共識。也許有讀者會問這和文學創作有什麼關係？但文學創作不是單純的文字工作，而是作者整個文化觀、文學觀，人生觀的具體表現，不可分離。詩人作家不能「瞎子摸象」，還要有「舉一反三」的能力。我做人很低調。寫作也不唱高調，但也會作不平之鳴、仗義直言。我不鄉愿，我重視一步一個腳印，「打高空」可以譁眾邀寵於一時，但「旁觀者清」，讀者中藏龍臥虎，那些不輕易表態的多是高人。高人一旦直言不隱，會使洋洋自得者現出原形。作品一旦公諸於世，一切後果都要由作者自己負責，這也是天經地義的事。

我寫作七十多年無功無祿，我因熬夜寫作頭暈住馬偕醫院一個星期也沒有人知道，更不像大陸的當代作家、詩人是有給制，有同教授的待過，而稿費、版稅都歸作者所有。依據民國九十八年一月十日「中國時報」A十四版「二〇〇八年中國作家富豪榜單」二十五名收入人民幣的數字統計，第一高的郭敬明一年是一千三百萬人民幣，第二名鄭淵潔是一千一百萬人民幣，第三名楊紅櫻是九百八十萬人民幣。最少的第二十五名的李西閩也有一百萬人民幣，以人民幣與台幣最近的匯率近一比四・五而言，現在大陸作家一年的收入就如此之多，是我一九九〇年應邀訪問大陸四十天作文學之旅時所未想像到的，而現在的台灣作家與我年紀相近的二十年前即已停筆，原因之一是發表出版兩難，二是年齡太大了。民國九十八年（二〇〇九）以前就有張漱菡（本名欣禾）、尹雪曼、劉枋、王書川、艾雯、嚴友梅六位去世，嚴友梅還小我四、五歲，小我兩歲的小說家楊念慈則行動不便，髫鬚相當長，可以賣老了。我托天佑，又自我節制，二十多年來吃全素，又未停止運動，也未停筆，最近在台北榮民總醫院驗血檢查，健康正常。我也有我的養生之道，每天吃枸杞子明目，吃南瓜子抑制攝護腺肥大，多走路、少坐車，伏案寫作四、五小時而不疲倦，此非一日之功。

民國九十八（二〇〇九）己丑，是我來台六十周年，這六十年來只搬過兩次家，第一次從左營搬到台北大直海軍眷舍，在那一大片天主教白色公墓之下，我原先不重視風水，也無錢自購住宅，想不到鄰居的子女有得神經病的，有在金門車禍死亡的，大人有坐牢的，有槍斃的，也有得神經病的，我退役養雞也賠光了過去稿費的積蓄，讀台大外文系的大兒子也生病，我則諸事不順，直到搬到大屯山下坐北朝南的兩層樓的獨門獨院自宅後，自然諸事順遂，我退休後更能安心寫作，遠離台北市區，真是「市遠無兼味，地僻客來稀。」同里鄰的多是市井小民，但治安很好，誰也不知道我是爬格子的，連警察先生也不光顧舍下，除了近十年常有人打電話來騙我，幸未上大當外，我安心過自己的生活。當年「移民潮」去不了美國的也會去加拿大，我是「美國人」的祖父，我不移民美國，更別說去加拿大了。娑婆世界無常，早年即移民美國的琦君（本名潘希真）、彭歌，最後還是回到台灣來了，這不能說台灣是「天堂」，以我的體驗而言是台北市氣候宜人，夏天三十四度以上的日子少，冬天十度以下的日子也很少，老年人更不能適應零度以下的氣溫，我只有冬天上大屯山、七星山頂才能見雪。有高血壓、心臟病的老人更不能適應。我不想做美國公民，做台灣平民六十多年，也沒有自卑感。

娑婆世界是一個無常的世界，天有不測風雲，人有旦夕禍福，老子早說過：「福兮禍所倚，禍兮福所伏。」禍福無門，唯人自招。我一生不起歪念，更不損人利己，與人爲善。雖常吃暗虧，只當作上了一課。這個花花世界是我學不完的大教室，萬丈紅塵其中也有黑洞，我心存善念，更不造文字孽，不投機取巧，不違背良知，蒼天自有公斷，我本著文學良心寫作，盡其在我而已，讀者是最好的裁判。

民國一〇〇年（二〇一一）辛卯七月二十九日下午六時二十三分於紅塵寄廬

1951 年墨人 31 歲與夫人曾麗春女士（30 歲）結婚十周年紀念合影於左營

墨人博士七十壽辰與夫人曾麗春女士合影。此照為大翻譯家、文學理論家黃文範先生所攝，並在照片背後題「南山北海惟仁者壽」。

民國二十九年（1940）作者墨人在江西南城戎裝照。

1939 年墨人即自戰時陪都四川重慶奉派至江西臨川王安石家鄉，第三戰區前線任軍事記者創辦軍報，提供抗日官兵精神食糧。時年 19 歲。

2010 年「五四」作者墨人 91 歲在花蓮和南寺家人合影

2003 年 8 月 26 日作者墨人（中）在含鄱口觀山景點與
作者長女韻華、長子選翰、三女韻湘、二女韻真合影。

2005 年 2 月作者次子選良（右一）回台北與父（右二）及
作者夫人（中）三女韻湘（左二）二女韻真（左一）合影。

作者墨人在書房留影，時年八十五歲。

《墨人博士大長篇小說〈紅塵〉法文譯本封面照片》

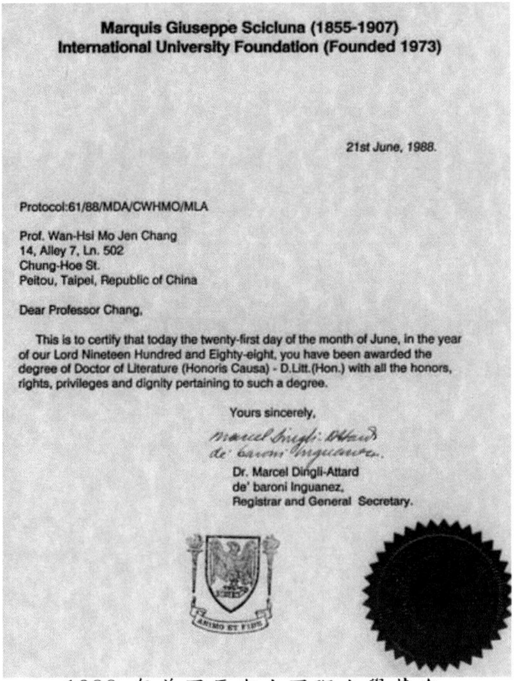

Marquis Giuseppe Scicluna (1855-1907)
International University Foundation (Founded 1973)

21st June, 1988.

Protocol:61/88/MDA/CWHMO/MLA

Prof. Wan-Hsi Mo Jen Chang
14, Alley 7, Ln. 502
Chung-Hoe St.
Peitou, Taipei, Republic of China

Dear Professor Chang,

This is to certify that today the twenty-first day of the month of June, in the year of our Lord Nineteen Hundred and Eighty-eight, you have been awarded the degree of Doctor of Literature (Honoris Causa) - D.Litt.(Hon.) with all the honors, rights, privileges and dignity pertaining to such a degree.

Yours sincerely,

Dr. Marcel Dingli-Attard
de' baroni Inguanez,
Registrar and General Secretary.

ANIMO ET FIDE

1988 年美國馬奎士國際大學基金會，授予張萬熙墨人教授榮譽文學博士學位證書。

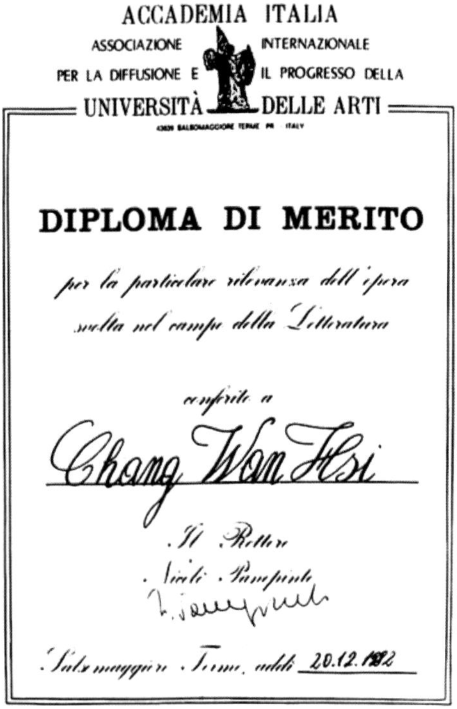

ACCADEMIA ITALIA
ASSOCIAZIONE INTERNAZIONALE
PER LA DIFFUSIONE E IL PROGRESSO DELLA
UNIVERSITÀ DELLE ARTI
43039 SALSOMAGGIORE TERME PR ITALY

DIPLOMA DI MERITO

per la particolare rilevanza dell'opera svolta nel campo della Letteratura

conferito a

Chang Wan Hsi

Il Rettore
Nicola Pampinto

Salsomaggiore Terme, addì 20.12.1982

義大利出版英、法、德、義四種文字的「國際文學史」的 ACCADEMIA ITALIA, 1982 年授予墨人的文學功績證書。

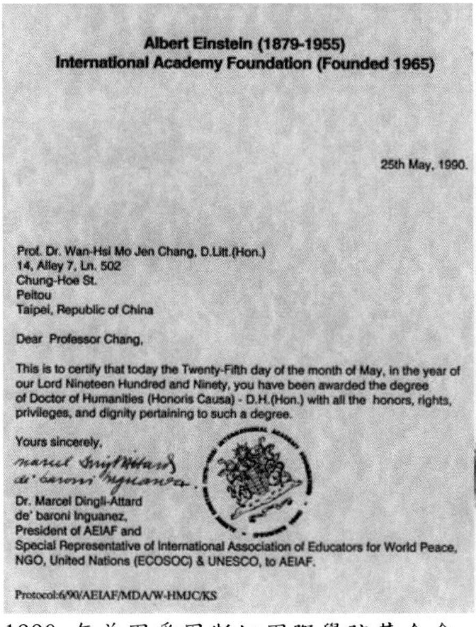

Albert Einstein (1879-1955)
International Academy Foundation (Founded 1965)

25th May, 1990.

Prof. Dr. Wan-Hsi Mo Jen Chang, D.Litt.(Hon.)
14, Alley 7, Ln. 502
Chung-Hoe St.
Peitou
Taipei, Republic of China

Dear Professor Chang,

This is to certify that today the Twenty-Fifth day of the month of May, in the year of our Lord Nineteen Hundred and Ninety, you have been awarded the degree of Doctor of Humanities (Honoris Causa) - D.H.(Hon.) with all the honors, rights, privileges, and dignity pertaining to such a degree.

Yours sincerely,

Dr. Marcel Dingli-Attard
de' baroni Inguanez,
President of AEIAF and
Special Representative of International Association of Educators for World Peace, NGO, United Nations (ECOSOC) & UNESCO, to AEIAF.

Protocol:6/90/AEIAF/MDA/W-HMJC/KS

1990 年美國愛因斯坦國際學院基金會授予張萬熙墨人教授榮譽人文學（含哲學文學藝術語言四種）博士學位

WORLD UNIVERSITY ROUNDTABLE
In Corporate Affiliation with the World University

Greetings

In recognition of Distinguished Achievement within the principles and purposes of the World University development, the Trustees of the Corporation, upon the nomination of the Secretariat, confer doctoral membership and this honorary award upon

Chang Wan-Hsi (Mo Jen)

The Cultural Doctorate in Literature

with all rights and privileges there to pertaining.

Witness our hand and seal at the International Secretariat
Regional Campus, Benson, Arizona
April 17, 1989

President of the Board of Trustees
Secretary of the Board of Trustees

1989 年美國世界大學授予張萬熙墨人榮譽文學博士學位，文化大學創辦人張其昀（曉峰）先生亦獲此榮譽。

THIS PICTORIAL TESTIMONIAL OF ACHIEVEMENT AND DISTINCTION
proclaims throughout the world that
DR. CHANG WAN-HSI (MO JEN)
is the recipient of the above-mentioned Honour, granted by the Board of Editors of the
2000 OUTSTANDING SCHOLARS OF THE 20TH CENTURY
meeting in Cambridge, England, on the date set out below,
AND that the Board also resolves that a portrait photograph of
DR. CHANG WAN-HSI (MO JEN)
be attached to this Testimonial as verification of the Honour bestowed.
2000 OUTSTANDING SCHOLARS OF THE 20TH CENTURY
First Edition
Signed and sealed on the
14th December 1999
Authorized Officer

1999年10月張萬熙墨人博士榮登英國劍橋國際傳記中心《二十世二千位傑出學者》第一版證書。

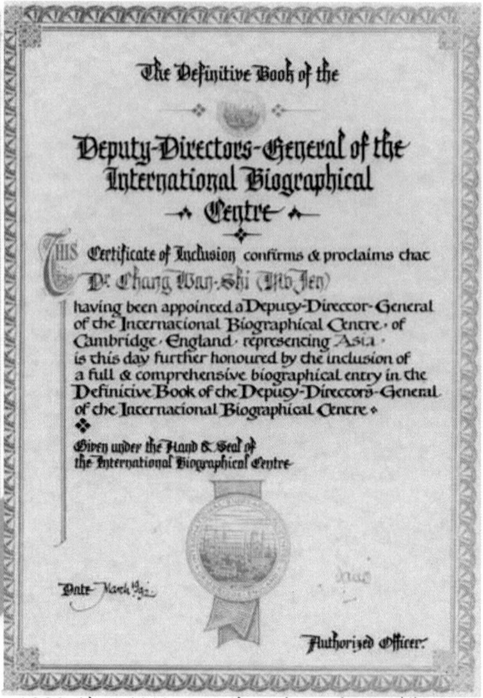

The Definitive Book of the
Deputy-Directors-General of the International Biographical Centre
THIS Certificate of Inclusion confirms & proclaims that
Dr. Chang Wan-Shi (Mo Jen)
having been appointed a Deputy-Director-General of the International Biographical Centre, of Cambridge, England, representing Asia, is this day further honoured by the inclusion of a full & comprehensive biographical entry in the Definitive Book of the Deputy-Directors-General of the International Biographical Centre.
Given under the Hand & Seal of the International Biographical Centre
Date
Authorized Officer

1992英國劍橋國際傳記中心（I.B.C.）任張萬熙墨人博士為代表亞洲的副總裁。

THE INTERNATIONAL SHAKESPEARE AWARD FOR LITERARY ACHIEVEMENT
This Illuminated Certificate of Merit commemorates and celebrates the life and work of
Dr. Chang Wan-Hsi (Mo Jen) DDG
and is therefore a rightful recipient of the Shakespeare Award for Literary Achievement and as such stands testament to the efforts made by said individual in the arena of
Poetry, Novels and the Humanities
Witnessed on the date set out below by the Officers of the International Biographical Centre at its Headquarters in Cambridge, England and signed by the Director General and Editor-In-Chief.
16th March 2009
Director General
Editor-In-Chief

2009年3月16日英國劍橋國傳記中心總裁與總編輯聯合授予張萬熙墨人博士國際莎士比亞文學成就獎。

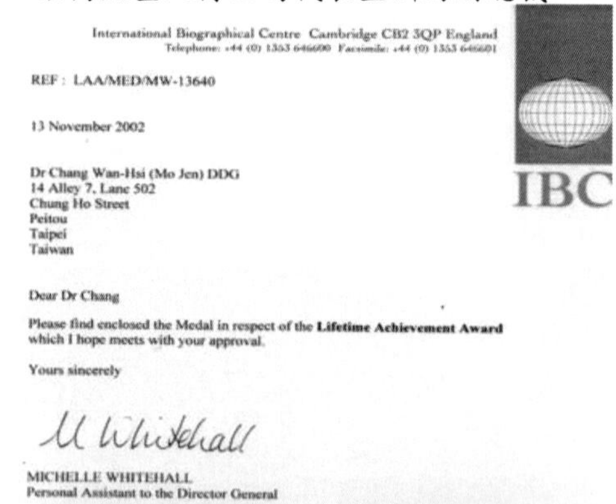

International Biographical Centre Cambridge CB2 3QP England
IBC
REF: LAA/MED/MW-13640
13 November 2002
Dr Chang Wan-Hsi (Mo Jen) DDG
14 Alley 7, Lane 502
Chung Ho Street
Peitou
Taipei
Taiwan
Dear Dr Chang
Please find enclosed the Medal in respect of the **Lifetime Achievement Award** which I hope meets with your approval.
Yours sincerely
MICHELLE WHITEHALL
Personal Assistant to the Director General
Enc

英國劍橋國傳記中心(I.B.C.)2002年頒發詩人作家張萬熙（墨人）博士終身成就獎，英文信及金牌正反面照片墨人早年即被I.B.C.推選為副總裁。

文學醫學命學與人生 目次

微塵自話（代序）

墨人

宇宙不停地在動，地球不停地在轉，人就在星球的轉動之內，生命一天天消耗。以整個宇宙的生命來看，人生數十年時間，比「白駒過隙」還要短促；而人在宇宙所佔的空間，則比一粒微塵還小。我不過是無數微塵中的一粒微塵而已，沒有什麼重要，更不敢以什麼「大師」自居。年齡越大，越瞭解自己所處的時空位置，渺不足道，但編者知道我馬齒徒增，要我寫篇寫作生涯的文字，實在盛意難却。可是想來想去，怎麼也想不出一個合適的題目。既是一粒微塵，就以「微塵自話」來敘述微塵的浮動過程吧，反正不足爲訓。

＊　＊　＊

人是渺小的。

人生有很多事自己不能預知，尤其是年輕時曚曚曈曈，被別人賣掉了也不知道，至於說到自己該走那條路，更是茫然無知。我走上[redacted]文這條路也是事先沒有想到的。

本來我是「[redacted]」的。那時年輕，[redacted]我像一粒微塵一樣，捲入那個「

「大時代的洪爐」，以爲如果僥倖不死，自然會以軍人事業終此一生。可是陰錯陽差，又拿起筆桿上前線，連自衛手槍也沒有帶一枝，

因爲是在戰地辦軍報，我的第一篇作品就是戰地通訊。那時我從重慶派到江西臨川，臨川是唐宋八大家之一的王安石的家鄉，是江西最富庶的縣份，前清時稱爲撫州，撫州西瓜很有名，比屏東西瓜還大還好，尤其是黃沙瓤的，水份多而甜，在故鄉時把整個西瓜浸在井裡，晚上洗澡後再取出來剖食，是消暑妙品。這時的臨川正在前線，自然是戰時氣氛，我這篇通訊就題爲「臨川新貌」，在上饒「前線日報」發表，想不到開筆大利，後來又被上海「大美晚報」轉載，這都是我當時寫這篇文章時所沒有想到的。這篇文章用的是眞實姓名。

第一次出馬十分順利，以後就開始寫詩，寫散文，那時的詩很時髦，報紙副刊發表的不少。青年人開始寫作時大多是從詩入手，因爲詩看起來簡單，也不要多大學問，那時的詩又人人能懂，不必猜謎，只要自己有一點點「靈感」，馬上就可以變成一首詩，比寫什麼都簡單。不過寫詩不敢用眞實姓名，那時寫文藝作品也不作興用眞實姓名，成名的作家幾乎都用筆名，因此我也用「墨人」作筆名，發表了我第一首詩「希望」。我爲什麼用這個筆名？前幾個月，有一位素不相識的游淑靜小姐，打電話給

我，說我的筆名很特別，要我寫篇文字說明一下，好在她的刊物上發表，我寫了幾百字寄給她，後來我一直沒有看到這篇文字，現在也記不得那是什麼刊物？不過我留了一份影印底稿。上面有這麼一段說明：

「有一天我正在磨墨寫字，一位同事突然靈機一動，風雅起來。本來他不會寫詩，不知怎麼的突然哼出『詩人磨墨墨磨人』的妙句來，我馬上抓住『墨磨人』的語意，取用『墨人』作為筆名，用以自勉，也表示寫作是一件磨人的事兒。想不到這個筆名一用竟超過了四十年。在當時我想都不敢想還能活到現在不死……」自然我也沒有想到我竟在花甲之年還丟不掉這隻禿筆。

抗戰時期生活十分艱苦而且很不安定，即使能在一個地方住上一年半載，不遇上打仗也得逃警報，在這種情形之下，不要說沒有寫小說的時間，寫散文的時間也不多。尤其是我，一年往往換兩三個地方，沒有一個地方不是在日本飛機轟炸之下的。有一段時期，我還是白天逃警報晚上編國際版新聞。因此，抗戰時期我的詩作大多數是在躲警報中寫的，產量最多的年份是三十一年到三十四年抗戰[illegible]這個階段，那時一天甚至寫兩三首。那些詩作有寫大逃難的，如「苦難的行列」；有寫人民疾苦的如「受難的女神」、「抹去那怯弱的眼淚吧！」、「「老船夫」、「盲歌者」、「襤褸的孩子」、「沒有褲子穿的女人」等；有自我哀悼的，如

「自己的輓歌」、「生命之歌」等；有抒情寫景的，如「復活的季節」、「春夜」、「蛙聲」、「擬戀歌」、「晨雀」、「黃昏曲」、「春耕」、「山城草」、「城市的夜」等；有向黑暗挑戰的，如「戰書」、「給偶像崇拜者」等；寫得最多的自然還是歌頌抗戰精神的，如「贛州禮讚」、「鋤奸隊長」、「搜索連長」、「遙寄」、「寫在第七個七七」、「天空的搏鬪」、「最後的勝利」等，而且多是長詩。

抗戰勝利後我到上海、南京工作，生活仍然不大安定。只寫了十來首詩，如「煉獄裡的聲音」、「神女」、「問」、「冬天的歌」、「流浪者之歌」、「手杖、烟斗」、「夢」、「春天不在這裡」及長詩「上海抒情」等。

三十八年來臺灣之後，詩又寫得多了，除了短詩「星獻」、「滿妹」之外，還寫了兩首長詩「自由的火燄」及「哀祖國」。三十九年又寫了「站起來，揑死他！」、「滾出去、馬立克！」、「致英國人」、「海洋頌」等。三十九年我出版了第一本詩集「自由的火燄」，收集了長短詩八十六首。當時臺灣寫詩的人還很少，出版詩集的更少，只有葛賢寧、紀弦、金軍和我出了詩集，覃子豪的「海洋詩抄」還未出版，四十年以後，才漸漸多了起來。

臺灣初期文壇，詩人和詩是比較突出的。

四十年、四十一年我寫了幾十首詩，四十一年我出版了第二本詩集「哀祖國」。

四十二年到五十一年這十年之間，我只寫了「雪萊」、「海鷗」、「鳳凰木」、「流螢」、「鵝鑾鼻」、「海邊的城」、「長夜小唱」、「雲」、「F－86」、「題GK」、「月亮」、「九月之旅」、「雨和花」、「熱帶魚」、「豎琴」、「水仙」、「青鳥」、「兩腳獸」、「晚會」、「祈禱」等二十二首詩，但沒有結集出版，直到民國六十一年，中華書局出版我的一套五本墨人自選集時，我才將這些詩編入詩選，詩選一共收了一百零六首。

五十一年以後，我很少寫詩，直到六十八年，宋瑞兄陪我登山，突然詩興大發，六十八、九年之間，一下子寫了三十四首，六十九年我出版了第三本詩集「山之禮讚」，收集了「山之禮讚」五首（序曲、大屯山、面天山、向天池、七星山）植物風采六首（神木、松、竹、梅、蘭、菊），動物群相二十一首（甲神話篇：龍、乙走獸篇：獅、虎、豹、象、熊、狼、狐、犬、豕、牛、馬、鼠、猫、兔、猴、丙飛禽篇：蒼鷹、鸚鵡、黃鶯、畫眉、雲雀），以及臺北的黃昏、歷史的會晤、羅馬之雲、羅馬之松、翡冷翠的女郎、翡冷翠之柳、塞納河、六月之荷、哀吉米卡特、花甲之歌、無題、龍泉低語等四十四首，並附錄七言絕句十首，四十一年創作年表一份。

「山之禮讚」距我出版第一本詩集「自由的火燄」剛好三十年，也正好是我的花甲之年，就我寫詩的歷史來講是整整四十年。四十年在宇宙生命中只是一瞬，在人類的生命中却是一段很長的時間，而對我而言更是顛沛流離，生死存亡的關鍵，所以我的詩作亦與國家命運息息相關，我的喜、怒、哀、樂亦與整個民族的喜怒哀樂難分，因此我的作品絕少無病呻吟。

就詩的創作歷程來說，「山之禮讚」中的作品，在創作技巧和思想內涵方面比我以前的詩作，自然有所提升，但風格未變，我還是我。程石泉博士和宋瑞兄的批評雖多溢美之詞，但他們兩位是眞正瞭解我的爲人和作品的人，宋瑞兄雖是故交，程教授却是新識的先進，他在美國各大學任敎二十多年，退休後回國在師大任敎。「山之禮讚」能得到他們兩位知音，是我寫詩四十多年，二十多年前自我放逐於詩壇之外的最大安慰。其他愛護我的朋友和讀者我都十分感謝。

我對於詩和詩人的看法和別人不大相同，我認爲詩是純文學[redacted]，詩人[redacted]不[redacted]有任何功利世俗思想。我之自我放逐於詩壇之外，就是發現我的看法與現實無法契合。[redacted]四十一年出了「哀祖國」之後，我較少寫詩，那是因爲我專心於小說創作。

過去在大陸由於生活很不安定，時間太少，所以我很少寫小說，散文[redacted]寫得不多。三十八年來臺灣之後，生活安定下來，加上負擔日重，因此我開始寫小說。除了先寫了幾個短篇之外，四十二年我寫了一部三十多萬字的長篇「閃爍的星辰」。本來暢流雜誌有意發表，但連載時間太久，大業書店要出版，爲了爭取時間，我就直接給大業書店分兩部出版，同時把短篇小說集成一本，定名爲「最後的選擇」，交由百成書店出版。在當時出短篇小說的都不多，民營書店出長篇小說的大業書店是第一家，我的《閃爍的星辰》可以說是陳暉先生的創業之舉，他投資不少，單是版稅就一次給我六千元，四十一年的六千元不是一個小數目，今天還沒有那一家書店有這麼大手筆。《最後的選擇》百成書店也付給我一筆不少的版稅。這時我的兩個男孩子都生肺病，小兒子選良才幾個月，病情更重，那時鍊黴素要二十塊錢一針，這兩筆版稅及時解決了我的重大問題，也可以說救了小兒選良一命。今年他正好三十歲，已獲華盛頓大學化工博士學位，任高級工程師。這兩本長篇、一本短篇對我的家庭和孩子可以說發揮了最大的功用。以前寫了十年以上的詩，從來沒有拿過這麼多錢。寫詩對我的物質生活毫無裨益，對我的事業反有妨礙。

我寫小說的另一原因是，人生經驗閱歷豐富了，覺得詩的創作形式，無法表達多樣的人生。小說的涵蓋面廣，迴旋的餘地多，可以充分發揮，不像詩那麼單純、直覺。同時在小說中照樣可以寫詩，《閃爍的星辰》裡就有好幾首詩。小說可以涵蓋詩，詩則無法涵蓋小說。雖然敍事詩也有故事，但限於詩的形式和語言，不像小說那樣能自由發揮，小說也有小說的語言，但小說是用散文寫，彈性比詩大多了，語彙也豐富多了，因此我將絕大部份的時間精力都投注在小說創作上。

除了短篇之外，四十四年我又在香港亞洲出版社出版了第二部長篇小說《黑森林》。亞洲出版社是資金雄厚的大出版機構，這一次拿的版稅又比大業書店出版的《閃爍的星辰》多三四倍，同年又獲中華文藝獎金會長篇小說獎金八千元，這兩筆錢在當時是一筆不小的財富，可以買黃金一百多兩，但是我毫無保值置產的觀念，那時左營中學附近的土地六塊錢一坪，別人勸我買點土地或房子，我連寫字枱都不買一張（那時我連飯桌、寫字的桌子都沒有，吃飯是一張併湊的桌子，寫作是在辦公桌和床上），一是眷舍太小，放不下；二是我[redacted]在大陸上[redacted]有太多的逃難經驗，丟的太多，三十八年逃到臺灣時一家六口只帶了換洗的衣服，其餘的統統丟光，難道還能再帶着臺灣的土地房屋回大陸嗎？朋友買左營中山堂旁邊的海福書店，錢不夠，向我借，我借給他，後來他就靠這個爛房子把大女兒培植到大學畢業、出國。現在他們全家都在美國定居了。我因為[redacted]腦筋，所以以後吃了十幾年的大苦，如果當時在左營買了三五千坪土地，那已經是億萬富翁了。但是這筆錢我送朋友，放銀行，大半糟蹋了，沒有發揮一點效用。一直到現在為止，在我賣文生涯中，再也沒有拿過那麼多錢，人的一生當中難得有幾次好機會，機會錯過了，它就不會再來。[redacted]

四十七年我又有一個長篇《魔障》在暢流半月刊連載出版。[redacted]

四十八年有個長篇《孤島長虹》在文壇連載出版。其實這個長篇是在左營寫的，四十五年我調到臺北後工作較忙，生活又不安定，寫作很少。

四十九年我提前自動退役。這年「文協」開會決定，推定五個人寫短篇小說參加維也納納富出版公司一系列的「世界最佳小說選」徵稿，先在「作品雜誌發表」，然後譯成英文寄維也納，（[redacted]老舍、郭沫若都有作品入選）進軍國際文壇。開會時我沒有參加，「作品」主編張君毅告訴我這一決定，要我寫一篇，我寫了「馬腳」，想不到拙作是五篇當中唯一入選的一篇。五十年（一九六一）選集出版，該公司寄我一本，還附來版稅。一看內容，作者大都是世界名家，如諾貝爾文學獎金得主美國的威廉福克納（Willaim Faulkner）、瑞典的拉革克非斯特（Pär Lagerkvist）等都有作品入選。

五十年我以江州司馬筆名寫了一個短篇「小黃」亦由馮馮譯寄，因爲納富公司希望這一年的選集不再是去年的老人，是新面孔，所以換了這個筆名，簡歷也是由馮馮隨便杜撰的。這一篇也入選了。第二年出書又給我一本，由馮馮送來。[redacted]

退役以後我先是養鷄，養鷄失敗以後再專心寫作。這時我的負擔最重，五個孩子都在大學中學求學。本來我是希望養鷄成功，賺了錢之後再去深山寫作，但事與願違，不但賠了錢，更犧牲了寶貴的時間。養鷄失敗之後我已經走進了死巷子，只好埋頭寫作，因此拼命寫小說，以短篇養長篇，又養家活口。這段時間我寫得很多，朋友都說我是「多產作家」。臺港兩地都有我的作品發表出版。

五十二年（一九六三）香港九龍東方文學社出版了我的中篇小說「古樹春藤」。

五十三年（一九六四）香港九龍東方文學社又出版了我的短篇小說集「花嫁」，收入了「教師爺」、「劉二爹」、「二媽」、「異鄉人」、「花嫁」、「扶桑花」、「南海屠鮫」、「高山曲」、「古寺心聲」、「誘惑」、「隱情」、「美珠」、「新苗」、「心聲淚痕」等十四個短篇。

高雄長城出版社（百成書店）出版了我三個中短篇小說集「水仙花」、「颱風之夜」，和「白夢蘭」。

《水仙花》收集了「水仙花」、「銀杏表嫂」、「圓房記」、「江湖兒女」、「天鵝」、「賭徒」、「搶親」、「黃龍」、「風雪歸人」、「花子老趙」、「景雲寺的居士」、「人與樹」、「過客」、「阿婆」、「馬腳」、「小黃」等十六個中短篇。

《颱風之夜》收入了「東方—西方」、「龍虎鬪」、「金榜樂」、「明珠淚」、「千里姻緣」、「颱風之夜」、「泥蓮」、「小娟」、「風波」、「變態」、「飄」、「四十歲的男人」、「金石盟」、「湖邊小事」、「恭喜發財」、「過江名士」等十六個中短篇。

《白夢蘭》收入了「情敵」、「空手」、「師生」、「斷夢」、「黃昏曲」、「白夢蘭」、「平安夜」、「凱塞琳、萊蒙托夫與我」、「陽春白雪」、「傷心之旅」、「亂世佳人」、「白衣清淚」、「護士與病人」、「如夢記」、「除夕」等十五個中短篇。

五十四年高雄長城出版社又出版了我三個在報紙連載的長篇小說《白雲青山》、《春梅小史》、《東風無力百花殘》。同時省政府新聞處還特約我寫了一部長篇小說《合家歡》，出版之後，又由大業書店再版。

五十五年我寫了文藝理論《紅樓夢的寫作技巧》，恰巧五月馬尼拉華僑文教講習會請我主講一個月的文藝課程，我除了講新詩之外，就講《紅樓夢的寫作技巧》。返回臺北後我趕寫完最後幾節，就交商務印書館出版。原先我怕這種書沒有人買，結果適得其反

商務印書館還同時出版了我的中短篇小說集《塞外》，收入了「塞外」、「鬍子」、「百合花」、「天山風雲」、「白金龍」、「白狼」、「秋圃紫鵑」、「曹萬秋的衣鉢」、「半路夫妻」、「百鳥聲喧」、「風竹與野馬」、「美人計」、「夜襲」、「花燭劫」等十四篇。

五十六年小說創作社出版了長篇小說「碎心記」。

五十七年小說創作社出版了中華日報連載的長篇小說「靈姑」。水牛出版社出版了我的第一本散文集「鱗爪集」，收入了七十六篇散文。

五十八年商務印書館出版中短篇小說集「青雲路」，收入了「世家子弟」、「青雲路」、「空棺記」、「久香」等四篇。

五十九年商務印書館出版中短篇小說集《變性記》，收入「變性記」、「嬌客」、「祖孫父子」、「秋風落葉」、「老夫老妻」、「恩愛夫妻」、「布販與偷雞賊」、「芳鄰」、「沙漠王子」、「沙漠之狼」、「世界適先生」、「寶珠的秘密」、「歲寒圖」、「泥龍」「奇緣」第十五篇。幼獅書店出版長篇小說《龍鳳傳》。

六十年立志出版社出版長篇小說「火樹銀花」。並在高雄新聞報連載長篇小說「紫燕」。

六十一年聞道出版社出版第二本散文集《浮生集》，收入散文十三篇，舊詩六首。學生書局出版短篇小說散文合集《斷腸人》。收入短篇小說「斷腸人」、「薇薇」、「相見歡」、「滄桑記」、「恩怨」、「夜宴」及散文十五篇。

六十一年對我個人來說還有一件大事，那就是一向不出文藝書籍的中華書局出版了五大本《墨人自選集》。包括「白雪青山」、「靈姑」、「江水悠悠」（東風無力百花殘易名）及在新生報連載的「鳳凰谷」四個長篇，和一本「短篇小說‧詩選」。這是印刷最考究大方的文藝書籍。

談起這一套選集，在別人看起來也許是一件值得「羨慕」的事？但我却是以十分沉痛的心情表示停筆，向讀者告別之意。因為這些年來，臺灣文藝已走入歧途，一片歪風。我自軍中退役之後，本來不想再作任何工作，準備以職業寫作終老，可是，形勢逼人，我不想作賤自己，流爲文丐，五十六年文任公職，待遇雖不高，但可維持人格文格。當了公務員之後，我寫得很少，民國六十一年《臺人自選集》出版以後，[redacted]，我潛心作了兩件工作：一是修訂紅樓夢。我知道紅樓夢有不少缺點，因爲曹雪芹沒有校正自己的作品，程偉元、高鶚的輯補工作，也作得不十分完善。因爲紅樓夢是一部大書，千頭萬緒，照顧不周。而最大的毛病是人物的年齡問題，景物時序問題等等。此外章回之間有很多需要前後調整，回目也有兩處應該更改。該作的我都作了，如賈寶玉、林黛玉、薛寶釵許多重要人物的年齡我都修正了，時序景物也修正了。章回前後調整了一大半，全書都重新分段分行，另外加上四百七十多條眉批，並指出曹雪芹的思想淵源層次，以及紅樓夢的主題所在。這些工作都很不簡單，但我終於完成了修訂批注工作，寫了一篇兩萬字的修訂序文，作了清楚的交代。如果有那一家資金雄厚而又有魄力的出版機構想出版，我隨時可以交卷。不然我就留着作爲將來自己創業的第一部大書。我相信這部《張本紅樓夢》一出，程乙本紅樓夢就會自然淘汰。

我的第二件工作是對中國文化的探本尋源，我終於有了新發現：中國文化是以宇宙爲中心，並非以人爲中心。以宇宙爲中心自然涵蓋了人文主義。可惜兩千年來本末倒置，因此，我寫了《宇宙爲心人爲本——中國文化的眞面目》、《中國文化的三條根》、《中國文化的宇宙觀》、《人與宇宙自然法則》、《文化社會形態與當代文學創作》以及《文藝界的洋糖瘋

》等等理論文章。以正本清源。

從六十一年《墨人自選集》出版之後，直到六十七年，我沒有出過一本書。

六十七年秦心波先生約我寫了一本傳記小說《詩人革命家胡漢民傳》，由近代中國社出版。

六十八年由臺中學人文化公司出版了一本長篇小說《心猿》。這本書是由《紫燕》易名出版的。這是一位小學女老師的眞實故事，當年她將自己的慘痛愛情故事和身世原原本本地告訴我時，希望我寫成一本書，作爲少女的殷鑑。我寫了，她也看了連載，但那時她還沒有歸宿，所以我一直壓着不出版，等她有了歸宿，而且生活安定之後，我才易名出版。

六十九年中華日報出版了我的散文集《心在山林》。

臺中學人文化公司也出版了《墨人散文集》，收集了談論中國文化與文學的理論文字五十多篇，包括前面提到的「中國文化的三條根」、「中國文化的眞面目」等。這是我敝帚自珍的一本理論文集。我不定名爲「墨人論文集」而定名爲「墨人散文集」，最主要的原因是我不想以學術理論唬人，我是迫不得已才寫這些理論性的文章的。

在我四十多年的創作生活中，從第一本詩集《自由的火燄》到這本《山中人語》，除了中華書局出版的一套五本《墨人自選集》之外，單行本一共出了五十多本，其中十多本理論十本，長篇小說廿本，中短篇小說集十本，散文集六本（其中十本係小說散文合集）

詩。另外修訂批注了紅樓夢，工作雖已完成，尚未出版。四十多年的時間，只有這一點點成績，我自己很不滿意。唯一的藉口是：最初十年是在戰亂中度過，這時間又多是上班下班，不能專心寫作，只有退役在家那七年時間完全由我控制，那段時間的作品佔了我全部作品三分之二以上。比較滿意的創作也十之七八是那個時間產生的，五本《墨人自選集》就是那個時期的作品。近年的作品「山之禮讚」和《墨人散文集》我比較重視。我始終認為創作是最重要的。我早就說過「科學重發明，文學重創作」的話，沒有創作就沒有文學。而在文學創作中我又最重視小說，其次是詩，再其次是散文。我丟掉的散文最多。

如果造物不再弄人，我希望提前退休，專心寫一部已經擬好書名、故事大綱的百萬字以上的長篇（以中國文化為中心，以近代史為經緯）。我相信只要有兩三年時間讓我無憂無慮地坐下來寫，一定可以完成。現在年紀大了，不比當年，在辦公室是無法寫長篇的，尤其是這種大長篇。好在我的孩子都已男婚女嫁，未了的心願就是這部大長篇。

在整個宇宙中我不過是一粒微塵，渺不足道。雖然我也浪得虛名，但那對我毫無幫助。年紀越大，虛名看得越輕。活着一天，總該作點有興趣有意義的事，這是我的微塵觀。

我這篇自說自話，只能當作自己的雪泥鴻爪，不能作為別人的借鏡。我自誤甚多，不能再誤別人。

70. 7. 20.～21. 自由日報

70. 11. 30. 校正

二○○八年校正八月二十五日三校

人生六十樹常青

當我四十多歲的時候聽到張岳軍先生的名言「人生七十方開始」時，認為只有他那樣的地位和際遇的人，才能說那樣的話，才有那麼大的信心，一般人是辦不到的。那時台灣男女的平均壽命不過六十，距離七十歲還差一截。現在台灣女人平均壽命已經七十多了，男人也逾七十。而很多七十以上的男女健康還好得很，毫無龍鍾之態。我內人今年也滿了六十歲，在健康上不但沒有退化，反而比從前更好，比二三十歲時還有耐力。本來我身高一七〇、體重七十六公斤，血壓八十、一百二十，我認為健康沒有問題，因此在飲食方面除了烟酒之外毫無顧忌，尤其是甜食，最為喜歡，多少年來除早點牛奶加蜂蜜一調羹外，家中饅頭、綠豆湯等，更是甜味極濃，而我又胃口極佳，更以水果當飯。六十六年出國一個多月，蘋果吃得更多，飲料咖啡牛奶加糖更多，回國之後因咳嗽住院檢查，結果什麼毛病都沒有，只是血糖飯前一三五，飯後二一〇，醫生警告我要減輕體重，少吃甜食，飯量也要控制。從前我根本沒有這種觀念，自恃健康良好，運動有素，從來沒有想到要控制飲食，尤其是水果，更是吃飽爲止。幸好這次的意外發現，使我提高警覺，除了控制飲食外，更加强運動量。以前我天天作太極操，打太極拳，身體可以說是柔軟如綿，認爲已經足夠，其實汗流得不夠多。從此之後，我加上爬山節目，而且以它爲主要運動。控制飲食，最多只能減輕十公斤，再也下不去。但醫生認爲我減輕體重十分成功。我自己還不滿意。登山之後不到兩個月又減輕五公斤，因爲每次登山必然流出一身大汗，這是很多運動都辦不到的。由於我發現登山是一種最好的運動，因此我每個星期天必然風雨無阻地登一次山，每次上下山路程最少十公里，同時在山上作三十分鐘的太極操，保持身體的柔軟彈性。現在的體重保持六十三公斤，血壓七十、一一〇，比以前還低一點。血糖飯前八十、飯後一一五。血脂肪一八〇上下。可以說是樣樣標準。（今年公務員全身健康檢查，我除了二十年前拔了一顆臼齒外，一切ＯＫ。）這種健康狀況才是最好的健康狀況，很多二十左右的青年人也沒有的。至於體能方面，我和很多青年人一道登過山，走過遠路，還沒有幾個人能跟得上我。

由於一篇登山文字的關係，遠在馬來亞的華僑梁材先生，透過報社和我通信了一年多，說是要來臺灣和我一道登山。梁先生是當地僑校校長，現已退休，子女均在英國、美國讀書就業，年齡却小我幾歲。他和謝冰瑩先生是老朋友。今年他去美國替他公子主持婚禮時，又在美國寫了一封信給我，說和他夫人一道回馬來亞過臺灣時一定要停下來和我一道登山，我回信表示歡迎。八月五日晚上我突然接到他的電話，說他們已經到了臺北，想和我見見面，一償登山宿願。我沒有想到他竟是國樂家何名忠學長的小同鄉，所以我們雖未見面，却有一份親切之感。

因為我住在北投，他們為了登山方便，六日下午特遷住北投旅社。七日上午我特別休了半天假，七點鐘我就如約趕往旅社去看他。現在的北投不像從前車水馬龍、鶯鶯燕燕，早晨旅社門前更是冷冷清清。老遠我就望見一對輕裝夫婦站在旅社前面，我就知道他們是誰了。他們看見我一身登山裝束，也心照不宣。我陪他們在附近吃過早點之後，就一道上山，終點是三聖宮，因為他們下午有事，我也要上班，不能走得太遠，上下兩個多小時剛好。

梁太太許克枝女士也是教育工作者，而且是一位健行者，五十多歲的人。她身手矯捷，毫無老態。她慨嘆地對我說：這次在臺北看了不少老同學，包括畫家高逸鴻夫人在內。這些老同學不是胖的胖，就是行動不靈活，還有些人一身是病。「都是生活太舒服，享受太好，不愛運動的關係。」這是她的結論。她生了幾個孩子，還保持二三十歲女性的身材，步履輕盈，一看就知道是運動的效果。

當我開始寫這篇文字時，正好接到他們賢伉儷自檳州的來信，開頭就說：「本月七日識荊於北投，一解久仰的飢渴，親炙手範，有一見如故之感，快慰之至！辱荷導登大屯半山，藉賞祖國錦繡河山的景色，印象難忘。獨惜行色匆匆，未盡所懷，竟覽臺北名山爲憾！只好待諸異日完成夙願也。」一對五十多歲的夫婦，子女均已成人，有此健康雅興，路過臺北，還停下來和我一道登山，實在難得。梁先生在信中還告訴我，說梁太太於八月十七日代表檳州參加全馬來亞教師運動會之徒步競走比賽，全程五英里，她是第二位抵達終點的，惜被判「途中步伐違規」，未獲亞軍榮譽，甚爲可惜。

梁太太是快六十歲的人了，能保持良好的運動習慣和健康，就很難得，冠軍亞軍倒無所謂。

古時「人生七十古來稀」，五十六十就老態龍鍾，要拄拐杖。韓愈四十歲就髮蕭蕭、齒搖搖，未老先衰。今天六十歲的人如果平日不糟蹋自己，以後應該還有一大段黃金歲月。

我個人的感覺是，六十歲以後才是有意義的人生。這時一切責任已盡，無論對社會對家庭都無虧欠，心安理得。以後的歲月才是眞正屬於自己的，可以讀自己愛讀的書，作自己愛作的事，吟風弄月也好，嘯傲山林也好，進退自如，適情適性。中國[illegible]文化包羅萬象，妙趣無窮，用行捨藏，存乎一心，何須[illegible]西方宗教[illegible]學？庸俗與否？在乎個人的氣質，與讀書多少關係不大。要談思想境界之高，則無過於老莊了。

以從前的眼光來看，六十歲的人，是「花甲老翁」。今天的事實卻不然，六十歲正是壯年；以樹相比，還是一棵常青樹。只是這棵樹已無視於狂風驟雨，雀來燕去了。

（一九八〇）69.10.4.中華日報

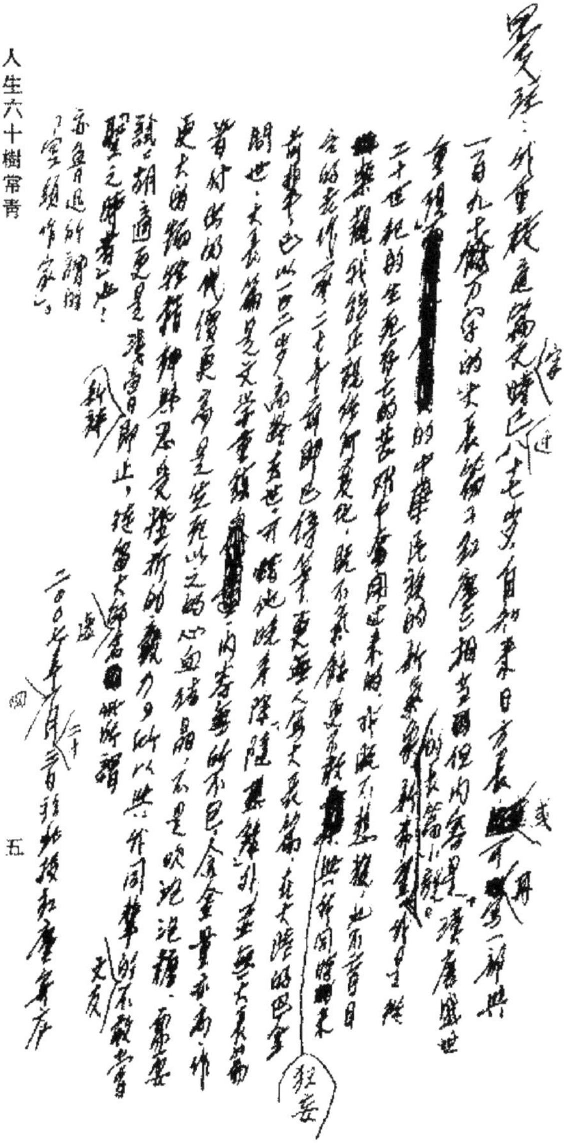

生與死

貪生怕死，人之常情。但世界上有很多人活得不耐煩，以自殺了斷一生。西方人和日本人自殺的又比中國人多。以作家來講，海明威是自殺的，川端康成和三島由紀夫也是自殺的。但他們的自殺都不是因爲窮困，而是受盛名之累。其中三島由紀夫則是受日本軍國主義思想和武士道精神影響，而走極端。這三位的人生境界都不高。

中國現代作家生活條件、社會地位雖然遠不如海明威、川端康成、三島由紀夫等人，但還沒有人像他們那樣自殺，連死也製造了一個大新聞。

我知道一位曾經企圖自殺，而沒有自殺成功的作家，就是姜貴。這件事當時只有我一個人知道。我是否對別人說過？我已記不清楚。連在「細說姜貴」一文中我都忘記提起這件事。因爲已經事隔十來年了。

姜貴之想自殺那是因爲窮困，而不是因爲盛名之累。姜貴如果有海明威他們那樣的生活條件、社會地位，他是捨不得死的，而且也不會寫作，他不但對我說過多少次他歡喜作生意，也和我說過這樣的話：

「凡是能發表的作品，都算不上好作品；不能發表的作品才是好作品。」

這點我們的看法也[illegible]。曹雪芹當時寫「紅樓夢」，也是借賈寶玉等人寫自己心中塊壘，而「紅樓夢」也是當時道學夫子所不齒，士大夫所禁談的。（偷看「紅樓夢」又當別論）

姜貴是當代作家中對生活最沒有興趣的人，主要原因是他活得並不如意。如果他有錢，他絕對捨不得死。這點我很清楚，但是他突然決定去基隆投海，卻是我事先沒有想到的事。

那天他自殺未成，突然打電話給我，我記得那是一個陰沉的下午。他為什麼沒有投海，白跑一趟基隆？不是有人勸他（我事先不知道），也不是有人救他，而是他自己沒有勇氣。「我本來下了很大的決心去投海的，可是到了海邊又沒有勇氣跳下去。」而且他還和我講了自殺未成之後他還作了一件荒謬的事。但這件事我得保留。我知道他當時的心情是怎樣的脆弱、矛盾。這才是真正的人性。作家是人不是神，是凡人不是聖人。神不能成為作家，聖人也不能成為作家。只有血肉之軀，[illegible]七情六慾的人才能成為作家。作家的人格有高下之分，但基本上他們都是凡人。成仙成佛的，已經超越了人的境界，聖人的層次也較凡人為高。但作家如海明威等人的自殺，都是功利思想害了他們。不知盈虛消長之數，便不能進退自如。

我和姜貴什麼都談，就是我從來沒有談過自己想死。我們兩人的情況實在是五十步與百步，我還比他多兩個孩子，只是我們的生活方式不同。他對於我只想活不想死，甚至也認為沒有什麼意思。那時我們兩人都不[redacted]命。但他會卜卦，只是不高明；我會看相，但我認為相法不夠精細。因此，我們兩人對於自己的未來，都是一個未知數。[redacted]對生死的看法不大相同，他認為有錢活得才有意思，窮湊合則不如早死早解脫；我認為好死不如惡活。這不是因為我們之間相差了十二歲，而是因為我們對生命的看法不盡相同，也可以說這是我們之間的一個差異，但這個差異也不妨礙我們深談，（我不喜歡和別人擡槓，他也不歡喜擡槓，因此我們窮聊了十年以上，從來沒有擡過一次槓。）反正誰能活多久，在當時都是個未知數。但在今天却是個已知數，因為他已經作古，我已知道我還能活多久。姜貴為什麼只活了七十三歲？我有一篇文章在二月份出版的「中國風」雜誌「宇宙與人生」專欄中分析。

和我一樣對活下去有興趣的是三四十年的老友丁凌漢兄。他剛過七十大壽，剛辦退休，身體還好得很，每逢星期假日，我們一道登山，上下四五十里路，稀鬆平常。他雖然不是作家，但真是個雅人，什麼事都看得開，毫無得失之心。我們兩人在一塊，自然年輕[redacted]。他和我一樣，最不喜歡受形式主義的拘束，但他要組織「三甲會」。「三甲會」是什麼意思？甲也者，花甲也，三甲也者，三個花甲也。會員資格是：一、起碼要過一個花甲才能參加，我夠這個資格；二、要有活三個花甲的本錢和雄心。他認為我也夠格，所以一定要我參加。

現在由於醫藥進步，營養良好，如果自己不摧殘自己，大致說來，人的壽命是會普遍提高的，除非自己不想活下去。姜貴因為太胖，一度曾經受了醫生的警告而減肥，但他去世後，耕心曾在信中告訴我，說他因為血壓已不高而又喝酒，血壓是和飲食情緒有關的，他[redacted]又喝酒，[redacted]，血壓自然會[redacted]升高，難怪會發生腦溢血悲劇。趙滋蕃兄曾因喝酒[redacted]斷送了性命，這是文友都知道的事，何況姜貴年事已高？本來他已戒酒多年，我們在一起時他是滴酒不沾的，想不到最後還是誤於酒。十年前小說家李春陽是因為酒後騎機車而斷送性命。李春陽[redacted]也是小說長才，他去世後，我寫了一篇〈蝴蝶與蒼天悠悠〉，在中央日報副刊發表，去年收集在中華日報出版的散文集《心在山林》中。原來李春陽在[redacted]教書時，利用課餘時間，捕捉蝴蝶和象鼻蟲，定期寄給我，要我送給在成功中學教書住延平北路的動物學家陳維壽先生收買，陳先生給了錢我又寄給李春陽，這件事也沒有人知道。李春陽也是一位不愛惜自己生命的作家。他本有肺病，後來住在台中，常常醉醺醺。他也是一位有大智慧的人，但在生活細節上卻相當糊塗。若論人情世故，自然不如姜貴。但他也是一位令我惋惜懷念的朋友。如果他不死得太早，他的成就未可限量。

生死本來是很平常的事，但是生命對於一位作家、藝術家卻十分重要。托爾斯泰、蕭伯納、齊白石等人，如果不享高齡，他們的成就不會有那麼大。

人生幾何

從前我們中國最長壽的人見諸文字的有兩位：一是彭祖，壽高八百；一是廣成子，黃帝見他時，他自己說已經一千二百歲而身未嘗衰，而且「吾與日月參光，吾與天地爲常。」這是道家的修持之功。一提到道家，一般人總以爲玄，其實，道家的思想是最科學的，中國古代的大科學家、大醫學家、大軍事學家，大政治學家，幾乎都是出自道家。道家地位之沒落，始自漢武帝的罷黜諸子百家。道家既被排斥，學問思想不能公開研究發表，自然轉入地下，而一般聰明才智之士，爲了自己的政治前途，或則陽儒陰道，或則落井下石；而市井之徒，則以科學小技謀生，甚至故弄玄虛，捉妖趕鬼，以敎惑衆，因此把道家的學術的、思想的、科技的正統形象破壞了！這種破壞，也是對中國固有傳統文化的破壞，兩千年來，萬刼不復，令人浩歎。

本來道家的養生之道，是十分科學的，絕無迷信色彩。所以道家多能長生。證諸今天科學醫藥的進步，人類壽命普遍提高，便不言可喻。

忽視科學家的結果，不但使我們由一個科學先進國家，變成了一個科學落後地區，也使中國人的壽命相對地降低了許多。當我們離開大陸時，中國人的平均壽命不過四十左右，本省人的平均壽命，亦復如此。可是最近五十年來，由於重視科學，重視醫藥衞生，現在台灣本島人的平均壽命，女性已經七十多，男性也達到六十邊緣，「人生七十古來稀」的短命說法，不攻自破。一個「四體不勤，五穀不分」的文弱書呆子怎麼會長命呢？今天我們沒有那肩不能挑，手不能提的百無一用的書呆子，國民壽命也普遍提高了。不但我們中國人的壽命普遍提高，全世界人的壽命都在提高，這都是科學醫藥進步的結果。

據六月二十九日美聯社報導，日本人瑞泉繁千代在這天過一百一十六歲生日，他生於一八六五年六月二十九日，日本人說他是全世界年歲最大的人，[redacted]泉繁千代年紀大的人還多着呢！比他大五歲，早他一天過生日的美國人阿色．李德，生於一八六〇年六月二十八日，有合衆國際社的電訊照片爲證。

不但美國人阿色．李德比日本人泉繁千代的壽高，就是我們花蓮縣豐濱鄉大港村的林阿玉老太太也比泉繁千代大十歲，去年他過一百二十五歲生日時，中央日報還登出了他捧著大盌喝水的照片。

埃及尼羅河三角洲貝海拉省的一位黑人叫扎那帝．卡愛爾的，去年十一月舉行了他結婚一百零五周年慶祝活動，當時他是一百三十歲，今年一百三十一歲了，他的么兒也七十三歲了。這位老農夫一生只生過一次病，那是一百二十歲時切除攝護腺。

此外還有比這位埃及農夫壽命更高的人，那就是去年九月一日臺北各報都刊載了新聞和騎脚踏車照片的大陸山西省清華邊村的一百四十二歲的吳雲慶，他生於道光十八年（一八三八）十二月十三日，今年是一百四十三歲了。

而近代活得最久的還不是以上那四位一百多歲的老人，而是楊子惠將軍所親自接見招待的李青雲，當時李青雲已經二百五十歲，仍然健步如飛，《中外》雜誌社還出了一本專集，紀述李青雲的事蹟，可惜就在他接受楊子惠邀請之後，回到山中不久就去世了，但活了二百五十歲則是事實。

世界所有長壽的人的生活，都合乎中國道家的養生原則。

泉幣千代過一百十六歲時，是以一杯米酒慶祝，他對年輕人的贈言是：

「勿憂慮，勿過勞。」

他是日本鹿兒島的農夫。

阿色·李德當過農夫、鐵路工人、礦工等等，是個文盲，他不抽煙不喝酒，只愛跳舞和賭博。跳舞是一種運動，他之所謂「賭博」，絕不是我們中國的日以繼夜的麻將，沒有那麼傷害健康。而且他「一直都需要工作」，「總把每樣工作做得很好。」

林阿玉老太太是「日出而作，日入而息」，與世無爭，平時種菜、栽花，經常保持不斷的勞動。

吳雲慶的長壽秘訣是「樂觀、運動，和有節制的生活」，「他身體硬朗，至今仍能一次挑兩擔水上山。」

那位兩百五十歲的李青雲，一生都在四川貴州山上採藥、奔波，生活單純，可以說得上是「清心寡慾」，這是道家養生的最基本原則。「修持」則是進一步的以本身的生理狀況，配合宇宙間的質能變化，生生不息，而長生不老。廣成子一千二百歲而身未嘗衰，就是修持的功效。在今天看起來，似乎像神話，但嫦娥奔月何嘗不是以前的神話？自從阿姆斯壯登上月球之後，神話已經變成事實了。一旦人類眞正有了中國古代道家的修持知識，長生不老便不是神話了。

以命學知識來看人類壽命，凡是四柱干支不刑不冲，五行中和而又透印的人，沒有不長壽的。日本人瑞泉繁千代已經活了將近兩個甲子，而美國的阿色．李德、花蓮的林阿玉老太太、埃及的扎那帝．米夏爾、大陸的吳雲慶，都超過了兩個甲子，李青雲更超過了四個甲子，他們的生命歷程中都經過了無數的刑冲尅害，而能安然度過，突破了「大運冲提」的顧忌，也突破了「人生七十古來稀」的短命論。從前韓愈年四十而髮蕭蕭、齒搖搖，這是「四體不勤，五穀不分」的文弱書生的代表，這種人在今天已經不能生存，怎麼會長命百歲？從前只會子曰詩云的書呆子，不但無益於國計民生，連自己的生活都不能照顧，反而變成了社會的特權階級、消費者，國家怎麼能強盛？民族健康怎麼會有進步？

今天情形不同，科學醫藥進步了，國民知識水準提高了，國民平均壽命也超過七十了，四十歲還是青年才俊，不才已過[illegible]之年，毫無病痛老態，四十歲的韓愈望塵莫及，原因是不才的科學醫藥知識比韓愈豐富，生活比韓愈合理。

照現在的情形發展下去，人類的壽命只會增加，不會縮短。人類壽命究竟能到什麼限度？這要看人類知識的進度而定，普遍提高沒有問題。從前的所謂「天機」就是現在的知識。「天機」不過是未知數，登陸月球在從前看來是「天機」，在今天說來完全是科學知識，一點也不稀奇。

今天不是人生苦短的問題，而是怎樣把握人生，有意義地運用時間問題。[illegible]會知道怎樣自處，而不會怨天尤人，或自怨自艾。

七進七出鬼門關

從前的人壽命短，災難的次數照理來說應該少些；現在的人壽命長，經歷災難的次數應該多些。從前是農業社會，變動小，有很多人往往一生活動的半徑沒有超過五十里地；現在是工商業社會，變遷很大，不少人一年就要旅行世界一兩次，單是汽車、飛機的交通事故就層出不窮，災難自然更多。何況已經有過兩次世界大戰，大災大難自然更多了。

現在的人如果年逾花甲，而沒有遭過一次災難的，恐怕是少之又少。尤其是從大陸[redacted]到臺灣的人，幾乎都像西遊記裏的唐僧一樣，經過十磨九難，死裏逃生的，我就是屬於這一類大難不死的人之一。

回想起來，除了二十歲以前兩次大病未死之外，我也應該算是五進五出鬼門關的人了。

第一次是民國二十七年夏天，日軍溯長江而上，我逃離故鄉，沿湘贛鐵路轉往武昌從軍，那時日軍正圖奪取武漢三鎮，大舉轟炸武昌，我剛好趕上地毯式的轟炸尖鋒時期。到武昌沒有幾天，人生地不熟，就遇到八十多架飛機轟炸，像沒頭的蒼蠅一樣[redacted]進一個大防空洞裏人附近的防空洞本來很多，大大小小有十來個，都是因陋就簡，沒有一個是鋼骨水泥的。以前我沒有經過大轟炸，不知道大轟炸的厲害，加以道大向都弄不清楚，先是跟着別人亂跑，沒跑多遠就放緊急警報，於是有洞就鑽，和七個同伴一道鑽進警報局門口的大防空洞裏。經過幾批飛機地毯式的轟炸，防空洞像搖籃，噓噓的炸彈聲震耳欲聾，心都快震出口腔來，不知道那一秒鐘會中頭彩？還能活幾秒鐘？這種末日的恐怖，經過二三十分鐘，飛機才一批批過去。警報解除之後，急忙擠出洞來，因為洞裏空氣太壞，再不出來也會悶死。而擠在洞門口未進洞的人已被破片炸傷，其他的防空洞統統垮了，房屋正在燃燒，到處鬼哭神嚎，女人撫着屍首呼天搶地，大轟炸後的景象眞是慘不忍睹。但我總算逃出了鬼門關。

以後還在這種大轟炸中過了將近一個月的恐怖生活，這是第一次大難不死。

抗戰時期我有兩次差一點落進日軍手中，這兩次都是大戰役。民國二十八年九月，我從重慶分發往三戰區三十二集團軍總部創辦掃蕩簡報。本來應該是三人同行，但那位留日的宋學長，是一位迷糊，又沒有什麼責任心，他要留在重慶多玩幾天，然後直接去當時的小上海金華玩玩，再轉往戰地報到，我便和姓吳的學長取道三峽往江西臨川報到。誰知船到洞庭湖時長沙大戰爆發，戰況很緊，其時船上有一位姓賀的軍政治部主任和這位吳學長是湖南同鄉，他的消息靈通，吳學長便決定到他的軍政治部（駐地衡陽）工作，撇下我一個人前往江西前線，他又諱莫如深，長沙大戰的消息一點也不告訴我，而我又天天打擺子，我只好一個人在益陽上岸，徒步向江西進發。我知道這條路線必須經過長沙附近，所以我沿着這條路線走，第二天就聽見隆隆的炮聲，我還不知道是怎麼回事？因為看不到報紙。但我仍然在炮聲中繼續前進，因為我不願像姓吳的學長一樣拿了差旅費開小差。幸好在我進入日軍「口袋」時，日軍突然大撤退，不然我真是「出師未捷身先死」了。

另外一次是浙贛戰爭，更是千鈞一髮，這是民國三十一年夏天的事。

那時我在南城的一所中學教書。日軍一方面沿浙贛鐵路西犯，一方面由南昌向南城進攻。這時由浙贛鐵路沿線逃出的難民都因大雨麕集在南城不能行動，我也因學校扣着米條不發不能行走。等我拿到米條到米店折換現款時，砲聲和雷聲已經分辨不出來。陰曆五月初六夜晚更是炮聲隆隆，徹夜不停，我有上次長沙大戰聽炮聲的經驗，我下定決心，不管天晴或下雨，天一亮我就走。但這時我已結婚，而且長女才兩個月，內人又不知天高地厚，捨不得離開母親家人，我以壯士斷腕的決心要走，她才無可如何地跟我逃難。

想不到第二天突然放晴，於是麕集在南城的難民傾巢而出，馬路一片人蟻，一二三十里路綿延不絕，我就是這一片人蟻中的一個。別人還有雞公車拖行李，我是什麼交通工具都沒有。別人走走停停，我則馬不停蹄，我希望愈快脫離火線愈好，果然不到中午，日機就凌空偵察，飛得很低，飛行員的腦袋我們都看得見，幸好沒有掃射，否則必死於日機機槍之下。但這一陣驚駭已非同小可，大家像小鷄躲老鷹一樣到處亂鑽。左邊是滾滾的河流，是一條死路；右邊是山，佈滿荊棘茅草，是唯一的逃生方向，一進去就滿身刺傷，但逃命要緊，誰也顧不了那麼多。

李坊營這個小地方有一條山路通往宜黃，大家已經走了六七十里路，疲憊不堪，因此絕大多數的難民都在這裏休息下來，這時天色雖已不早。但這條路我有過一次通宵獨行的經驗，我決定摸黑也要趕到曾鞏的家鄉南豐，只是苦了我從未走過遠路的內人，但她不得不跟着我走。

果然就在我通過李坊營不久，日本騎兵就從宜黃那邊包抄過來，十之八九的難民都被日本騎兵截住了，投河的投河，沒有投河的都被趕回去，逃到山中的也被抓回來，男的多被槍殺，女的多被姦污。因為日軍不是要人，而是要這批難民所携帶的物資。後來聽說這次南城死人無數，屍臭多日。我幸而大難不死，逃過了這次浩刼。事後我寫了一首「苦難的行行」新詩，紀念這一次的死裏逃生。

從大陸來臺灣的人，大概都不知道颱風的厲害，我也是如此。尤其是我生在魚米之鄉，多是和風細雨，更沒有見過大風，所以初到臺灣時對颱風毫無戒心。

民國四十一年十一月十一日，或是十二的晚上（我已記不清楚），强烈颱風貝絲中心，突然襲擊左營，半夜鬼哭神嚎，房屋掀了頂，大門也吹跑了，大風大雨不停，瓦片亂飛，那時我的孩子都小，我用棉尿片頂在頭上，把孩子們用棉被蓋好，有的塞進牀底下，萬一房屋倒塌或瓦片掉下來可以減輕死傷。我則站在大風雨中等待末日的宣判。

狂風挾着豪雨，嘩啦嘩啦不停，鐵皮在空中飛舞的聲音，大樹倒下折斷的聲音，令人心驚膽寒，和民國二十五年夏天在武昌的大轟炸，同樣的有世界末日之感，但那是大白天，這是深更半夜，站在大風雨中全身透濕，更加難受，快到天亮時風雨才漸漸減弱，我揭開被大雨打得透濕，上面落了不少水泥瓦的棉被一看，躲在棉被中間的二女兒差點悶死。如果房屋倒塌，我們一家人可能全軍覆沒。住在半屏山的人家，就死傷不少。有一家住在半屏山的，現在我已經忘了他們姓什麼？後來住在我隔壁，他的大女兒和我大女兒恰好同年，都是十歲，當時她被一陣狂風吹到天空，從半屏山吹到海軍參校前面的蕃薯田裏落下，相隔幾千公尺，居然未死，眞是命大。這也是我第四次大難不死。

第五次大難不死却是一次車禍，這是民國五十五年冬天的事。

民國四十九年我退役後先是養鷄，養鷄失敗後才專心寫作。那時因爲五個孩子都在上大學中學，我已一無所有，只有拼命寫，眷舍房屋矮，又是向西，一到夏天，如坐蒸籠，但是不能不寫，只好用電扇對着身體吹，幾年下來，不知不覺患了風濕，一天早晨醒來，突然覺得左背疼痛，左手也不靈活，手指麻木，怎麼診也診不好。後來[redacted]告訴我到圓山學太極拳，但是天未亮就要去，這時沒有公車，走路要三四十分鐘，已經太遲，因此我買了一輛腳踏車代步。一天早晨我打完拳下山，正好七點四十多分鐘。我騎的腳踏車上山時剎車好好的，下山時剎車突然失靈。這正是上班時間，士林、大直、臺北，來來往往的大小車子特別多，又都在中山橋交錯，那時再春游泳池尚未興建，路邊也沒有欄杆，我的車子直衝而下，如果被公車撞倒，不撞死也會壓死；如果衝向基隆河，不摔死也會淹死。活命的機會實在很少很少。只是我心裏想我不該這麼死，我抓緊龍頭，並不慌張。說也眞巧，突然斜地裏從臺北方向衝來一部計程車，從大公車旁邊擦過，把我連人帶車撞飛起來，落在現在的高速公路大橋下的護崁位置，足有兩三丈遠，我的腳踏車前後兩輪跌得扁扁的，我還是抓緊龍頭，騎在車上，除了虎口擦破了一塊皮之外，並未受傷。在這種情形之下，能夠不死不傷，連我也大感意外，後來一想，實在是這輛計程車救了我一命，如果不是它把我撞飛到馬路邊上，而是被臺北來的那輛大公車撞着，一定倒在地上，那就死定了。

我生於憂患，二十歲以前的兩次大病，是九死一生；武昌的大轟炸、長沙大戰、浙贛戰爭、貝絲颱風、以及圓山車禍，合算起來該是七進七出鬼門關。但是閻王爺不要我，所以我能活到現在。

今年我已九十多，劫後餘生，一切都看得更加平淡，更能順其自然，作人處世，不計功利，只求無愧於心。活得自在就好

二〇〇七年四月十一日下午一時五分重校

民國九十八年（二〇〇九）七月十八日三校

生命長短價值觀

——從徐訏先生去世談起

現在吃我們這一代人的喜酒的機會是越來越少，去殯儀館的次數却越來越多。最近三天內我就去了一次殯儀館，又送到墓地，還參加了一次追悼會。一是給國民大會秘書長郭鏡秋先生送葬，一是追悼作家徐訏先生。他們兩位都是七十以上的人，以三十年前的標準來看，都是上壽，以今天的情形來說，只能算是中壽，以未來三十年的趨勢來推斷，可謂短壽。

最近三軍總醫院院長在一次公開講演中說，人活一百五十歲是很正常合理的，而西方醫學專家認爲人活兩百歲不是奢望。而眼前的證據是：六十九年十月十七日報載花蓮縣豐濱鄉大港口村的林阿玉老太太已經一百二十五歲，子孫六代，食量還不錯，大都吃乾飯，聲音稍大一點還能和她交談，她一年四季以冷水沐浴，從未間斷，從照片上看來，還不像一百二十五歲的老人。

無獨有偶，巴西有一位老太太，今年也是一百二十五歲，身體還很好。

以上兩則新聞，都是千眞萬確的事。

根據日本厚生省最近公布的日本一百歲的人瑞共有九百六十八人之多，比去年多二十一人，男性一百七十四人，女性七百九十四人。其中年齡最高的却是出生於日本慶應元年，籍隸鹿兒島縣大島郡伊仙町的泉繁千代老先生。東京長壽專家爲他診察的結果，認爲他還可以活四十五年到五十年左右。泉繁千代現在雖然還是小老弟，如果他眞如醫學專家所說，能再活四五十年，那就是一百六七十歲了。

中國大陸過去還有一位兩百五十歲的男性李靑雲，楊森將軍還特地把他請到駐地，請敎他的長生之道，臺北「中外雜誌社」還出了一本專書介紹這位老人。

中國古代的高壽者還不是彭祖，而是黃帝之前的道家廣成子，黃帝見他的時候已經一千二百歲，還說「吾身形未嘗衰」。道家講究修持，長生不老，得道成仙，這不是神話，而是道家特別精通醫學和生理學，以及如何奪天地造化之功，自然可以長生不老，成仙得道。可惜我們忽略了老祖宗的學術成就，今人多已茫然無知，反然斥爲迷信，這是令人十分扼腕的事。

中國的命學不但是研究人生吉、凶、禍、福、窮、通、壽、夭的一門大學問，也是探索生命奧秘的大學問，所以我把它稱爲應用科學，和醫學有同等價値。但西醫雖能治病，往往只知其現象，而不知其因[redacted]，如果能同命學家配合研究，那就相得益彰。因此我在「醫學命學與人生」一文中（見六十九年十月十二日大華晚報）說：「醫學與命學都是科學，這兩種科學知識的結合，可以創造美好的人生。」所謂美好的人生，自然包括健康長壽在內。

中國人重視五福，但五福壽爲先，所以自古以來，壽最受人重視。但是要想健康長壽，有些事情就不能不注意。大致說來，不外兩方面：一是身體方面，一是精神方面。

在身體方面，現代醫學家已經給了我們不少知識和勸告。如良好生活習慣、均衡的營養、適當的運動等等，如果我們都能作到，一定可以長保健康。

在精神方面，醫生也告訴我們情緒要放鬆，不可緊張。但在這方面一般人更難控制。

中國道家除了注重營養均衡，多吃强身補氣的植物，培元固本之外，在修持方面還知道如何吸取天地日月的精華，補充能源，使它源源不竭，這不但能使身體永遠健康，也是長生不老，成大羅金仙的必經途徑，不二法門。在精神修養方面更注重淸心寡慾，淡泊寧靜。諸葛亮說：「淡泊明志，寧靜致遠。」這是最起碼的精神修養功夫。中國道家爲什麼要在深山修道？因爲深山有兩個大好條件：一是沒有空氣汚染；二是沒有人事困擾。只有在這種環境當中，人的智慧才能發揮到最高境界。所謂「心如明鏡」是也。佛家亦復如此。

徐訏先生雖然是學哲學的。但他所涉獵的哲學範疇是西洋的多於中國的。西洋哲學往往帶給人類更多的苦惱，而無法提升、超越。所以他落落寡合、鬱鬱寡歡。和他有三四十年交情的黃少谷先生就沒有看見他愉快的笑過，可見他心理負擔是多麼沉重？如果他進入了老莊世界，了解易經，甚至精通命學，他絕不會那麼沈鬱。由於他並未了解生命的奧秘，宇宙的生死之妙，所以他的哲學觀點還停留在人的階段。凡是停留在人的階段的一切觀念，絕對無法超越時空和人事。

無法超越，必多苦惱，苦惱太多，何能長壽？以苦悶從事文學創作則可，因此，徐訏先生的文學作品多采多姿，而他個人的精神苦悶則始終無法解脫。如此不但不能超脫，也洒脫不起來。

曹雪芹不然。

曹雪芹雖未進入老子和易經世界，但他進入了莊子世界，也稍懂命學，因此，他在窮得沒有飯吃的時候還能笑得起來，而且笑得十分宏亮。所以紅樓夢的境界和徐訏先生許多作品的境界便大不相同。

陶淵明也是一位窮詩人，但窮得十分洒脫，「飢來驅我去」的時候，還能「採菊東籬下，悠然見南山。」從前的社會結構和現在雖然不同，但人生境界照樣可以提昇，只看個人的哲學基礎如何？但由於從前的醫藥衛生不如今天發達，國民營養水準又沒有今天高，曹雪芹和陶淵明又不懂道家的修持方法，所以他們都未享高年，否則他們的成就更大。

徐訏先生享受了今天醫學衛生的成果，而未能益壽延年，主要是由於精神苦悶的關係，十分可惜。

對於命學一知半解的人也許會說，人生修短有數，壽命怎可延長？這是只知其一、不知其二。

三四十年前中國人（包括臺灣）的平均壽命只有四十多點，現在臺灣的中國人壽命，男的已達七十，女的七十[redacted]，平均增加了將近[redacted]十歲。

從前稍懂命學的人替人算命：一到六十歲以後大運沖提便不再算，認為很難衝過。二三十年前別人替我批命也是如此，認為我子午相沖過不了這一關。其實大謬不然！單憑命學而論，我不但不會死於子午相沖，那才正是我很風光的日子呢！

人的一生，大運沖四支的時候很多，有的人四支本身就在相沖，何況大運？以命學來說，壽命長短在乎四柱結構是否均衡？是否相互支援？相輔相成？如果以命學知識與今天的醫學知識相結合，人的壽命只會增加，不會縮短。從前以六十歲為基準，現在應該以一百歲為基準。

長壽有長壽的價值，不是為了糟蹋糧食。尤其是作家，如果平均壽命能多活二三十年，那他的生命價值便不相同。徐訏先生如果能活到上百歲，一定可以多寫幾部更好的作品。曹雪芹如果不死得那麼早，把紅樓夢完完整整地出版，便不會勞動今天的紅學專家來考據，來浪費那麼多的精力。

生命延長的意義和價值在此。

（本文編入一九八○年臺灣商務印書館出版的山中人語一書）

二○○六年十月二十三日重校於紅廬寄廬北投

醫學命學與人生

——長孫性別及難產預測記實

孔子遊於匡，宋人圍之數匝，而絃歌不惙。子路入見曰：「何夫子之娛也？」孔子曰：「來，吾語汝，我諱窮久矣，而不免，命也；求通久矣，而不得，時也。」

——莊子秋水篇——

我有兩男三女，都已男婚女嫁。四十七歲我就作了外祖父，[redacted]。但長子選輸結婚最遲，小兒子雖然早他一年結婚，因在國外，事業尙未開始，不敢生育，所以我得孫反而較我的友好爲遲。

長子[redacted]結婚後，媳婦有喜。她是印尼僑生，我不知道她的出生日時，直到產前一個月，長子才告訴我，要我看看她是生男生女？他是臺大學外文[redacted]，絕不崇洋，却篤信中華文化，他自已也通命學，稍欠果斷。我略一推算後即確定兩點：一、必然生男。二、難產。

媳婦懷孕後卽定期至臺大醫院檢查，而且指定產科有名的江大夫千代爲她接生。在產前多次檢查中，醫生並不能斷定是男是女？一切大都正常，她預產日是六十九年八月五號。

八月一號那天，媳婦因痔瘡發了，去門診看江大夫，江大夫覺得胎兒大了，又有痔瘡，要她立刻辦住院手續。一號晚上媳婦住進臺大醫院，長子打電話回家，他要我看看那天動手術比較好？本來我有媳婦四柱底稿，兩週前我將那份底稿連一部分書信及朋友兒子的命造帶回辦公室，不料那天早晨我三點多鐘起來爬山，運動了兩個小時才回家，上班時在公車上打盹，把那批東西遺失在公車上，一直找不到。他在電話中告訴我，我再推算，確定八月四號這天最好，不但母子平安，而且孩子的造化也最好。

第二天（八月二日）早晨上班後，我將批好的命單帶到臺大醫院產科，長子和媳婦都在待產室，這時媳婦剛好照相檢查過了，我把命單交給長子，同時囑咐他們兩位，無論如何一定要堅持八月四號中午開刀，隨後我就回辦公室。

上午十一點多鐘，長子打電話告訴我說，醫生正準備開刀，因為照相檢查結果是「骨盆狹窄，剖腹生產」，長子要我快去醫院。我告訴他：「我馬上來，你們最好能堅持到四號。」

我趕到醫院時，他們已交涉好了，本來江大夫說八月二號不開刀，就要等到八月六號星期三才有時間。後來她想起八月四號星期一上午十一點半她主持會議完畢，有點時間開刀，她問兒媳可不可以？兒媳說：「那最好。」

既然這樣決定了，我們都鬆了口氣。否則我要和江大夫費一番口舌，甚至展開一場醫學和命學的辯論。

八月四號這天早晨上班之後，我又將「長孫」的四柱大運全部排好，而且寫下一生斷語，帶到臺大醫院。媳婦站在產科三一四病房推床邊，長子去中廣拿勞保單，尚未到醫院來，他們兩人都在中廣工作，都有勞保。

十點剛過，長子就趕來了，因為預定十一時二十分送媳婦到產房手術室。我將正式批好的命書交給長子。

十一點十五分護士小姐就把媳婦推進產房手術室。本來江大夫預定在十一點三十分替她動手術，可是十一點三十五分還不見江大夫的蹤影，我們心裏很急，我催護士小姐趕快電話聯絡，護士小姐電話打過去了，可是沒有聯絡上。我們更急。護士小姐說：「不必急，江大夫會來的，遲一點也沒有什麼關係。」護士小姐不知道我們的心事，講也講不清楚。只好等了。

等到十一點四十五分，江大夫瀟灑地來了，她從從容容，我們也大為放心，因為我早打聽出手術時間大約卅分鐘，十多分鐘胎兒就可以取出來。我安心地坐在外面等。

長子和我討論「長孫」的八字，他說：「如果是男的，的確是好命。如果是女的，就不太好。」

「放心，百分之百是男的。」我說。我一直作男命算，我有充分信心。

我正在和一位年輕的待產婦談話，安慰她不必緊張，因她先生出差了，沒有一個親人在身邊。

我不知道內人和長子什麼時候溜進去了？突然聽到一聲嬰兒啼哭，我連忙趕進去，護士小姐正把嬰兒床推回房間，內人連忙說：「公公還沒有看見！公公還沒有看見！」

護士小姐又把嬰兒推回來，而且掀起遮蓋的小布，露出「雞雞」給我看：「看清楚了沒有？是個男的。」

「小姐，我早就知道了。」我笑着回答。

她又笑着把嬰兒床推回去。

我的判斷又得到印證，加之這孩子完全在我的安排下，得造化之妙，我十分高興地先離開醫院。

去年小女兒韻湘生產前，我也斷定是生男孩（產前檢查醫生也不能確定），因爲是順利生產，所以我聽其自然。後來果然生了男孩，一直住在舍下，現在已經一歲兩個月，會走路，會爬樓梯，牙牙學語，十分可愛。

醫學是科學，命學也是科學；醫學知其現象，命學却知其因果，所以產前檢查，醫生尚不知是男是女；我只要把四柱排好，便知男女，而且知道這孩子的前途如何？包括吉、凶、禍、福、窮、通、壽、夭。不經照相檢查，醫生還不能確定是否開刀；我一看四柱，就知道難產，一定開刀。而且選在八月四號這一天才母子均安，否則於產婦不利。

我媳婦是己丑日主，丙寅時，現在行申運，又值庚申流年，亡神刼殺逢沖，又寅申巳三刑（癸巳年），生產極爲不利。而八月四號是陰曆六月二十四號，己酉日主，嬰兒坐食神、文昌、長生，媳婦是己丑日主，同樣有利，所以母子均安，絕無危險。

孩子爲什麼一定要選在八月四號（六月二十四日）中午開刀？除了爲了母子平安之外，對這孩子一生的前途大有影響，他的四柱便成這樣的組合：

庚申
癸未
己酉
庚午

這是相當理想的組合，在他出生之前，我就按照午時作了幾點判斷：

⑴此爲大富之命，並可因富而貴。

(2)福慧雙修，文采風流，[redacted]。

(3)妻賢子孝。

(4)一子送終。

(5)一生順多逆少，少病多安，當爲人瑞。

[redacted]

我在前面說過，醫學是科學，命學也是科學，而且都是應用科學。不過西醫是純科學，而中國命學則是有關天地人三者的統合知識，所以知其因果，不像單純的科學，分工愈細，所知愈精，但也更爲有限。

一般人總以爲「人定勝天」，這種抱負是好的。但實際上是「人定順天」，所謂「順天者昌，逆天者亡」是也。

何謂天？天就是宇宙自然法則。譬喻最近天旱，從前不知道「人造雨」，在晴空萬里時，縣太爺率領萬民，擡着菩薩，燒香祭天，甚至三步一跪，五步一拜，這是無知。現在科學進步，知識大開，知道「人造雨」，但「人造雨」有「人造雨」的條件，那就是濃厚的雲層。在濃厚的雲層上用飛機在相當的高度洒下鹽和乾冰才能造雨，這就是「順天」。順着宇宙自然法則行事，才會成功。如果是晴空萬里，洒下再多的鹽和冰塊也造不成雨，因爲這是逆天，逆天就是違反宇宙自然法則，所以必然失敗。如果在晴空萬里的情況下造雨成功，那才可以稱爲「勝天」。否則怎能說「勝」？只可說「順」。天地間一切事莫不如此，不止「人造雨」一例而已。

我之爲長媳選擇八月四號剖腹生產，也是「順天」。因爲她的預產期是八月五日，胎兒已經足月，而她又是難產，必須開刀，爲什麼不選擇一個良好的時間呢？像小女兒順產，我就不作逆天的事，一定要她開刀。

長孫出世是命學知識與醫學知識的結合，相輔相成。如果不懂命學，也就無從選擇了。醫學與命學都是科學，這兩種科學知識的結合，可以創造美好的人生。但一知半解不行。而科學亦有失誤之處，如火箭失事墜毀，醫生也會診死病人，外科醫生甚至將剪刀留在病人體內等等，但我們不能因爲這些原因而否定科學。同樣的道理，我們也不能因爲江湖術士一知半解，或命學不精失誤而否定命學，斥爲迷信。孔聖人尚不諱言命運，今人雖心裏相信，表面卻斥爲迷信，這能算是科學精神嗎？

吾老人按：本文收入一九八六年[illegible]

[illegible] [redacted] [illegible]

報人甘苦

人生有很多事都是自己無法預料的；更不是按照你自己的計劃按步就班地執行的。以我自己來說，如果一切順利，又能配合我的志趣，那我就不會走那麼多冤枉路，一定可以順理成章地取得一兩個博士學位。但是事實不然。民國二十六年抗日戰爭爆發，二十七年烽火就燒到長江中游，我便不得不投筆從戎，報效國家。那時的青年人很少為個人打算，大敵當前，國家存亡在旦夕之間，報國之道最直接了當的莫如從軍，我不過是千千萬萬的從軍青年之一。

既然從軍，自然沒有想到幹別的事業，而且那時的軍人都有一股豪氣，社會對軍人，尤其是青年軍官都很尊敬，我也以為軍人是我的終生事業。尤其是長途行軍到四川之後，我大病一場，奄奄一息，恰巧遇上了一位跑過碼頭的當地中醫程戩銘先生，才把我從閻王手中拉了回來，而且當面許我將來一定可以當上軍長，那時四川的軍長地位很高，權力又大，如劉湘、劉文輝、楊森等也都是軍長，操生殺予奪之權，他為什麼如此許我？因為他不但長於醫道，亦通冰鑑。（他實在是我的救命恩人，因此我終身不忘。）那時我才十九歲，經他這一評鑑，也不免心旌搖搖，以爲自己日後眞可以當上將軍。可是，就在我生病之前，也就是畢業之前的兩個多月，由於好玩的心理，我參加了中央訓練團新聞研究班的考試，想不到一試中的，接着我就生病，病體尚未完全康復，就接到入學通知，就這樣一下子改變了我的事業方向。畢業後我就分發到戰地從事新聞工作，這都不是我事先預料得到的，程戲銘先生雖然診好了我的傷寒病，但在相上却看走了眼。

抗戰時期政府爲了加强前方新聞宣傳工作，開始創辦軍報。在戰區長官司令部都有陣中日報。集團軍總司令部有掃蕩簡報，以後漸漸發展到軍部。我當時是奉派到集團軍總司令部。最初很苦，自己寫鋼版、油印；後來與當地報社合作，我免費替他們編第一版和副刊，然後換一個報頭，他們發行地方的，我們發行軍中的，一舉兩得。鉛印的八開報，自然比油印的好看得多，新聞內容也豐富很多。那時沒有「克難」這個名詞，抗戰時期在前方是處處克難，事事克難，油印軍報變成鉛印軍報，上面沒有多發一文錢，我們完全憑自己的勞力辦到了，上面連一紙嘉獎都沒有，我們更沒有請獎，認爲這是份內的事，該做的就做，從來沒有想到「邀功」。[illegible]

在前方作了兩年新聞尖兵之後，我因爲別的原因中斷了十年多的新聞工作。到新贛南之後，又正式加入新聞界工作。那時[illegible]經國[illegible]在贛南任行政督察專員，政風一新，令人刮目相看，有抱負的青年人多向新贛南跑。那時一縣一報，都辦得有聲有色。我去崇義創辦了一份公理報，起初任主筆，後來主筆、總編輯、總經理、秘書一肩挑，縣長是掛名的社長，實際責任全在我一人身上，那時我不過是二十二三歲的小伙子，全憑一股年輕人的幹勁，一份四開報紙，倒也辦得生氣勃勃。原來崇義出紙，我們用最好的白紙印報，不但比重慶、桂林貴陽的全國性大報漂亮，也比贛州的報紙白。那時報紙都很重視副刊，我們也有一整版副刊，而且不用剪稿，都是創作。雖無稿費，但不缺稿，主要的是缺稿時自己可以寫，隨寫隨排，十分機動。不但寫純文藝的副刊稿，還要寫社論、短評。一份日報，天天如此，如果沒有幹勁，是很難撐持的。抗戰時待遇很低，生活很苦，我每月的待遇也只有一擔米。而住在山裏的老百姓比我們的生活更苦，他們連點燈的油都沒有，用晒乾的竹片點燃，插在牆壁上，那就是他們的燈。我在「山城草」幾首詩中就有一首是寫「竹片燈」的。

但是這一段辦報生活，物質生活雖極艱苦，但精神生活却極愉快。一方面是我在工作中有無限的樂趣，精力愈來愈旺，腦力愈用愈強，另一方面是報社設在城外廟裏，周圍都是田和山，我愛好大自然，完全生活在大自然中。而且報社旁邊還有一條清溪，流水潺潺，可以洗纓，可以濯足。這樣的環境別人多耐不住寂寞，我則得其所哉。閒空時和附近一家老百姓在溪中捕魚，又是一種樂趣。他們捕魚有一個妙法，那就是用茶餅泡水，投入清溪上游，這種茶餅水和肥皂水有同樣的作用，不但可以洗衣，也可以毒魚；上游的清溪一投入茶餅水後，溪中的魚就會翻轉肚皮漂浮水面，很容易撈取，而魚兒只是暫時暈眩，並未毒死。這種清溪中的魚兒也很好吃，山裏人不像我這個生長在長江邊的人，吃過那麼多好魚，他們隔一些日子能吃到這種清溪中的小魚也就心滿意足了，連我亦復如此。

為了改善生活，也是為了消遣，我還養了一窩雞，田裏、溝邊、阡陌之間多的是蚱蜢、小青蛙，無事時捉捉蚱蜢、打打小青蛙，用來餵雞，雞長得特別快，蛋也生得多，我的辦公桌抽屜，總是滿滿的一抽屜雞蛋，而當地的藕粉又好，用藕粉沖雞蛋，不但味道好，也很營養。

崇義是個很小的山城，是王陽明平宸濠之亂時設的縣治。城牆也不太高，據說老虎曾經跳進城裏。平時也不熱鬧，只有趕集時四面八方的山裏人都帶着土產湧到城裏來。一遇趕集我就進城逛逛，可以買到不少山珍。野豬肉、野雞不算什麼異味，但有兩樣東西我在別的地方都沒有吃過，至今四十多年了，我一直難忘，那就是四不像——角尾像鹿，毛像牛，體形大小在驢騾之間，山裏人也不知道牠叫什麼名字，這種野獸常於夜間下田偷食禾苗，往往被山裏人捉住，宰了出售，其肉鮮嫩無比。另外一種山珍就是石蛙，這種蛙生長在高山上的崖石之間，體形比田雞大得多，和美國牛蛙不相上下，山裏人多半在夜間打着火把去捉，牠的肉味比田雞鮮，牛蛙更難相提並論。這兩道美味至今想起來還垂涎欲滴。

山城辦報苦中有樂，而在我個人來說，是苦少樂多，我的精神生活十分愉快。

後來我又轉到上猶凱報任主筆，和艾雯同事，她任資料室主任。這是民國三十三年的事了。

不久我又到贛州民國日報工作。這時戰局很緊，日軍步步進逼，攻佔衡陽之後便長驅直入，直趨獨山，而在東南戰場方面又向贛州逼近，因此白天幾乎整天躲警報，不能睡覺，我又編晚上第一版國際新聞，不到三四點鐘不能截稿。由於白天躲警報，晚上又在桐油燈底下編報，兩個月下來，我的心跳得十分厲害，似乎要跳出口腔來。如果不是日本人打到贛州，我怎會倉皇逃難，白天走路，晚上睡覺，那眞非死不可！這一段報人生活，如今想來，猶有餘悸。

逃難到樂平之後，我又參加了當地的長江日報工作。這一段生活倒十分愉快。因爲樂平是魚米之鄉，不像贛南山城地瘠民貧，而報社負責人又是當地的頂尖人物，好吃好喝，我們幾乎天天在館子裏大吃大喝，昌江裏的魚鮮不下於長江，我們吃的又是最好的鱖魚、鯿魚、大黃鱔等等，在這裏眞不知道抗戰生活的艱苦。

在長江日報編國際新聞有兩件最開心的事，那就是我親手處理了美國在廣島投下原子彈的新聞，後來又處理了日本無條件投降的消息，那時眞的欣喜欲狂。因此我寫下了「最後的勝利」那首長詩，將一肚皮的冤屈之氣，一臉的恥辱，一洗而盡。

勝利後我到上海，三十五年國防部創辦軍聞社，我參加了南京總社編務，處理的全是談談打打，軍事失利的消息，每天下午兩點上班，晚上三四點下班，雖然工作超過十二小時，生活也苦，但由於同仁相處十分融洽，我也樂此不疲。當年有一位我的助手，現在雖遠在美國，我們還經常保持聯絡，前天我還接到她寄到的賀年卡，當年我們都只二十多歲，現在都已年過花甲了。同時在南京總社工作而又身在臺北的還有姚季穠等人。

三十八年來臺灣後，我還在聯合報前身的經濟快報當過八天主編。那時我一家人住在大理街一家小旅館裏，我晚上一人編整整第一版全版新聞，截稿後就睡在編輯桌上。報社負責人對我雖很禮遇，但經濟十分困難，我看看不是長久之計，只好和新聞界「拜拜」了。走的時候我分文未拿，白白地幹了八天主編。當時的同事只記得後來轉入聯合報，現在還在寫影評的黃仁先生。這已經是五十年前的事了。從此我與報人生活絕緣，今後大概也不會再走這條老路了。

我走了三四十年的背時運，我當報人的時候，報人的生活很艱苦。現在的報人名利雙收，軍人待遇也好多了，但我既非報人，亦非軍人。但願生於憂患，死於安樂。這點我倒比別人更有信心。

69.12.12青年戰士報「新文藝」副刊

我與廣播

抗戰時期，我先是從事戰地新聞工作，三十一年後轉入新贛南新聞界工作。外勤的時候少，內勤的時候多，從記者到主筆、總經理、總編輯都經歷過。

勝利後又回到軍中，國防部軍聞社創辦時，我又加入南京總社編輯部工作。

來臺灣後又轉到海軍總部[redacted]

我參加廣播工作是很意外的事。[redacted]一天，一位素昧平生的宋揚曜先生突然來辦公室找我，並[redacted]我介紹，說他奉命來左營接掌軍中電台，他人生地不熟，希望我能幫他的忙，屈就副台長。他的態度十分坦白誠懇。以左營軍中電台與海軍總部相較無異於大海和小池塘，對於我的前程可說是影響很大。但我對作官沒有什麼興趣，我覺得宋台長是個可愛的人，因此我便答應助他一臂之力。就這樣，我參加了廣播工作，這是我從前完全沒有想到過的事。

對於機務播音方面，我是[redacted]外行，但是對於新聞編輯方面，[redacted]可以派[redacted]用場。我到職後，台北總隊部的胡兆奇（散文作家季薇）調來左營擔任編輯主任，然後又將服役陸戰隊的莫洛夫，以及陸珍年調來，再加郝肇嘉、歸來等人，編輯陣容可以說相當堅強，在軍中電台是史無前例了。

由於宋揚曜兄在公私方面和我都十分融洽（他是一位公忠體國以台爲家的[redacted]，我向不爲自己打算，完全是幫他的忙。），因此上下都處得很好，精神十分愉快。這點當年同事鍾能基[redacted]可作見證。

我在左營軍中電台工作了三年多，後來揚曜兄另有高就，要我接他，總隊部[redacted]打電話給我，要我接替，我毫不考慮，堅決不幹。因爲我完全是幫宋揚曜[redacted]個人的忙，才擔任副台長，如果是爲了作官，我不會離開總司令辦公室，犧牲我的前途。因此在揚曜兄離職前我就先走了。

我幹廣播工作是交了一個朋友，卻犧牲了前途，但是我並不後悔。

「台廣雜誌索稿，無以應命，加上我離廣播界已久，廣播事業一日千里，我又成了十足的外行，因此有關廣播業務的事，我就不敢置喙了。

原載台灣廣播雜誌70.年5月號

杏壇生涯

抗戰時期是國家最艱苦的一段歲月，也是我個人最顛沛流離的日子，絕非漢奸所寫的「山河歲月」那般輕鬆；那時生命都是朝不保夕，我幾乎每年都要逃一次大難，因此我的崗位經常變換，有時一年變換兩三次工作，除了留着一條命在，眞的什麼都沒有了。

在抗戰期間，我當過軍人、報人、教員、公務員。

我之脫離軍職，是由於一次打抱不平，大大地觸怒了那位曾印製僞鈔、後來搖身一變成爲我的上司，其實照期別算來他應該是我的學弟，但他的年齡却比我大六七歲。那一次確實傷害了他的「尊嚴」，因此他暗中狠狠地欲置我於死地。幸好上峯大致了解他和我的爲人，也許是我的命大，才沒有拖到辦公室門前的刑場去槍斃。在戰地侮辱長官，其罪同非小可。結果上峯只是輕輕發落，「停職」了事，我本來羞與爲伍，官癮又不大，並不以爲斷送了前程可惜，反而十分輕鬆地離開了那個作奸犯科、模樣兒比戲臺上的湯勤還令人作嘔的傢伙。我雖然寫了不少小說，但我自愧無能，對於那一型的人，我怎樣也寫不出來，因爲他的行徑是我想像不出來的低級下流。寫正派的人我自信很有把握，寫反派小人還需要多下揣摩功夫，因為我活過了[illegible]十歲，還沒有寫出一位那樣的小人。儘管我遇到的「湯裱揩」不止那一位，但我一直沒有動筆寫，自知在這方面的修養還不夠辣。何況我第一次遇上那位湯裱揩才二十一歲，能不死在他手裏算是祖上有德。

我轉到另外一個地方報社工作，同時在一所中學教書，隨後索性專任。正式開始教書生涯。

抗戰時因征兵很緊的關係，一些家境較好的人家子弟，雖然不是讀書的料，也把他送上中學，因為學生可以免服兵役。所以中學生的年齡有些相當大了，甚至比我還高還大。年輕的老師要壓住年齡大的學生是不容易的，而且越是年齡大的學生程度越差，也越愛搗亂，他們根本是逃避兵役不是來讀書的。那雖然是[illegible]縣聯立學校，但有些縣份已經淪陷，經費無着，學校是自給自足狀態，而校務主任又是愛錢如命、膽小如鼠的人，因此不免濫收學生。有一次臨時有幾個學生來考，其中一位的國文實在不像話，作文更是不對題，不上兩百字，不通之至，我打了零分，結果還是錄取了。這類的學生自然很不好教，上課還會影響課堂秩序。有一次有一位大男生惹火了我，我不客氣地給了他一耳光，當堂罰站，他沒有想到我會來這一招，傻楞楞地站在那裏。這種殺雞儆猴的做法還眞管用，以後再也不敢吊兒郎當，那時學校還不禁止老師處罰學生，平時我對學生也很愛護，好學生更是愛護獎勵有加，絕不疾言厲色，因此學生對我這位年輕的老師都很[illegible]，那位大男生雖然受了重罰，並沒有引起甚麼風潮，反而風平浪靜。不守規矩、功課又差的爛學生固然不少，但用功的好學生還是佔多數，尤其是女生，好的更多。我還記得有一位流亡[illegible]生叫龔乃莊，後來改名龔可文的，好像是浙江人，不但長相秀氣，氣質文雅，作文更好，不知道是我鼓勵了她，還是別的原因，使她改了名字。大概三十年前，我和朋友偶爾到一位素不相識的[illegible]教授家裏，看到他的夫人相貌長的眞像那位學生，但不便問。現在事隔四十年，如果她仍然健在，我相信她在文學藝術方面會有傑出的表現。

天生萬物，良莠不齊，可造之材並不太多，尤其是文學藝術方面的人才，眞是可遇而不可求。九年前我懷着挖寶的心情到[illegible]大學兼課，希望能發現幾塊瓌寶，盡我所知，傾囊相授，但是使我相當失望，其中原因很多，大致可分兩方面來講。

一是聯考制度的影響。[illegible]考取文[illegible]系的學生多不是第一志願、第一等人才，有些根本沒有半點文學細胞，只是按分數高低分發。有少數學生的作文程度甚至還沒有超過初中階段。這種程度的學生，教起來吃力，他學起來也很辛苦。既然聯考讓他上了大學，作老師的總不能年年讓他重修？我記得第一學期我教外文系一年級國文（此校特別重視學生國文程度，所以二年級還有國文課程），有一位學生作文很差，又不用功，因此學期結束，他的成績不及格，第二學期他改選了別的老師的課。如果照學校的嚴格要求，不及格的還不止一位，但我不忍心那麼作，因爲我知道國文非一朝一夕之功，不能全怪學生本人，既然他通過了聯考，擠進了大學窄門，如果讓他老是重修下去也不是辦法，如果眞的嚴格要求，別說一年時間不夠，四年時間也未必能把國文基礎打好？何況他根本沒有文學細胞，這在教育投資方面是一種浪費，對他本人來說也是一種浪費。社會需要一張大學文憑，他也只希望混一張大學文憑，而大學國文老師又不能重新把他改造，再賦予他文學細胞，不讓他過關豈不是坑了他？因此第二學期起我就把尺度放寬一點，分數高低雖然相差很遠但大家統統過關。那位第一學期沒有過關的學生，到了三年級重修時，還是選了我的課，但比較用功，我在他的作文卷子上加以鼓勵，最後還是讓他過關。

二是女生多於男生。文學系的女生最少佔三分之二，男生不到三分之一。一般情況女生的文學細胞又多於男生，因此成績比男生好的多。一班五六十人中，可造之材大約有十分之一；而其中又有一兩位特別富有文學天才，如繼續努力，可成大器，爲了提高學生的欣賞寫作能力，除了上課時，我特別細心講解之外，作文時更詳加批改，每次必挑選一兩篇特別好的作文作黑板示範，再詳加分析講解，這對於學生的寫作能力有立竿見影之效。因爲他們不知道怎樣才能把文章寫好？也不知道自己有創作潛力。中學老師教他們的多是陳腔濫調，多半是爲了應付升學考試的「時文」。我出的題目多，又絕非「時文」，讓他們自由選擇題目，鼓勵他們敞開自己的心靈世界，不要八股。這樣天才的火花往往會突然爆發，甚至他們自己也會感到驚奇。爲了進一步鼓勵他們，我甚至把他們的作品介紹到報章雜誌發表。但是女生的文學細胞雖然比較多，可是奮鬥的精神不夠，經不起太多的挫折，尤其是作事結婚以後，就和文學「擺擺」了。我原先估計會有成就的兩三位高材生，一出學校大門，就很少看見他們發表作品。其中有一位短篇小說寫得很不錯的學生，由於工作不安定，也很久沒有寄作品給我了。

男生有文學細胞的眞是鳳毛麟角。我教了九年，只碰到一位，這位學生本來是中文系的，二年後才轉外文系，二年級第二學期才選我的課，第一次作文我就發現他是上駟之材，十分欣喜，也一再鼓勵，後來才知道他是章昌平學長的公子。他的名字叫章臺生，現在是自立晚報和英文中國郵報的名記者，我時常看到他在這兩家報紙發表的中英文特稿。每次我和他合會同桌吃飯時，總要問問他的情形。

我在[illegible]大學教書九年，深深感到，文學系的課程如果不改進，聯考制度如果不改進，文[illegible]的情形如果不改進，中國文[illegible]會有前途以教書的甘苦而言，教授雖然是一個清高的頭銜，但其影響力不如作家廣泛、深遠。科學重發明，文學重創作；沒有發明，科學會停滯不前；沒有創作，文學便會枯死。最後必然無書可教。教書對於一個作家來說，是得少失多。上了幾堂課，批改了幾十篇作業，自己毫無所獲，甚至會把自己的水準降低。如果以同樣的時間精力寫幾篇作品，那情形便大不相同。教師的任務是傳道、授業、解惑。一個負責盡職的教師，學生自然會感激尊敬。這是唯一的一點安慰。

教書是一種奉獻，

師生之間

教師節前，我收到林珠枝同學一份「吾愛吾師」的紅色賀卡，她從東吳大學畢業已經六七年了。她是學外文的，二年級時我教過她的國文，我發現她很有文學天才，尤其長於小說寫作，因此我一再鼓勵她。每次習作時，她總是欲罷不能，我讓她盡量發揮，不限制時間，甚至讓她下個禮拜補交，有時她寫了一萬多字的短篇小說給我，我不但仔細批改，還擇優介紹發表。她畢業後在臺北私人公司找到英文秘書工作，我還繼續鼓勵她寫作，她寫好後寄給我看，我認爲不錯的也介紹發表。可是由於私人公司經濟情況不穩定，加之對未婚女孩子有不少困擾，她父母不大放心，要她回中南部家鄉另找工作。中南部工作機會自然沒有臺北多，待遇也不好，一直不大安定，因此她就再也沒有寫過一篇文章寄給我看。這次在賀卡中她告訴我，說已經離開臺南，因爲那家公司經濟情況不好，回到家鄉嘉義一家合板工廠工作。事業、愛情兩不如意，自然沒有心情寫作，這是十分可惜的事。

在她那一班六七十位學生中，以「文學細胞」來說，是最多的一班，將近十位，都是可造之材，但大多只能表現散文方面的天才，不能寫小說，能寫小說的只有她一位。而且在個性見解方面她也比較突出，她有自己的見解，決不人云亦云，隨波逐流。有一次暑假她參加一個現代文學研習會。她發現某位現代小說作家連「紅樓夢」都沒有看過却信口雌黃，她立刻退學，她事後告訴我，我才知道這麼回事。她對任何事都有她自己的看法，但不偏激，不走邪門，不投機取巧。看任何事情都很深入，對愛情亦復如此，因此到現在還沒有結婚。作事也有原則，對老闆也不阿諛討好。她是文學長才，可是現實環境使她不能發揮。我平時在課室就一再對他們說：「學外文的同學找工作固然比學中文的同學容易，但如果外文系畢業後，只當個英文秘書，而不從事文學理論或創作工作，那是等而下之，辜負了文學。」可是這位我期望最大的同學，畢業了六七年，始終突破不了困境，這不是她沒有天才，沒有見解，而是客觀環境的壓力太大。一個女孩子要想衝破重重難關，走進文學殿堂，實在是不大容易的。走旁門左道，自然又當別論。至於男生，在我十六年的教學經驗中，一方面是人數少，二方面是「文學細胞」也太少，我不抱多大期望，我認為這是當前文學教育中的一大危機。若干年後會有嚴重後果。有文學細胞的第一等男生不學文學，沒有文學細胞的三四流男生來學文學，文學還有什麼前途？這對個人和社會來說，都是一種浪費，教育投資也無異泡湯了。

教師節前我還收到另一份紅帖，那是經濟系剛畢業的女生朱丹麗和男生吳進財親自送到我辦公室的。二年級時我教過他們的應用文。他們九月二十九日訂婚，請我去吃他們的訂婚喜酒。

「老師一定要去。」他們兩人十分誠懇地說。

「有沒有請別的老師？」我問。

「沒有，只請您一位。」他們回答：「所以老師一定要去。」

「你父親同意你出國深造？」我問吳進財。我知道這是他們訂婚的重大關鍵。他點點頭。

他們兩人是同班同學，在二年級時就開始相愛。原先我一點也不知道，因爲我上完課就走，沒有時間瞭解他們的私生活。但丹麗有文學天才，我時常鼓勵她，她也時常到辦公室來看我，她很懂事，性情隨和。她讀三年級時，有一天我在電梯口看見她和吳進財很親密的樣子，後來我問她是怎麼回事？她說他們兩人很要好，但是由於家庭背景不同，因此也有苦惱。快到畢業時，這情形更複雜，丹麗父親在銀行工作，母親也在作事，家庭環境很不錯，母親主張她畢業後出國深造。吳進財是農家子弟，父親要他服完兵役後找個工作，不想他深造，更無意讓他出國。

他們畢業前丹麗又送來一張他們兩人合拍的畢業照。又談起她的苦惱。

「你很會讀書，應該出國深造。」

「我母親也是這麼說，而且在爲我安排。」她說：「可是吳進財的父親反對他出國。」

「吳進財的功課也不錯，他父親爲什麼要反對他深造？」

「鄉下人嘛，兒子唸到大學畢業已經不錯了，那會想要他出國？」

「如果你出國深造，他不出國，那你們的事兒不是麻煩了？」

「就是嘛！我也不知道怎麼好？」她徬徨無主地說。

「你媽的意思怎樣？」我問。她母親是一位開明的職業婦女，曾經和她一道來看過我。丹麗文學方面的天賦，多得自母親的遺傳。

「我媽倒很願意幫助吳進財，偏偏他爸爸不想要他再讀書。」她無可奈何地說。

「鄉下人眼光短，」我說。「如果不急於要吳進財賺錢，將來吳進財得到更高的學位之後，一定比大學畢業賺萬把塊錢一個月要強得多。」

我將利害得失分析給她聽，她嘆口氣說：

「他爸爸的腦筋就是改變不過來。」停了一會，她又愁眉苦臉地說：「另外還有一件苦惱的事。」

「什麼事？」

「算命的說吳進財會短命。」

「胡說！」我立刻駁斥：「單看相貌，吳進財也不是一個短命的人。」他個兒高，精神好，兩眼有神，眉宇間有股英氣。這種人怎會短命！

「老師，麻煩你看看他的八字好不好？」

「可以。」

她不久前請我看過她的八字，她的四柱是：

戊戌

甲子

丁巳

癸卯

她不但聰明，而且這兩三年來的確是有戀愛事情發生，現在既然遭遇這種困擾，我自然不能推辭，何況她是我的學生。

我要她過一兩天再來，我推算出來後會告訴她。

我根據她講的出生年月日時，排出吳進財的四柱：

己亥

丁卯

丁酉
癸卯

一看這個八字不錯，不但不會短命，而且很有出息，下面的大運正宜於深造，繼續求學拿個把博士學位不成問題，說他會短命的江湖術士是惑於卯酉沖，這是只知其一，不知其二。

過了兩天丹麗再來找我，我對她說：

「你放心，吳進財絕對不會短命。他很聰明，不繼續深造實在可惜！如果聽我的話，服完兵役之後再出國唸書，博士學位沒有問題。」

她聽了自然高興。隨後又問：

「老師，怎麼別人說他一定會短命？又說得那麼肯定？」

「其中道理說了你也不懂。不過你放心，只要你們雙方家長同意，你可以先和吳進財訂婚，反正你們都很年輕，再過幾年結婚也不遲。」

她愉快地離去。過了一段時間又打電話給我：

「老師，我們的新房子已經蓋好了，搬了家，請你到我家來玩，那天有空？我來接你。」

我抽不出適當時間，拖了兩三個禮拜，才和她一道去她家。

她的新房子很氣派，還有一個相當大的屋頂花園，她母親是位雅人，是典型的江南世家女性，母女兩人親切地招待我。自然又談起吳進財來。

「我不介意他是鄉下人，我總是鼓勵他，帶他到處見見世面。可是×××一定咬定他會短命，使我拿不定主意，老太太更反對這件事，因此我想請教老師。」

「朱太太，你放心，他們兩人都是我的學生，兩人的八字都很不錯，吳進財決不會短命，講這種話的那位年青人，實在信口雌黃危言聳聽。」

「他還會弄神弄鬼，使人神經緊張。」朱太太說：「只有我不信他那一套。」

「他以此爲生，自然要故弄玄虛。」我說。

「眞奇怪，年紀輕輕的，虧他還是大學生。」

我在她家裏坐了一個多鐘頭，直到丹麗父親回來。丹麗父親是一位誠懇篤實而又隨和的人。

這以後有一兩個月，丹麗沒有和我聯絡，只爲考廣播記者的事找過我一次，我沒有問不知道他們兩人的事到底怎樣決定？直到他們兩人把紅帖子送到我手裏，我才知道塵埃落定。

二十九日他們文定那天，我準備好去吃喜酒，我向丹麗母親道喜時，她第一句話就說：「老師，這完全是你那天的一句話才決定這件事。今天你能來，我眞高興。」

「我也一樣高興。」我說。

入席時她又要我坐在丹麗旁邊，他們兩夫婦和坐首席的女兒女婿反而隔着我這個位子。本來我已多年不喝酒，尤其是在應酬場合，更是滴酒不沾，今天我破例吃了幾杯。這是我第一次吃學生的訂婚喜酒。

我祝福他們。他們一定前程似錦。

70.10.14.青年戰士報

患難夫妻四十年

有一位比我年輕很多，唸過幾年哲學的朋友，在同事的眼中認爲他是神經病，往往稱他爲「×神經」而不名。因爲他說話作事都有點離譜。他曾在某學院開了一門「生命哲學」的課，他也常與我談佛、道兩家學問及人生問題，甚至想以看相方法指點迷津，收徒傳授。他對人相學不但未登堂入室，連皮毛都沒有摸到，命學更是一竅不通，我個性直率，不願講假話，我勸他不要作此嘗試，生命對他還是一個謎，怎麼能指點別人呢？在大學開課和靑年人胡扯，他們不懂還沒有太大關係，一觸及實際人生問題必須兌現，豈能空口亂談？談「生命哲學」，不懂易經、道德經，和星命之學，眞是連門兒都摸不到！因爲中國的這種固有文化，講的是宇宙自然法則，而又必須能統合運用，才能預測吉凶禍福。不是唸了幾年西洋哲學或是在中國的人文主義中坐井觀天就能辦到的。後來不知道他是受了我的諍言的影響還是他自己沒有號召力，開班授徒之事沒有成功，替別人指點迷津自然也同吹泡泡糖一樣。最後甚至連自己的飯盌也砸了，而自己竟茫然無知。

生命是怎麼一回事？人生是怎麼一回事？這是一門太大的學問，不是純哲學問題。而我們的老祖宗却有一套基本知識和統合運用方法可以解釋推測出來，其精確、失誤，則係學者個人的修爲，非關此一知識學問本身。

婚姻關係是人生最大的問題之一，心心相印、夫唱婦隨而又能同偕到老的幸福婚姻很少很少。很多夫妻實在是寃家路窄，狹路相逢，彼此痛苦一輩子，大多數夫妻是勉强湊合，能無恩無怨的過一生，就算很幸福的了。

在六親之中，以夫妻關係最爲密切，這是一輩子的事。生身父母雖然恩重如山，但成人自立之後，關係就不如夫妻密切了。兄弟姊妹更是各有天地，大不相同。

夫妻關係雖然比任何親屬關係密切，但也最難處理。因爲沒有兩個完全相同的人。兩個不同的人，湊在一塊過一輩子，的確不是一件容易的事。古人重視合婚，看兩造八字，不是迷信，此中有大學問存焉。只是一般江湖術士，知其然而不知其所以然，心術不正者，更危言聳聽，詐勒索，淪爲旁門左道矣！

人也是由各種分子組成的，如果兩個人的組成分子相近，就會有相近的氣質；或是兩人組成的分子不同，而能各取所需，截長補短，此之謂「投緣」。如果兩人組成的分子互相排斥，就會造成衝擊，衝擊就是「不和」，輕者意見分歧，重者生離死別。合婚自以前兩者爲宜，後者應該避免。但這也只是盡人事而已。一個生來有婚姻缺陷的人，便很難有美滿的婚姻。一般人不了解其中道理，加之江湖術士知識有限，道德君子不多，危言失誤，自所難免，因此這種中國固有的應用科學，往往被斥爲迷信。其實不然。

我是在抗戰時期兵荒馬亂中結婚的。那時年輕，什麼都不懂，自然更不相信這一套，很多事情都是瞎碰瞎撞的，婚姻亦復如此。

本來在家時曾經父母指腹定婚，長大後我很不滿意，父母也心裡明白，不大提這件事。如果不是抗戰發生，他們還很難處理這件事情，因爲是親上加親。日本人打近家鄉，我一走了之。二十八年我在重慶中訓團受訓，那時還是毛孩子，我在受訓學員名册中，發現待我最好的老師閻先生，早我一期，他在湖北省政府當省主席嚴立三先生的秘書，那時湖北省政府還設在宜昌上游二三十里地的一個江邊山洞中，我記好地址，畢業後分發工作，我乘船沿三峽順流而下，特在宜昌上岸，又坐小船溯江而上，去看閻老師。閻老師和我分別已五六年，看見我長大了十分高興。本來他就非常愛我，我唸書時，他特別要我和他住一個房間，而且在他房間裡擺了一張書桌。他是詩人，王字也寫得十分漂亮，他時常和散原老人唱和，他教我作詩、寫篆字，我有一首習作，他很欣賞，現在我只記得其中一句「疏松月影亂」，當時我也不知道那首詩有什麼好？因爲那時我不過十二三歲。他是湖南岳陽人，共有三個女兒，大小姐長我兩歲，二小姐和我同年，三小姐小我兩歲，我都認識。這時大小姐和他一家人住在山上，她帶我到她家裡吃飯，大家見了我都很高興。只有二小姐遠在長沙。閻老師寫下她在長沙的地址，要我路過長沙時去看她。當時我眞是少不更事，不懂他的深意。加之我路過長沙時正遇上長沙大會戰，繞道到了江西，所以沒有和二小姐見面，這是我和師妹無緣。

到江西的第二年便和內人認識，第三年結婚。在家鄉我們並不認識，逃難在外卻結成連理，這也只能說是緣份。

婚後以及來臺灣之前的八年時間，我們一直在逃難和顛沛流離中渡過，那八年時間可以說嚐盡人間辛酸艱苦。她又是一位世間少有的純眞女性，在她眼裡根本沒有壞人。三十一年（一九四二）浙贛戰爭她第一次同我逃難，就中了別人調虎離山之計，把我長褲口袋裡的鈔票偸個精光，使我們陷入絕境。如果不是好心人援手，那眞會死在前方。

由於她毫無心機，純眞得像一張白紙，常常使我生氣，而她的火氣也並不小，因此年輕時我們時常吵嘴。但她有一個好處，事情一過馬上烟消雲散，從不放在心上，即使受了委屈，也不會三日不休，四日不了。

因爲她不知世務，我在外面的事她絕不過問，因爲她安於室，家務事我也不管，家用我也不少她一文，不要她操一點心，天塌下來我一個人擔承，這樣反而相安無事。

我也幻想過沈三白和芸娘的婚姻，(但不是電視劇裡的沈三白和芸娘，而是浮生六記裡的那一對。)我相信不止我如此，天下男女都會羨慕那一對夫妻，但神仙眷屬太少，中國也只有那一對。我已年過七十，可謂閱人多矣，我見過鮮花插在牛糞上，也見過母夜叉當着我的面朝文質彬彬的丈夫臉上吐口水，是可忍也孰不可忍也？在千千萬萬的夫妻中，我就是沒有見過沈三白芸娘。當然，我見得最多的是表面上似乎很不錯，實際上各有一本苦經的夫妻，只是還不到破裂邊緣，可以相處而已。

人際關係本來就很複雜，只有相互忍讓，彼此退一步想，否則就會不歡而散。夫妻關係更非尋常，如果各走極端，沒有不「擺擺」的。

古人說：「同船過渡前世修」。結爲夫妻更是緣份。是善緣還是孽緣？多半不由自主，全在各人造化，不必怨天尤人。緣盡不分則死，數終則歸於無。

我和內人共患難四十年，今年正月適逢她七十整壽，~~[illegible]~~因作此浮生一記。

70.4.8.自由日報

患難夫妻四十年

從家書談起

「烽火連三月，家書抵萬金。」

杜甫在戰亂中三個月沒有接到家信，就覺得家書的珍貴足抵萬金。我[redacted]經歷的戰亂比杜甫長久的多，抗戰八年，很少接到家書，因爲行踪不定，生死無憑。三十八年來臺後，二十多年不通音訊，生死兩茫茫，骨肉分離，情何以堪？雙親[redacted]，[redacted]敢[redacted]託有關單位轉寄一封家書，探問死生。數月後終有回音，回信的是最小的弟弟，他小我十八歲。二十七年我離家遠行，參加抗戰時，他睡在搖籃裏一無所知。勝利後曾見一面，我再度辭家遠行時，他才七八歲，根本不知道我去什麼地方？更不知道後來我亡命海外，所以他接到我的信時悲喜交集，只知道大哥流落在外，不知死活？我給他的信他還悲中有喜，知道我在活着，一家人也都平安。他給我的信，盡是傷心的事，父母去世已經二十多年，我毫無所知。父親去世時才五十八歲，母親去世時亦只六十三歲，他們都未能安享天年，我更未能克盡子職，人生憾事，無過於此。留在家鄉的三兄弟，只有他最小還在家鄉，三弟四弟身在何處？信中含糊其辭。兩位堂兄和五位侄兒的生死則避而不答，一定是凶多吉少。因為二哥是富商，三哥是軍人，參加過長沙大戰、鄂西大戰、徐州大戰，九死一生，伯父雖在抗戰末期去世，但他是地方正紳，父親繼他為族長，家庭成份不佳，加之海外還有我這一條根，江西又是四人幫最頑強的地方，我們這個大家庭遭遇之慘，可想而知。小弟接到我第二封信後，一年多未再來信，我心裏一直忐忑不安，就心替他惹了禍。果然，一年後他來信說：「在黨的照顧下去外地學習了一年多」，他的工作也調了。我害他勞改了一年多，又丟了原來的工作。[redacted]因此我一直未回這封信。

矮鄧奪權成功，四人幫垮台之後，聽說有些地方放寬了一點。因為小弟前信說三弟患肺病和糖尿病，經濟情況又差，希望我寄點錢給他診病，我忍不住又在一年前去信聯絡，結果是石沉大海，如果不是小弟已遭不幸，就是不敢再和我通信，因為通信對他有害無益。我也從此死了這條心，除非日後[redacted]骨肉重逢，我不會再寄片紙隻字。

我的家鄉是魚米之鄉，我的家族又是地方上的望族，一百多戶人家都聚居在一塊，世代相傳，生於斯，長於斯，亦死於斯。族人中只有我一人流浪海外，但是我無時無刻不想念家鄉。我之離鄉背井，完全是由於戰亂關係，不是我不愛家鄉。相反的，我比任何人更愛家鄉。跑的地方越多，比較越多，思念之心更切。

在我的經驗中，中國只有兩個地方「夜不閉戶，道不拾遺。」這兩個地方都是故鄉。一是首善之區夏都牯嶺（包括廬林一帶），二是我出生的地方。我在廬山住了三年，無論中國人家，外國人家，從來沒有丟過東西，即使東西掉在路上，你再走回去一定可撿到，或是去管理局一定可以領回，沒有人會把別人的東西據爲己有。在我自己出生的地方，方圓幾十里，從來沒有發現小偷，誰家要是走失了一隻雞都會變成大新聞，但這種事實在少有。每年整個夏天，家家戶戶都敞開前後門在外面睡覺。在我留在家鄉的十八年中，只出過一件大事，那就是潘姓人家出了一個偷牛賊。

潘家是雜姓，有三兄弟，老大老二都是殺豬的，老三不務正業，無地可種，又不肯殺豬，於是跑到外面鬼混（家鄉不能容他），自然混不出名堂，於是淪爲偷牛賊，但兔兒不吃窩邊草，他不敢在自己家鄉作案，在外地偷。天下事眞是若要人不知，除非己莫爲。他偷牛的事終於傳到他哥哥的耳朶裏。不要以爲他們是殺豬的，可是不偷不搶，也知禮義，認爲這是他們的奇恥大辱，丟了他們祖宗八代的臉，咬牙切齒的痛恨這個不爭氣的弟弟。

過年是一件大事，「有錢無錢，回家過年。」在農業社會裏，年三十是大團圓的日子，就是天涯浪子，也要在這一天趕回家來吃團圓飯，潘家老三雖然偷了人家的牛，但是沒有死罪，因此他也趕回家過年，他想同胞手足，總會寬恕他，頂多跪在祖宗神位前屁股挨頓扁擔。

可是，他萬萬沒有想到，同胞手足不原諒他，族長潘美玉更不饒他。潘美玉是位讀書人，在地方上也有頭有臉，平時愛講大話，潘老三雖是他的長輩，但比他年輕，他與他兩位哥哥商量後，決定執行家法，起初要活埋，地方上的人反對，不願意在家鄉的土地上看見活埋人，因此他們只好改變主意，在半夜裏人不知鬼不覺中，把潘老三像綑猪樣地綑着，身上還繫着一塊石磨，用條木船，載到長江鄱陽湖出口的急流處，把潘老三丟到江心。做這件事的是族長潘美玉、潘老大、老二，以及老大的長子，也是殺猪的又粗又壯的大小子。

潘老三雖是偷牛賊，也有三朋四友，他的朋友知道這件事，就向法院告了，結果潘氏父子兄弟都坐了牢，潘美玉跑了，直到抗戰發生，潘氏父子也才出獄。這是我少年時的事，二十年前我曾經寫成一個短篇小說，題爲「風雪夜歸人」。

故鄉之所以「夜不閉戶，道不拾遺。」一是魚米之鄉，謀生容易；二是宗法社會，禮義爲先，無人敢爲非作歹。潘老三是個唯一的例外，而且不敢在家鄉作案。在外面偷了牛，結果還是死在家鄉，而且處罰很重，誰還敢作奸犯科？在潘老三之前無潘老三，潘老三之後很久，直到抗戰勝利之後我回家，也沒有潘老三。但是[redacted]之後，就天翻地覆了！我這個大家庭就家破人亡，骨肉離散，小弟來信連二哥三哥和五位侄子的生死都不敢提。最後連他自己也生死未卜。別人輾轉通信，多少總得到一點安慰，我輾轉通信却給手足帶去災禍，給我自己帶來無限痛苦內疚，對父母未盡子職，對手足却變成了禍根，在這個混沌世界中，別人會左右逢源，我却無以自解。

二〇〇七年十二月二十二日重校於北投紅塵書房

名與利

三代以下無不好名者；當今之世無不好利者。欲名與利兼而有之者，亦比比皆是。古今中外，莫不皆然。[redacted]

不過求名求利的方法和手段稍有不同。古人比較重視原則，所謂「君子愛財，取之有道。」這個「道」包涵了原則與方法，有能取則取，不能取則不取的意思。求名亦復如此。現代人求名求利，去「道」日遠，只要能得到的，不惜千方百計以求，爲了達到目的，往往製造新聞，散佈謠言，甚至故意傷害別人，而又美其名曰「宣傳」、「廣告」。這些玩藝兒都是向外國人學來的。

西洋人把求名求利當作一門學問來研究，在大學裏開課，著書立說，他們求名求利，只顧目的，不擇手段，因此有人靠辦「花花公子」雜誌發財，甚至有人搞什麼交換性伴侶俱樂部，不一而足。西洋人，尤其是美國人，好的方面我們沒有學到，壞事兒全學會了，求名求利的方法和手段，自然在內，甚至青出於藍。

本來中國人講究「實至名歸」，這不是「只問耕耘，不問收穫，」而是一分耕耘，一分收穫。只問耕耘，不問收穫，完全是盡其在我，不求報償。存這種心理的人有一個最大的好處，就是沒有失望，沒有失望，自然不會怨天尤人，不怨天尤人，自然心理平安。但是這種修養很難，尤其是工商業社會，都希望早晨栽樹，晚上乘蔭，誰也不願意白幹，最好是一分耕耘，十分收穫，利潤少了都不肯幹，甚至有些人成天想不勞而獲。警察破獲的竊盜案，贓物動輒千萬元以上，而作案的多是二十多歲身强力壯的青年人，世風之下，於此可見，他們遊手好閒，甘冒法紀，目的何在？一個「利」字而已。

也許有人以爲那些作奸犯科的青年人，都是沒有受過多少教育的非知識份子，不足爲奇。其實，破壞中國的倫理道德規範的知識份子更多，影響也更大，他們還會製造輿論，利用傳播工具來替自已辯護、宣傳，而落個名利雙收。這種例子實在太多太多，俯拾卽是。

以出版界來說，如果張三出版了一本暢銷書，一定有李四甚至王五來翻印，翻印的好處是什麼？最少有三點：一是省掉了排版費，二是省掉了版稅，三是省掉了廣告費。這樣是必賺無疑。利之所在，就不管什麼道德不道德，甚至法律也不在乎了，因爲盜印的處罰最輕。有很多作者甚至連官司都不願意打，我自己就是一個，同事甚至認爲我可以反敲一筆，勸我告，他是搞六法全書的，又知道對方有錢，認爲這樣作可以名利雙收。我不爲所動，因爲我不要不義之財，卽使能「敲」到幾十萬，我也不敲，因爲得了一文不義之財，我都會日夜不安，我何必替自己製造痛苦？說到名，我也不想用這種方法來提高自己的知名度。所以我接受雙方朋友的調解，只要對方付兩千本的版稅。這樣對方沒有什麼損失，我也心安理得。這是十年前的事。

趙滋蕃兄也和我談到有人翻印他的著作的事，問我可不可以打官司？我反問他：

「你打官司的目的是什麼？如果是爲了賠償損失或是要對方坐牢，這個官司你就不必打；如果是爲了製造新聞，提高知名度，你可以打。從前有人這麼作過，你自己看着辦好了。」

我把利害得失告訴他，他若有所悟地說：

「那我還打什麼鬼的官司？」

同時我有過一次上法院的經驗，不是打盜印官司，而是有一位湖南人冒充我在外面招搖撞騙，騙財騙色，起先我還不知道，後來有朋友告訴我，我大吃一驚，才向火車站警察分局報案，警察分局將案子移送法院，法院傳我過堂，除了有茂盛茂昌眼鏡公司董事長陳曉初兄作證外，中副編者夏鐵肩兄，詩人周棄子兄都好奇地去旁聽，結果法官三言兩語輕鬆平常地就打發過去了。這也是大約十來年前的事，也是我第一次上法庭。我爲了保護自己的名譽，和免得使女讀者上當才報警，警察算是處理了，但結果如何判決？我不知道。幾天後那位仁兄找谷正綱先生的機要秘書，現已作古的謝永炎兄向我疏通，使我啼笑皆非。我寫了四十年以上，沒有因爲這一點點虛名而佔任何便宜。當初我到國民大會來工作時，誰也不知道我是何許人？我自己是抱着「隱姓埋名」的心情來當一名安份守己的公務員，不求聞達，後來憲研會副秘書長現已去世多年的黃紹祖先生，知道了我是誰，一再抱歉地對我說：

「墨人兄，當初我實在不知道是你，不然不會讓你受這麼久的委屈！」

他主管我的業務，我除了感謝他的好意之外，一笑置之。

我眞沒有想到我這點虛名還可以騙財、騙色，甚至可以做官？但是我從來沒有招搖撞騙。那時我甚至恨我自己怎麼走上了這條賣文維生的路？所以一找到這份吃飯的工作之後我就故意不寫作。那時副刊編者呼嘯兄好意向我約稿我也一篇不寫。這不是和他過不去，是和我自己過不去。我眞的恨我這點虛名，恨寫作這個行業。我不知道這種事有什麼好處？有什麼名利值得追逐？

天下的事眞是難說得很，你不重視的事，別人却特別重視，甚至利用它作壞事。如果我也利用虛名騙財、騙色，那又何必一個字一個字地寫，一天上八小時的班，而我所賺的錢又那麼辛苦有限。並且大半輩子都身在公門，從來沒有利用它大跳龍門。畢竟我是個笨人，不會作聰明人作的事。

文化界還有一件大家搶着作的事，那就是翻印大部頭的書。這種書反正不付版稅，誰的腦筋動得快，誰就名利雙收。但是現在大家都眼快手快，你的廣告一出來，他也照樣來一套，充其量在書名上玩點花樣，誰也打不起官司告不起狀。爲什麼大家搶着幹？一句話：爭名逐利而已，其他的話只有傻瓜才會相信。

這些事都不是沒有知識的人能作得出來的。

如果我們的聰明才智之士，肯多化一點心思，多下一點本錢，腳踏實地，多作一點有意義的事，最後總會「實至名歸」的，只是遲早而已，爲什麼沒有一點耐性呢？

另外我個人還有一點落伍的看法：有很多事是不可強求的，包括名利在內。

孔子說：「富而可求也，雖執鞭之事，吾亦爲之；如不可求，從吾所好。」

他遊匡的時候，「宋人圍之數匝，而弦歌不輟，子路入見曰：『何夫子之娛也？』孔子曰：『來，吾語汝。我諱窮久矣，而不免，命也；求通久矣，而不得，時也』。」

孔子當年周遊列國，目的是求官，想實現他的政治理想，不是爲了個人升官發財，但是沒有那一個稱孤道寡的諸侯用他，不但求官不得，反而在陳絕糧，狼狽不堪。但是他絕對沒有想到，死後被尊稱爲「萬世師表」，兩千多年來敬仰不衰。如果他只求一時的名利，又幸而得手，恐怕反而不成其爲今天的孔子了。

天下的事，得失之間往往是相對的，不是絕對的。有所得，必有所失；有所失，亦必有所得。塞翁故事，實有至理。

但是現在的人都太聰明，只看重今天，不管明天。塞翁故事，已經起不了教育作用，老子的禍福之說，更沒有人理會了。我算老幾呢？還是停筆閉嘴，獨自登山吧。

冠三 70. 6. 11.

二〇〇六年十月二十二日重校

繞地球一周

民國六十六年丁巳，英國劍橋國際傳記中心召開的第三屆國際文藝交流大會在義大利佛羅倫斯舉行，主持人 Dr. Ernest Kay 邀我參加，幾經考慮之後，才決定參加。主要原因是我很嚮往歐洲文藝復興發祥地，也是詩人但丁、藝術家達文西、米開朗基羅等名家的故鄉佛羅倫斯。在這裡開會氣氛不同於華盛頓、紐約，我也可以有機會多參觀一下博物館、名勝古蹟。我認爲西方文化不在美國，而在歐洲，尤其是義大利，不能以眼前成敗論英雄，要認識西方，便不能不認識義大利。

那年三月中旬，是陰曆正月下旬，台北的天氣不暖。我帶着全副冬裝出發[redacted]。由於事前我作了各種準備，所以心理相當輕鬆。可惜的是那家旅行社很糟，差一點使我上不了飛機，我想要去的其他幾個國家，也沒有辦好簽證。這是臨行前使我很不愉快的一件事，上了飛機之後，反而輕鬆多了。

從台北到羅馬是一次長途飛行，中間只在香港、曼谷、孟買稍停。在孟買由於調整時間的關係，在機場貴賓室等了兩個小時。孟買是印度的大都市，但機場設備落後，貴賓室的洗手間，還不如我們的普通家庭。從窗口望出去，孟買也缺少生氣。

波音七四七從孟買起飛後，繼續向西飛行，飛臨愛琴海的上空，漸漸天亮，飛機上空是蔚藍的天，飛機下面是白色的雲海，而遠方又是一片蔚藍的海面，景色壯麗、靜謐、優美，十分感人。這種景色一直延伸到義大利，義大利彷彿一隻大皮靴，躺在地中海邊。而一接近羅馬上空，景色更美，雲海更漂亮，在潔白如絮的雲層下面，偶然瞥見的古羅馬市容更加壯麗、優美。羅馬的房屋建築，色彩十分調和，「雄偉、壯麗、優雅」六字，可以當之無愧。從飛機上鳥瞰一眼，我就非常喜愛這個不朽的歷史名城，馬上有一種寫詩的衝動，這種靈感是「雲」給我的，因此我寫了一首「羅馬之雲」，作為和羅馬的見面禮：

□　□　□

是歡迎我這自東方連夜飛來的遠客嗎
你從愛琴海一路舖着白色的氈毯
直舖到古羅馬的上方
是怕我閱讀古羅馬的興亡史

還是怕我親眼看見
兩千年的人世滄桑
看哪！雪白的氈毯越舖越厚
使我看不見叱咤風雲的安東尼大將
和荒淫暴虐的尼羅王

地中海的浪花沒有你這麼白
故國平原的積雪也沒有你這麼厚這麼輕柔
是誰的妙手掬起一海的蔚藍
灑成羅馬上空漫天的輕柔的雪白的雲霧

我眞想破窗跳出波音七四七
在羅馬上空作一次凌晨的孤獨的漫步

飛機在羅馬緩緩降落之後，機場十分安靜。凌晨，羅馬春寒料峭，加上機場安靜的氣氛使人和在松山機場起飛時人潮洶湧，人聲嘈雜的感覺大不相同。

取好行李，走到出口，新聞局駐羅馬的尹沅先生，趕上來迎接我們，我心裡十分感激他這番盛情。他是海軍軍官出身，當年我又在海軍總部服務，承他把我當作前輩，這雖是初次見面，但感覺不同。同時更得感謝老友黎模斌兄和當時任新聞局國際處處長現任副局長的戴瑞明先生，他和長子選翰是台大外文系同班同學，承他照顧安排，使我從羅馬起就有一個好的開始。

羅馬機場離羅馬市區還有一大段距離，尹先生親自駕駛飛雅特把我們從機場送到旅館。清晨，路上車子很少，馬路平直安靜，尹先生一面開車一面介紹沿途風光，義大利眞是美麗的地方，尤其是建築，獨具風格，和東方國家大不相同，愈近羅馬市區，房屋愈美。我們下榻的旅社也十分幽靜典雅，因為它座落在住宅區。

羅馬人的住宅格調很高，色彩優雅，房屋多半在四層以下，牆壁多用[illegible]石砌成，陽台一定有花，十分安靜，從來沒有人大聲講話，更聽不到、看不到有人在馬路上吵架，和我們這個「禮義之邦」不同。這是羅馬人給我的第一個好印象。旅社的櫃台先生和清理房間的中年胖女人，都很有禮貌而親切。

羅馬到處是噴泉、廣場、教堂、大理石雕像，處處表現了羅馬的特色，西方文明的特色。

這個特色是耶穌基督、英雄、美人、詩人、藝術家所構成的，是集體智慧的表現。而羅馬人又特別重視他們的文化傳統，以他們的文化傳統爲榮，那些舊街的街道相當窄，又是小石鋪成的路面，但羅馬人並不拆除它，連石子路面損壞了也用同樣大小顏色的石頭來修補。而在另外一個地方興建一個新羅馬，那完全是現代建築，高樓大廈，但線條十分柔美，色彩十分調和，馬路尤其寬廣，草坪碧綠，花木扶疏，有現代城市的壯觀，而無現代城市的噪音雜亂。

除了舊羅馬、新羅馬之外，還有一個「地下羅馬」。這是羅馬附近的一個地窟。參觀地窟必須有人嚮導，否則如入迷宮，進去了就出不來。羅馬氣候宜人，地質乾燥，否則這個地下羅馬早就湮沒了。

梵蒂岡是大羅馬的大圈圈裡面的一個小圈圈。梵蒂岡雖很小，但教堂和廣場却十分雄偉廣濶，令人發思古之幽情，我還和穿着古裝的瑞士籍衞兵合影留念。

梵蒂岡的衞兵都是瑞士人，我很奇怪，當時有人告訴過我一段故事，現在已經忘了。大意是瑞士衞兵忠實勇敢，因此成爲傳統。

羅馬的名勝古蹟，寫的人很多，我的遊記文字也寫了一些，此處從略。

我們在羅馬住了三天，凡是值得參觀的地方都參觀過了。對於這歐洲的第一站，我十分滿意，覺得不虛此行。本來到羅馬之前深懷戒心，生怕被搶被扒，結果卻安然無事地離開了羅馬。

羅馬到開會地點佛羅倫斯是坐火車北上的。這段路程相當於台北到台中，沿途看到了義大利的鄉村景物。這時農田多在休閒狀態，有的長滿了野草，不像台灣田地四季都有作物，生氣勃勃，這時義大利的鄉村，顯得有些凋敝，彷彿我們大陸的鄉村，房屋更沒有台灣鄉村稠密，但房子不算壞，看來都是一片赭色。

佛羅倫斯是一個很美而又古色古香的城市，房屋整齊漂亮，幾座大教堂格外突出，而彩色大理石的聖瑪琍亞大教堂無論是鳥瞰或從平面去看眞是既美麗又莊嚴，使人嘆爲觀止。東方沒有這種建築。中國建築雖然講究雕樑畫棟，但建材不同，中國建築用木材，不但不經久，也不夠壯觀，阿房宮再好，一把火就燒個精光，我們後人再也看不到，其他建築物亦復如此。南朝四百八十寺，我們看到的也是斷垣殘壁。大理石建築不然，千年不朽，義大利大理石建築雕刻之精，也使我們嘆服，但大都是聖經故事和英雄人物。他們的建築雕刻者都是當時的藝術大師，我們由於兩千年來輕視技藝的結果，從事建築雕刻的都是石匠木匠，此輩匠人由於讀書甚少，因此作品意境不高，取材低俗，如台灣廟宇的一些雕刻，多半取材於西遊記或一般演義民俗故事，若論藝術價値，那就相差很遠了。

佛羅倫斯地靈人傑，大詩人但丁、大畫家達文西、大雕刻家米蓋朗基羅……都是佛羅倫斯人。

阿爾諾（Arno River）河水不但培養了許多大師，也孕育了更多的美人。達文西的傑作蒙娜麗莎，畫的就是佛羅倫斯的女人Mona Lisa，波蒂賽理（Sandro Botticelli）的「維納斯的誕生」，也是佛羅倫斯女人的造型。如果佛羅倫斯沒有那麼多的美女，詩人、作家，畫家的靈感就會枯竭，舉世聞名的傑作就不會產生。

義大利許多藝術大師的作品，我在佛羅倫斯的博物館裡看到不少眞跡。

佛羅倫斯是英文名稱，義大利文則是翡冷翠（Firenze），徐志摩譯得音義俱佳。由於名城美女給我的靈感，我在翡冷翠一周時間，成詩三首，其中一首就題爲「翡冷翠的女郎」。

義大利女人多半是瘦長的瓜子型臉孔，鼻樑也高，臉型柔美。尤其是翡冷翠的女人，揉和了東方人和西方人的雙重美，而且她們講究穿着，長大衣、馬靴、圍巾、手套，走路婀娜多姿，氣質高雅，艷而不俗。如以蘇菲亞羅蘭和她們相比，實在是奇醜無比！我實在看不出來蘇菲亞羅蘭那張大嘴巴有那一點美？如果以她作義大利美女的象徵，我眞要替義大利的女人叫屈，尤其要替翡冷翠的女人大抱不平。

翡冷翠眞是一個美麗而又古色古香的城市，我不遠千里而來開會，實在値回機票。

在翡冷翠開會期間，還參觀了幾處名勝古跡，其中值得回味的當推比薩斜塔和西雅奈（Siena）兩處。

比薩斜塔舉世獨一無二，附近教堂的壁畫、古蹟也多，草坪也美。斜塔是建在平地上，此處靠斜塔維生的人有四五萬之衆。導遊的人能言善道，介紹壁畫古跡如數家珍。我以斜塔作背景拍了幾張照片留念。再來比薩不知何年何日？也許我再來時，它已經倒了呢！以目前傾斜的趨勢，也不要多少年就會倒下去的，如果遇上一次地震，那就會倒於頃刻之間。

西雅奈是一座古城，教堂古跡很多。在義大利未統一之前，他和翡冷翠是中部兩個重鎮，同樣出名，它雖然沒有翡冷翠大，但比翡冷翠更古色古香，有更多歷史陳跡。

西雅奈市政廳廣場好大好大，市政廳鐘樓高聳入雲，廣場周圍的咖啡座和賣特產的攤販很多，旗幟般的女人頭巾色彩鮮明艷麗，上面印有不少歷史故事，富有地方特色。

西雅奈有不少Palace，這些宮都是從前大主教發號施令的地方，在政教合一時代，大主教君臨一切，因此這些地方的壁畫古跡很多，而所有的教堂、博物館都很完整地保持了義大利的歷史文化。我覺得義大利的歷史是活的，他們把歷史活生生地表現在建築上、大理石雕像上，和壁畫上，很多歷史人物又都葬在教堂裡，而不僅是死的文字。我們的歷史只有從字紙堆中去追尋，這對國民教育的效果就不可同日而語了。

告別住了七天的翡冷翠就坐火車北上義大利另一大城，當時的僑選立委孫先生住在那裡，他親自駕車送我們去遊威尼斯。

威尼斯是世界有名的水都，所有的房屋都在水邊，房屋高出水面不到一公尺，水道就是他們的馬路，來往交通都靠船。威尼斯的建築也雄偉漂亮，他們稱威尼斯是世界的心臟（Heart of the World），可見威尼斯人的自負。

威尼斯最著名的是聖馬可廣場（St. Marks Square），廣場成長方形，四周建築雄偉，鐘樓高聳，廣場兩邊長長的好多排咖啡座，和周圍的建築一樣壯觀。義大利的鴿子出奇的多，在廣場上成羣結隊，向遊客乞食，一點也不怕人，甚至站在人的肩上手上啄食玉米等食物，此處的鴿子尤其多，我也禁不住買了一袋玉米蹲在地上餵牠們。

看了威尼斯這座整齊宏偉的廣場，對義大利的建築雕刻更不能不心折了。

離開聖馬可廣場我們又坐船去Murans島參觀義大利最有名的水晶玻璃製造工業。這種吹玻璃的藝術始於一二八九年，在十五六世紀時已經發展得很好，十八世紀達到頂峯，近來則走下坡。但是我看到工人熟練的技巧，吹什麼像什麼，義大利雕刻大師的作品，他們吹來微妙微肖，而且帶有色彩，眞是見所未見。可惜價錢相當高，如果我未在翡冷翠買下那座白色大理石人體雕像，我眞想買這種水晶玻璃的。

在威尼斯住了一夜，第二天上午又坐火車趕到米蘭。

米蘭是義大利北部的大城，因爲要趕飛機的關係，只走馬看花地參觀了一下，卻在米蘭辦好了去英國的簽證，這是那家旅行社在香港沒有辦好的，這也是在米蘭意外的收穫，而又不得不感謝尹先生和米蘭商務辦事處主任的協助。

離開米蘭越過阿爾卑士山脈直飛瑞士蘇黎世，這是一次短途飛行。從空中鳥瞰，瑞士是一個在羣山之中的國家。

抵蘇黎世機場時已是黃昏時分，我們下榻在預先訂好的希爾頓飯店。

希爾頓飯店離機場不算遠，離蘇黎世卻有五六十里路，夜晚不能進城，只好等待明天坐希爾頓專車去。

希爾頓是沿山坡建築的平房，有點像圓山飯店的老房子，但很考究，山坡作了房屋的屏障，有一種安全感。

第二天上午我們就坐希爾頓的專車到蘇黎世市區觀光，蘇黎世街道整潔，店舖裡物資豐富，無論男女都顯得高大而健康，膚色紅潤，也許是氣候較義大利寒冷的關係。指揮交通的年輕女警，雙手動作富有韻律美，彷彿在跳芭蕾，手臂上戴着白長手套，套在蔚藍色的制服上別有風味，我曾拍了一張照片作爲紀念。

蘇黎世市區有有軌電車，也有性商店，但不多見，而且沒有好奇的人進出。

蘇黎世市區有一條河，彷彿高雄的愛河，但河水碧綠澄清，有天鵝水鳥浮游覓食，自由自在，不受驚擾。

蘇黎世市人車不多，在街上散步而過絕無危險，市民絕不像台北市人這麼匆忙緊張。

我們在蘇黎世這個寧靜的城市玩了一個上午，又乘希爾頓專車返回旅社，再搭下午兩點的飛機去日內瓦。

日內瓦是久已嚮往的名城，蘇黎世到日內瓦更是短途飛行，輕鬆愉快。

我們一到蘇黎世就預定了日內瓦的統一飯店房間，一走出日內瓦機場，就乘計程車直趨日內瓦湖畔的飯店。我們的房間正對日內瓦湖，視野很好。

日內瓦湖上天鵝很多，坐在房間裡看天鵝在寧靜的湖面展翅掠水追逐，實在是一件賞心樂事。

第二天清早我們就沿着湖邊散步，空氣很好，清早的日內瓦更加寧靜，沒有污染，沒有噪音。日內瓦的乾淨我在義大利就已聞名的，但美中不足的是湖畔草地上狗屎特別多。歐洲人歡喜養狗，而且有很多我在台北沒有見過的名犬。日內瓦人富足，養狗更是理所當然的事，因此狗屎太多。其他方面確實很好。街道整齊，秩序井然，整個日內瓦市就彷彿一個大別墅區，難怪全世界最有錢的人都把錢存在這裡，住在這裡。可惜物價太高，我住的那間套房要八十五塊美金一夜，還不供應茶水，一切自理，比蘇黎世還貴十來塊美金。當時，我估計在台北工作一個月，在日內瓦只能生活兩天。

日內瓦的錶店幾乎和我家鄉的瓷器店一樣多，但是並不便宜。因為我原先沒有打算買錶，所以也沒有打聽台北的錶價，普通錶在此地多在一百美金上下，好一點的要幾百美金。奇怪的是日本錶竟打入了瑞士市場，日本電器廣告更到處都是，日內瓦湖畔的大廣告招牌大多是日本貨，我在日內瓦碰到的黃皮膚旅客都是日本人，我還替一對日本年輕夫婦拍過照片。中國人卻一個也沒有碰到。

日內瓦寧靜優美，市民素質很高，沉靜而有禮貌，教養很好。日內瓦湖湖面遼闊，風景如畫，日內瓦眞是人間樂土。

在日內瓦住了一夜，看了一天。傍晚登上飛機直飛巴黎。想不到飛到中途飛機發生故障，有的客人沉不住氣，有點慌張。整個機艙裡只有我們兩位中國人，我不動聲色，一切聽天由命。我經過不少危險，都能安然度過，我想這次也不會例外。飛機折返日內瓦修理，我們都下飛機去休息室等候，半小時後通知我們上機，上機不久，又要我們下機，因為飛機又發生故障，這一折騰，就誤了兩三個鐘頭，害得在巴黎接機的詩人楊允達兄寃枉等了好久。

到巴黎後由於楊允達兄的妥善安排，住的地方特別便宜，參觀的地方也恰到好處。不巧中央社總社電派他到北非去採訪新聞，離開巴黎兩三天，不然在巴黎五天更爲理想。但他還是抽空陪我們參觀了羅浮宮、凡爾賽宮和紅磨坊。其他如巴黎鐵塔、拿破侖兵器館、凱旋門等等，都是我們自己去的。

巴黎不愧是世界名城，香榭利舍大道氣象萬千，不但快車道寬濶筆直，人行道大樹成林，落葉繽紛，有園林之盛。羅浮宮收藏之豐富，眞是美不勝收，達文西的名畫岩石處女、蒙娜麗莎都藏在這裡。梵爾賽宮更是極盡人間榮華，表現了專制帝王的窮奢極慾。不但宮內金碧輝煌，後花園之壯麗優美，也是巧奪天工，世所僅有。市內還有一條塞納河，雖不如長江的壯濶，卻非秦淮河、淡水河可比。塞納河是畫家寫生、詩人行吟的地方。我到塞納河行走時卻是春寒料峭的日子，樹葉兒尚未發芽，遊艇亦停泊岸邊，沒有笙歌，沒有宴飲，塞納河是寂寞的，但塞納河兩岸的宮殿式的建築，卻是雄偉壯麗的。我也寫了一首題爲「塞納河」的詩，作爲此行紀念。

巴黎有莊嚴肅穆典雅的一面，法國人是優秀的民族，有創造力，有自尊心，重視自己的文化傳統，瞧不起英國語文，這和義大利人一樣。只有我們現代中國人才不重視自己的文化傳統，把自己看成落後地區、低等民族，因而崇洋媚外，法國中年人即使懂英語，也不屑於用英語和外人交談。巴黎自然也有荒唐的一面，紅磨坊地區是人肉市場，性商店多的是，但這無損於巴黎的高貴，不傷大雅。

離開巴黎便到哥本哈根。本來我原先還想去瑞典、挪威，一賞北國風光，但旅行社沒有辦好簽證，能到哥本哈根也算不虛環球之行。

這天天氣特別好，眞是天高氣爽，兩個多小時的高空飛行，歐洲平原盡收眼底。河山依舊，人事全非，當年叱吒風雲的希特勒，而今安在？從高空鳥瞰，人不如蟻。

我原先以爲哥本哈根一定很冷，天也黑得早，其實不然，下飛機後，覺得氣溫和巴黎差不多，白天並未特別熱。

哥本哈根很熱鬧，車輛行人比蘇黎世、日內瓦多，房屋建築也很壯觀，街道十分寬敞，交通秩序很好，開公車的女性司機健壯而有禮貌。丹麥的國民收入很高，看起來沒有一個窮人。我曾到哥本哈根郊區訪問，鄉鎮房屋也很整齊考究，要是以台灣標準衡量，家家都是別墅。戶戶花木扶疏。比歐洲南部的義大利鄉鎮，顯然富足多了。

這是一個十分自由開放的地方，人與人之間毫無摩擦，十分融洽和諧。性商店、成人電影絕對公開，男男女女自由進出，習以爲常。

在哥本哈根街頭我還碰到一位似曾相識的中國人，彼此打了一個招呼，十分欣喜，但一時想不起他姓甚名誰？

哥本哈根的夜格外寧靜，彷彿睡在深山古廟一般。一夜安睡之後，早晨醒來卻看見窗外飄著雪花，又給我一陣意外的喜悅。快三十年沒有看見飄雪，居然在哥本哈根看到了。

天氣並不像台北那般陰冷。吃過早點之後便冒雪去英國領事館辦英國入境簽證，順利地通過了，下午便離開哥本哈根，直飛倫敦。

倫敦是與巴黎齊名的大都市，狄更司的「雙城記」就是以這兩大城市作背景寫的。但是今天的英國已不是我們作小孩子時候的英國，那時我對英國人的印象很壞，因爲那時的英國是世界強權，不把我們中國人放在眼裡。今天的英國不同，我在街頭看到好多地方房屋貼着出售的招貼，價錢便宜，英國人在街頭買熱狗都精打細算，一副破落戶的樣子。而一位英國老頭子自動地對我的親切、關照、指示道路，使我幾十年來對英國的壞印象一下子改變了。

在倫敦作客期間，承新聞局駐倫敦的夏體銘先生雇了一輛車子帶我們觀光倫敦的古蹟名勝，獲益不淺。那位年輕的司機態度和善，又是老倫敦，他知道什麼地方可看，他把我們送到之後便在外面等候，每一個地點都有恰當的時間觀看。像白金漢宮他便不停車，只是在前面慢慢開行，同時解說一下。他帶我們遊覽了一天，我覺得很滿意，該看的都看了。其餘兩天時間自己逛街，如海德公園等地，都是自己去的。

英國經濟雖然很不景氣，但英國人還沒有到窮斯濫矣的地步，無論男女都能保持紳士淑女的身份和風度，這就是教養的關係。

羅馬、佛羅倫斯、西雅奈、威尼斯、米蘭、蘇黎世、日內瓦、巴黎、哥本哈根、倫敦，這些西方城市，留給我的印象都很好。倫敦是歐洲最後一站，告別倫敦也告別了歐洲。

從倫敦到紐約是橫越大西洋的不着陸長途飛行，上面是藍天，下海是大洋，沒有什麼好看。好不容易熬過六七小時，才在紐約甘迺廸機場降落。一下飛機，推行李的黑人就給我一個很壞的印象。比起歐洲人來，黑人更顯得缺少教養，就是一般美國白人，也缺少歐洲人那種彬彬君子的氣質。

我下榻在華爾道夫對面的一家大旅社，是紐約新聞處安排的，據說住大旅館比較安全。我非常感謝他們的盛意。我們在紐約參觀了一天，走馬看花地看了一下，從歐洲到紐約後，頗有五岳歸來不看山之感，紐約除了高樓大廈之外，沒有什麼好看的。[redacted]。這天晚上九點左右我房間下面街道上就有女人被搶的尖叫聲，我提高警覺，一夜沒有睡好，這是在歐洲個把月所沒有的心理狀態，只有從前在馬尼拉有這種情形。

危邦不入，亂邦不居，第三天天一亮我就離開紐約，坐火車到華府。公孫嫌兒和韓副武官一道冒雨到車站來接，本來我在紐約打電話請他在車站附近代訂旅館房間，承他盛情把我接到他府上去住。

我到華府時剛好碰上櫻花節，華府櫻花盛開，如果不是下雨，遊行的隊伍是很可觀的。因爲一個月來的旅行全是坐飛機，所以我早計劃從華府坐火車去俄亥俄州看小兒選良，看看美國大陸的眞面目。第二天是星期天，公孫嬿兄正忙着競選華府武官團長，早餐後便請副武官駕車送我到車站，特別到白宮和國會兜了一下。正好櫻花盛開，眞正是「走馬看花」。

美國火車很少乘客，華盛頓到辛辛那提這條路線的火車本來是運貨的，改爲客運還是最近的事。旅客不多，每節車廂都只有五六成客人，我這節車廂裡的客人多是年長的美國男女，好像是個旅行團。中國人只有我和一位李教授的夫人，鐵路沿線多是荒山，田地也未播種，沿途連一個正式的火車站也沒有。山上丟棄了不少破舊汽車，很不雅觀。這趟火車旅行使我大失所望，更糟的是天黑後從辛辛那提面對開來的火車在前面出事，我們這一列車只好在一個小地方停止前進，改用灰狗巴士接運旅客，等了一兩個小時才開來幾輛巴士，因此我到達Athens已是深夜，幸好李教授駕車來接他的夫人，順便把我送到小兒住處。原來小兒等得太久，有事回去一下，想不到我在他不在時到達。

Athens是一個純粹大學城，人口不多。我到的第二天就下起雪來，這已是四月上旬了。

去年俄亥俄大雪成災，想不到這次我又在美國遇上下雪。

在小兒處住了四天，這兒和紐約、華府完全不同，沒有高樓大廈，沒有黑人，是一片乾淨土，不必擔心被搶被殺，相當寧靜。中國留學生多半是從台灣來的，大都有獎學金，能安心唸書。

小兒和他的同學開車送我到哥倫布，坐美國國內班機去芝加哥國際機場，原來我的機票是從紐約到芝加哥的，這段路線我沒有坐飛機，航空公司退了錢給我，剛好可以抵上火車票價。

從芝加哥坐飛機到舊金山，橫越美國大陸，都是一望無際的平原，是美國的農業區，美國幅員之廣，在這幾小時的飛行中可以概見，這和歐洲國家大不相同。從義大利米蘭到瑞士蘇黎世，不過兩小時左右，從日內瓦到巴黎，不過個把鐘點；從巴黎到哥本哈根，也不過兩小時左右；而從芝加哥到舊金山，比飛過歐洲好幾個國家所費的時間還多。美國也是得天獨厚，可惜缺少大政治家，使眞老虎變成了紙老虎。尼克遜、卡特，差點把美國前途斷送了。

我有一位三十年前的老同事魏瓊芝小姐住在舊金山附近市鎮的美國女婿家裡，承她盛意，一定要我去住幾天，好陪我在舊金山多玩玩。到了舊金山機場我就打電話給她，她來接我。她女婿新買的房子相當寬敞，空地很大，是一個相當高尙的住宅區，家家都有綠茵茵的草坪，只是沒有圍牆，也不擔心小偷，她女婿是一位勤奮的美國青年，到過台灣，在台灣結婚的。一般美國青年夫婦很少同父母住在一塊，和岳母更處不好，我這位老同事和她的美國女婿處得卻很不錯。但我不能多住，因爲她有工作，又不會開車，在美國不會開車就動彈不得，因此我只在她女婿家住了一夜，她陪我在唐人街逛了一個上午，我就不想再玩下去。

在她女婿家吃過晚飯後，她女婿親自開車送我到機場，她們一家四口，她和女兒外孫，一家人相送，盛情可感。

舊金山到東京是長途飛行，中間只在夏威夷停了一會，時間正在午夜，沒有時間去夏威夷觀光，我也不想中途下機，在機場休息室待了個把鐘點。因爲是華航飛機，中國人多，和在歐洲坐飛機的情形完全不同；但和我同座的却是一位日本青年。我沒有到過東京，便向他打聽東京的情形，他住在新宿，恰巧我有一位日本朋友也在新宿，我訂的旅社也在新宿，我們正好同路。

到東京時正好是清晨，我打電話到旅社，旅社老闆是台南人，他正好要到機場接客人，要我在機場等他，結果那位日本青年反而和我一道坐旅社的車子到新宿，不必坐火車了。

到旅社後我打電話給兵頭和美小姐和樂恕人兄，都聯絡上了。下午兵頭小姐來看我，她是一所女子大學的講師，我們在台北認識的。她陪我逛新宿鬧市，又通知她的中國同學沈文良夫婦，約他們第二天陪我遊銀座、皇宮和新宿御苑。東京鐵塔我是毫無興趣。

這時正是八重櫻盛開季節，新宿御苑的八重櫻繁花似錦，流霞飛丹，芳草遍地，其美無比。比銀座、皇宮更値得流連。難怪日本人一到櫻花季節，便如痴如狂，和兵頭小姐、沈文良先生父女一道遊新宿御苑，是我在東京最愉快的一件事。

第三天樂恕人兄又陪我逛銀座，他是老東京，人又風趣健談，因爲不想娶日本小姐作太太，連孫子都躭誤了。現在他在台北，說今年一定想要娶個太太，但願天從人願。

在東京待了四天，反而覺得語言不如歐洲方便，有些想去的地方都沒有去，只好留待以後重遊了。

四月中旬我又回到台北。

這次環球之旅，費時一個多月，所經之處是地球最好的部份，也是人類文明最高的地段。遺憾的是沒有辦好雅典、維也納和西德的簽證，只好留待下次補遊了。

山水之間

「仁者樂山，智者樂水。」雖是古聖先賢的名言，但非一成不變的定律。一般說來，愛好山水的人總比不愛的人多。這從一般人假期郊遊，頓覺心胸開朗、精神愉快，可以得知；尤其是小學生，如果一旦讓他們回到大自然的懷抱中，他們會像出籠的小鳥一般快樂得又跳又叫又笑，這是眞情流露，決非附庸風雅。

我不敢以仁者智者自居，我也喜愛山水，但喜愛的程度超過一般成年人，而與一般小學生的心情相似。當然我不會又跳又叫，我的心靈却與大自然脈脈相通，彷彿與多年的故人、老友、知音相會，一切世俗觀念，自然烟消雲散，內心一片清明、澄澈、平靜，而與天地相契合。

我生於中國最長最富足的長江邊，少年時在中國名山——廬山住過三年。長江、廬山、再加上中國第二大湖——鄱陽湖，是我從小生長遊樂地區，山水之勝無以復加，所以五十年前初到臺灣之時，遊了一些山水名勝之後，更有「曾經滄海難爲水，五嶽歸來不看山」之感。

民國五十五年到菲律賓，在馬尼拉文教講習會上了一個月的課，也遊了兩處菲島名勝，一是塔爾湖山，一是碧瑤。

塔爾火山在塔爾湖中間，不時爆發。火山的圓口從這面山上旅館鳥瞰下去，看得十分清楚；湖水也十分澄清，不失一處風景名勝。但和從廬山含鄱口看鄱陽湖，那眞有小巫大巫之分。

碧瑤更是菲律賓的夏都，舉世聞名，氣溫也和廬山相近，但若論丘壑之勝，峯巒之俊秀，與廬山眞不可同日而語，古蹟就更不必談了。

民國六十六年夏天，我赴義大利文藝復興聖地佛羅倫斯出席國際文藝交流大會，乘機環遊世界一周，也到過不少名勝地方，風景最好的當然要算瑞士日內瓦。日內瓦湖名不虛傳，湖的面積當然比故鄉城內的甘棠湖大，也比南京的玄武湖大，但如以長江、甘棠湖、廬山、鄱陽湖所構成的大地區風景面積而論，那日內瓦又瞠乎其後了！古跡也不在話下。我說這種話決非老王賣瓜，或是狹隘的民族自尊心理，而是客觀的比較結果，如果沒有到過這兩地的人，自然無從分辨，如果到過、住過，並且喜愛山水而又有深入了解的人，一定可以證明我言不虛。

每一個人都喜愛他生長的地方，但我生長的地方山水之勝是別處所沒有，因此我有比別人更喜愛的理由。如今故鄉山水[redacted]，一直使我耿耿於心，夢寐難寧。

現在我住在臺北已經四十多年，起初根本不想看山看水。近年來由於馬齒徒增，一事無成，爲了留住青山，以作日後壯遊大陸河山的資本，所以每逢假日，我一定登山，以鍛鍊身手腳勁，慢慢地我也喜愛上大屯、七星諸山了。「河裏無魚蝦也貴」，不愛也不成。加以我又住在北投，登大屯七星諸山也最方便，所以與它們結了不解之緣。起初我是一個人獨來獨往，因爲像我這種年齡的朋友，都不愛動，參加四健會的興趣遠高於開十一號。寫文章的朋友不參加四健會的雖然很多，但是難得空閒，有一點時間總想用來爬爬格子，那是千秋事業，最少也可以濟窮濟急，我不能勉强別人和我一道作此不急之務。倒是去年秋冬之交，宋瑞兄雅興大發，加之他又住在天母，因此和我[redacted]登了幾[redacted]山，過了一段輕鬆愉快的歲月，不知老之將至。他[redacted]雖然攝護腺、疝氣先後開過兩次刀，但是腰腿很健，身手靈活，毫無龍鍾老態。[redacted]可惜他的稿債如山，不寫會得罪朋友，他又是大好人，停不下筆，只好停止登山。因此[redacted]我又變成了大屯諸山的一個「驚嘆號」，恢復了從前的「單吊」。這眞是無可奈何的事。在精神生活方面，我永遠是一個「驚嘆號」，一個「單吊」，不是「百搭」。不過幸好我耐得住寂寞，能自得其樂，所以我絕不會投水、上吊。山上的大樹很多，尤其是三聖宮上面通往面天山和向天池的交叉路口，巨松成林，我從來沒有想到懸根繩子在那一根粗枝上把自己的頸子套進去，我反而望着那一棵棵盤根錯節直上雲霄，龍吟陣陣，四季常青的茂葉橫柯出神，它們不怕風霜雨雪，再大的颱風也吹不倒它們，從一粒小種籽出土到現在，它們沒有移動過一步，沒有低過一次頭，始終是昂然挺立，無視於路人的讚美喝采，也不在乎路人剝下它一片皮，或是吐它一口唾沫，它悠然自得，與藍天相親，與星雲夜語，無怨無尤，忘榮忘辱。每次我走到它底下，一定要駐足摸摸它龍鱗般的軀幹，抬頭望它蒼翠欲滴的針葉，它的年齡比我大多了，縱然沒有看過秦皇漢武，最少也看過穿開襠褲的希特拉和墨索里尼。我之愛上登山，也與這些蒼松有關，因爲平地看不到蒼松。縱然是半山，也只能看到些灌木，充其量也只能看到些相思樹林。挺拔的蒼松只有高山才有，而且不多，不像家鄉廬山，處處都有，低如白鹿洞，那一片蒼松，又非三聖宮山上的這些松樹可比；而五老峯上的那些千年以上的盤根錯節而高不過三五尺的奇形怪狀的古松，大屯七星諸山自然更找不到了。

慰情聊勝於無，在臺北住家，北投還算是一個好地方，因爲有大屯七星諸山可登。最近又有一位三四十年的老友，和我一道登山，本來在大直時我們比鄰而居，早晚一道運動了好多年，六七年前我們同時搬家，他遷新店，我遷北投，一南一北，相去甚遠，他有了一批新朋友在新店溪游泳，就不想遠來北投和我這個老朋友一道登山；而我又不是水中能手，我也不想去新店溪和他一道游泳，他笑我愧對鄉賢水滸傳中的浪裏白條，我也只好由他取笑。最近他辦退休，我和他約定，平時他游他的水，星期天到北投來和我一道登山，他已經踰紀。第一次我帶他去七星山夢幻湖，這裏整建得煥然一新，廣揚周圍遍植花木，亭閣遊廊古色古香，他看了非常高興，立刻虎嘯龍吟起來，不管別人笑不笑他，他有一副嘹喨的好嗓門，而且氣足，在山上他會隨時隨地作人猿泰山的呼嘯，有時唱一段裘派黑頭，或是他家鄉的河南梆子，說老實話，他的嗓子雖好，本錢十足，可是未經琢磨，難免荒腔走板，但他自得其樂，我也愛聽，最少比我自己的節音要好得多。他是一位眞正洒脫的人，興之所至，及時行樂，從不認眞，下棋、繪畫都是如此。下棋不在輸贏，繪畫只在消遣，從來不想成爲畫家。但是有一件事他比較認眞。當他六十歲的時候，他對我說：「[illegible]跑完十圈，還要再跑十圈」現在[illegible]，還是和六十歲時一般健康。他不但能和我一道登山，亦步亦趨，還能打空心觔斗，身體亦柔軟如綿。我能作到的他都能作到，他能作到的，我卻不能。譬如說他練了倒豎蜻蜓，我就未練，如果我也練，我相信三五天就可以辦到。但是游泳那就非一朝一夕之功了，他是浪裏白條，我卻比旱鴨子高明不了多少。原因是自幼父母禁止我下長江學游泳，連大池塘也不准我下去，把我塑造成一個文質彬彬的小先生。抗戰時從軍，雖然在四川一條溪流裏學過幾天游泳，狗扒式可以游幾十公尺，但一次溪水暴漲，差點淹死，以後就一直未彈此調，這一點我是永遠無法和他相比了。本來早幾年他就該退休，因為軍校畢業證書上的年齡小了幾歲，他就根據畢業證書更改了年齡，多幹了幾年。我笑他：「總算你多賴了幾年，現在不能再賴了。」他也一笑置之。從他的健康狀況來講，再幹十年二十年也絕無問題，這種情形只有醫生和我知道，因為健康檢查他沒有任何毛病，七十歲的人了，連牙齒也沒有少一顆。我是他的運動夥伴，所以我也最清楚。他有信心活過一百二十歲，我亦如此。我們兩人有很多地方臭味相投。

最近我又找到一個住家的好地方，山明水秀，比北投更好更遠。那兒還住了位四十多年的好友。可惜房子太貴，我買不起，因此我只有大買愛國獎券。一旦天從人願，我會搬到那邊去，終日徜徉在山水之間，輕吟陳摶的「歸隱」，以十年時間，寫一部長篇，對文學生活作一交代。至於這個專欄，是在朋友的盛情壓力之下的急就章，朋友不容我停筆，我只好報命；如果讀者要我停筆，我會隨時打住絕不多寫一篇。

69.11.4.青年戰士報副刊

故鄉山水

最近臺灣出版界，競相出版大陸河山風景名勝照片專集，都是大部頭的書，不惜工本印製，一套動輒數千元，但因圖片重複翻印，模糊不清，與本來面目相較，遜色甚多。

無論那一家出版社出版的這類大書，都少不了故鄉九江廬山，但都是掛一漏萬，有些眞正精彩的地方，並未表現出來。

以山來說，多祇登長江中的小孤山，而遺漏了鄱陽湖口、廬山尾閭的大孤山。

大孤山比小孤山更秀，而且湖水比江水澄清碧綠，山在湖中，與湖口縣城的石鐘山、長江邊上的灰山鼎足而立。山上樹木青翠，寺廟隱約可見，是人間仙境。我們稱它爲「鞋山」，而不叫它大孤山，因爲它的形狀恰似三寸金蓮的仙履。澄清的湖水上飄着片片白帆，白帆片片中矗立一座青山，這幅畫圖不是畫家所能創造的，而是造物者的匠心獨運。這是故鄉山水一絕。

另外還有一絕的就是廬山之陽的「姊妹峯」，這類以大陸名勝相號召的大部頭書都未編印上去。

「姊妹峯」又名「姊妹石」，在秀峯寺和歸宗寺之間的山上，形如兩位妙齡姊妹聯袂並立，在暮靄中或薄霧中遠眺，眞如兩位仙女，騰雲駕霧，冉冉上升。

清朝詩人曹樹龍曾有一首詠「姊妹峯」的詩，我最喜愛：

翠黛雲裳絕世容，聯肩秀立兩芙蓉。
二喬都得英雄婿，不信名山老住儂。
雲裡七賢偏冷峭，天邊五老太龍鍾。
彭郎可嫁無媒說，待字年年姊妹峯。

這首詩既寫實又俏皮，用典也很有趣。其中「七賢」、「五老」都是廬山有名的大山峯，七賢峯陡峭，沒有人上去，五老峯去的人多，其下爲著名的海會寺。唐朝大詩人李白有一首詠五老峯的詩：

廬山東南五老峯，青天削出金芙蓉。
九江秀色可攬結，吾將此地巢雲松。

「五老峯」是在廬山東南，可見李白是親身遊歷過的，不像編這些書的人，人云亦云，錯了也不知道。

七賢峯是棲賢寺後面的高峯，七峯並立，挺拔峻秀。如以含鄱口作基點，面向鄱陽湖，則七賢峯在右，五老峯在左。無論看山看水，含鄱口都是個好地方。看山則如蘇東坡所云：「橫看成嶺側成峯，遠近高低各不同。」，看水則鄱陽湖碧波萬頃，[redacted]氣象雄偉絕倫，而湖上白雲悠悠，綿亘[redacted]不絕，壯觀無比。

山要峻秀，水要清澈。廬山之所名震古今中外，除了地理條件特別優越，交通方便之外，山水本身之美，可謂得天獨厚。

廬山瀑布之多，也是別處少有，而瀑布之妙，各有千秋。如三疊泉以曲折雄偉勝，馬尾泉（亦名瀑布水）匹練懸空，自懸崖絕頂奔流而下，直達山腳，形如馬尾，數十里外即可望見，嘆為觀止。

閔麟嗣有詠三疊泉詩如下：

飛流直下總雷同，別派奇觀五老東。
似有哀猿啼浹雨，惜無高閣聽松風。
神仙自戲青冥上，珠玉如生曲折中。
俯視更須臨絕頂，芙蓉天半路蠶叢。

這首詩也是寫實之作。最後一句是形容交通不便，路很難走。看三疊泉遠不如看馬尾泉方便，看馬尾泉遠在星子縣城就可以望見，近在秀峯寺後面就可以逼視，十分方便。李白有兩首詩詠馬尾泉，一是七絕，一是五言古風。古風寫得翔實，七絕寫得突出：

日照香爐生紫烟，遙看瀑布掛前川。

飛流直下三千尺，疑是銀河落九天。

首句的「香爐」是指「香爐峯」。兒時讀這首詩怎麼也讀不懂這一句，心想太陽會照着家裏的香爐？連老師也不知道怎麼解釋，因爲他沒有看過馬尾泉，更不知道馬尾泉附近有個香爐峯，還以爲是「香」在「爐」裏冒烟呢！眞是讀萬卷書不如行萬里路，盡信書不如無書。

又如在同一本大書裏有一幅黃龍寺前的銀杏樹照片，照片上的銀杏樹有一半沒有登出來，不能見其高大。這棵銀杏樹高達數十丈，幾人不能合抱，枝葉繁茂，亭亭玉立，我曾見其四時變化，夏天濃蔭覆地，秋天黃葉飄飄，冬天的粉裝玉琢，和春天的絕代風華。而在它上方高聳的兩棵「寶樹」，更是相得益彰，這兩棵寶樹和阿里山神木是同類植物，幹粗不下於阿里山神木，但比阿里山神木更高，而且無一枯枝敗葉，欣欣向榮，四季常春，兩棵寶樹並立，與天爭高，與下面不遠的大銀杏樹鼎足而立，蔚爲奇觀。提到廬山的樹木不看那兩棵寶樹，那眞是入寶山而空還。另外黃龍寺門口還有兩棵較小的寶樹，若干年後亦可與天爭高。黃龍寺山上出產的「雲霧茶」亦十分名貴。泡一壺雲霧茶，與二三好友坐在寶樹下面的石機上下棋清談，可消永晝，不是神仙也是神仙。

廬山富丘壑之勝，峯巒飛瀑之美，林木之茂，更有變化萬千的雲霧，如詩如畫，其所以成爲名勝，是由許多天然條件構成的，寺觀古蹟之多，則是歷史文化所形成。上可溯至大禹，下至民國時代的墨客騷人，更是晉朝大詩人陶淵明的家鄉。在廬山作個田園詩人，可以享盡人間淸福。陶淵明是個大聰明人，何必爲五斗米折腰，和自己過不去呢。

凡是要遊廬山的人，必經九江。九江至廬山如臺北到陽明山一樣方便。其實九江已足夠流連，萬里長江不必說，單是城內的甘棠湖，湖中的烟水亭，柳堤邊的天后宮，隨時隨地，一抬頭舉眼，廬山便近在眼前，湖光山色，美不勝收。我繞過地球一圈，還沒有發現有那一個地方的山水名勝古蹟勝過故鄉？

70. 6. 27. 中央日報

思人題：青年女讀者吳艷芳女士看過我的長篇小說白雲青山，曾專程去故鄉廬山探遊，想按圖索驥，回來接到電話告訴我，我寫的白雲青山是抗日戰爭之前的廬山，我回鄉探親之後，發現山前的南北朝的古剎全不見了。今非昔比，我欲哭無淚。

二〇〇六年十二月二十一日青重校。

仙境遊蹤

長久住在大都市，成天坐辦公室，不與大自然接觸，是十分可惜的事。

在工作上我和很多人一樣，是屬於都市，屬於辦公室的；但工作以外的時間，我卻回到大自然。在生活上和思想上，我與都市無緣，我不習慣燈紅酒綠的生活，不習慣送往迎來車水馬龍的場合，雖然墮入紅塵已經八十七年，但在情感上始終不屬於都市，甚至厭惡紅塵。因此我住家的地方總選在郊區，一有空閒必與自然接觸。身在鬧市或熱鬧場合，便不自在；見了青山綠水，彷彿如見故人，滿心喜悅。

近年來一到假日，我便是身在山中，風雨無阻，自得其樂。別人以為我是自找苦吃，我卻認為是一大享受。古人說鐘鼎山林，人各有志，眞是一點也勉强不得，勉强不來。不過由於工作的關係，我的活動半徑，沒有超過百里範圍，這是美中不足。前些時登山，遇到一位十幾年前，我在圓山打太極拳，他在圓山練瑜珈的老先生，一見面我高興地拍拍他的肩，他也開門見山地約我和他一道登富士山，說是只要七萬元，但對我來說這是一項奢侈行為，有些國際會議，我就是因爲缺少十萬八萬，婉謝參加，這種出國登山活動，自然也難從命。這位先生姓甚名誰？當時我不記得，後來他給了我一張名片，我也不知道放到什麼地方去了？我一向不大注意別人的姓名地址，尤其是登山運動的朋友，雖然彼此一見如故，更不通名道姓，志趣相投而毫無利害關係，或其他目的，這樣最好。這位先生我和他十多年不見，他仍然是那麼健康，論年齡，當在七十以上，因此我禁不住拍拍他的肩膀。如果我的經濟能力許可，我是願意和他結伴出國登山的，我相信他的健康體力足以勝任，而他是連我姓什麼也不知道的，因爲我沒有告訴他，更沒有給他名片。

出國登山雖然不成，但近來卻有兩次「遠遊」的機會。一次是沿縱貫線參觀農漁畜牧事業，第一次看到「公路花園」，十分欣賞。最近因爲小兒子媳婦自美回國，親家蔡善頤先生約我陪他們去梨山、武陵農場去玩，暢遊了一番。

二十年前我第一次去梨山時，梨山還相當荒涼，當年的福壽山農場也是在草創時期，果樹不多，松柏村無水無電，那些帶着眷屬到這裏落戶的退役軍人，生活都相當艱苦，子女上學都成問題。可是二十年後的今天，原來的平房卻變成了兩層樓的別墅，房屋周圍果樹圍繞，梨山桃花雖已凋謝，而白中帶粉紅的蘋果花卻繁花滿樹，一片花海，這一片花海過德基水庫之後漸漸形成，愈近梨山花愈茂密，滿山遍野都是蘋果花，蘋果花香味雖不濃郁，但湊近鼻尖一聞，卻有一股芳香，從松柏村一直到天池，都是在一片花海中來去，從前的泥土路，現在也變成了很整潔的水泥路，人在其中，如入仙境。

過梨山到武陵農場坐汽車有四五十分鐘的路程，這一帶也遍山都是果樹，蘋果花把原本荒涼的山地變成了粉粧玉琢的世界。環山部落的幾百戶人家，不但有水泥路可通，據司機告訴我他們幾乎家家都有小轎車，從前他們是自己種果樹，現在他們雇平地人來種，他們變成了地主，坐享其成。有些人家的子女還送到國外留學。這些話在二十年前聽來，無異是天方夜譚般的神話，然而眼看着環山村整齊的房屋，整齊的水泥路，以及遍山的果樹，又不能不相信這個人造的奇蹟。

武陵農場以前我沒有去過，心嚮往之已久，這次能夠如願以償，自然是一件樂事。

武陵環境比梨山清幽，是在兩山之間的一片谷地，有一條小溪貫穿其間，比起梨山來更像世外桃源，尤其是武陵農場本部，花木扶疏，有清溪，有魚池，有數不清的桃、梨、蘋果樹，還有別處少見的高大筆挺的巨松，眞是人間仙境，很巧的是，我在場長室還看到三缽牡丹，花朵之大，在臺灣沒有見過，據場長說他們一共有幾十缽，爲了怕被人偷掉，都不敢擺在外面。此地養花種樹，無論是氣候、土壤、空氣，眞是再好沒有。

武陵農場除了種果樹之外，還有七八甲地種山東大白菜、包心菜，以調節市場需要，我們到達時山東大白菜剛剛發芽，但是早已被包商訂購了。據說種菜的榮民一年可以分到三十萬元左右，比一般公教人員的收入多了不少。他們多半是上了年紀的榮民，很少有家室，但是分錢的時候自然不愁沒有伴侶，山下的女人會趕上來陪伴他們，他們也樂於過這種方式的生活。

我們住在活動中心，這裏就是一大片菜地，由於以大量鷄糞作肥料的關係，蒼蠅也隨着鷄糞成羣結隊而來，這是美中不足的地方。但是天下沒有白吃的午餐，如果怕鷄屎臭，我們怎會吃到幾公斤重的山東大白菜？怎會吃到甜美的水蜜桃？又甜又脆的蘋果？又白又嫩的好梨？好在鷄糞臭也只是暫時的，時間稍久，臭味自然消失。

這裏樹木葉子都青翠欲滴，是在臺北看不到的，就是在大屯山、七星山上也看不到。以桂樹來說，我院子裏種了三棵，有一棵將近二十年，每年我都施鷄糞，樹已長得很大，枝葉尤其茂密，比別人的都好，花也開得很多，比大屯山三聖宮的桂樹，木柵指南宮的桂樹，毫不遜色，可是比武陵活動中心一排作藩離的桂樹，那就相差太遠了！這裏的桂樹葉子又肥又大，青翠欲滴，連我稱爲世外桃源的烏來桶后的桂樹也比不上，這就是氣候、空氣、土壤的關係。

因爲此地空氣特別清新，一塵不染，連天空也格外明淨，尤其是夜晚，一片清空，星星閃着明亮的眼睛，比少女的明眸還可愛，連小兒子也說：

「我在臺北就沒有見過這樣明淨的天空。」

臺北空氣污染已經相當嚴重，每次我在大屯山、七星山頂鳥瞰臺北天空總是迷濛一片，連山頂的天空也像是一片毛玻璃，那像武陵的天空像清水洗過一樣？那種蔚藍，連故鄉甘棠湖、鄱陽湖的水也比不上；甚至地中海、愛琴海的水也難比擬。

武陵除了一片花海，處處蒼松之外，還有一處名勝——「烟聲」瀑布。

從活動中心到烟聲瀑布有四點五公里，有水泥路一條，可通小型車輛。那天清早五點鐘，親家就約我徒步去參觀烟聲瀑布。我們沿着水泥路蜿蜒而上，以散步的步伐走了一個多鐘頭才走到，我連微汗都沒有出，如果以我平時登山走路的速度，最多一個小時就可走到。

這天天氣十分晴朗，瀑布的水聲也不大，所以沒有看到如烟如霧的美景。這條瀑布沒有烏來的瀑布那麼陡直，長短相差不多；也沒十分寮瀑布那麼壯濶，但是却有一份幽趣；比較起來和礁溪五峯瀑布倒彷彿相似，不過五峯瀑布分了兩三疊，烟聲瀑布是斜衝而下。如果以它和故鄉廬山的三疊泉、馬尾瀑布相比，那就差遠了。但在本省來講，烟聲瀑布是有它的地位的，也是頗爲可觀的。妙的是它懸在兩千多公尺的高山幽谷中，出塵脫俗，毫無烟火味、脂粉氣。

在探訪烟聲瀑布途中，還望到一處高山的雪景，親家蔡先生以爲那不是雪，我也不知道那是什麼山？但憑我幼年望廬山五老峯、漢陽峯的經驗，我認爲那是積雪。後來司機開車上來接我們，我指着那座高山問他，他揭開了這個謎。他說：

「那是雪。」

「那是什麼山？」

「雪山。」他指着峯頂說：「積雪的地方是雪山主峯，以前我登過好多次。清早從這裏出發，傍晚七點多可以折個回來。」

這時雖然是四月初，但在武陵晚上睡覺要蓋厚棉被，武陵不過海拔一千多公尺，雪山海拔三千多公尺，當然很冷，那些雪可能是昨天晚上下的。要是有人當嚮導，我倒很想從武陵登登雪山。

這次梨山武陵之行，叨了小兒子媳婦和親家之光，彷彿遊了一次仙境，留下了一個很美的印象，和一段愉快的回憶，當然更有意義的是享受了一點天倫之樂。

70. 5. 9. 中央日報

不動瀑布

大屯山的面積比七星山廣，主峯也有一〇八〇公尺高，在臺北近郊可以算得上是一座大山。如果臺北市沒有這座大山屏障，颱風的損害，那就要大得多，氣候也會有很大的變化，冬天的風也會更大、更冷。如美國芝加哥等大都市，就是由於北面缺少山脈屏障，冬天風雪交加，奇冷無比。大屯山不但是臺北市的天然屏障，也是臺北市民假日最好的去處。它的自然景觀，和乾淨新鮮的空氣，每個星期天或假日都要吸引成千上萬市民徜徉於它的懷抱。我就是其中之一。

北投區位於大屯山之陽，廿八年前我從大直遷居北投時，只有十二萬人口，這些年來房屋人口大量增加，現在快接近二十萬人。而最有名的「陽明山橘子」，不是出在陽明山，而是出在大屯山。從大屯國小左右延伸，直到三聖宮以上地區，農戶種的都是橘子，每年陰曆年前後，樹上結實纍纍，滿山金紅，今年春天還闢了好幾處觀光橘園，吸引了不少遊客。

報章曾多次刊載大屯山將闢爲國家公園的消息，如果成爲事實，這倒是臺北市民的福音，也是全省的一大好事。在我登山實地觀察中，這一兩年來似乎正默默地向這個方向發展，山中小型公車道路的開闢正積極進行，小六公車從[illegible]延長通到清天宮，下面又有[illegible]一條道路，通往高爾夫球場，這條路[illegible]完成，就逐漸具備國家公園的基本條件了。

本來從清天宮下來有一條峽谷，一到颱風季節，洪水急沖而下，加之開山挖掘瓷土，未作水土保持，造成北投嚴重的水患。上次大水災之後，固然給北投市民造成了重大損失，但現在正積極興建的大排水溝渠，和保持山上泥土的大駁坎，不但可以確保市民安全，也造成了雄偉壯麗的景觀。

兩條大排水溝渠[illegible]溝渠兩旁的車道[illegible]，除了可以便利交通之外，如果在溝渠兩邊遍植花木，那就可以造成兩條美麗的風景線，增加無限的觀光價值。本來這裏有一條小路通往「不動瀑布」，登山步道通往小坪頂、清天宮，大排水溝渠完成之後，便成了陽關大道，兩旁如再種垂柳、杜鵑、夾竹桃之類的花木，那就無異在國家公園中[illegible]江南花香了。

大屯山瀑布很少，除了陽明山的「大屯瀑布」之外，就要算此地的「不動瀑布」了。

「不動瀑布」與我住地近在咫尺，一是以前我上大屯山不走這條路，所以一直未去；二是故鄉廬山的瀑布我看得太多，臺灣三大瀑布如烏來瀑布、武陵煙聲瀑布、礁溪五峯瀑布以及十分瀑布，我都看過，覺得既不如馬尾瀑布，也不如三疊泉，「不動瀑布」又有什麼可看？因此，雖然近在咫尺，也引不起我的興趣。後來我改變了登山路線，又因爲興建大排水溝渠的關係，封閉了去不動瀑布的山徑，因而失去。

最近一天下午，我沿大排水溝散步進去，發覺封閉的小路已經開放。一走近峽谷就望見谷內有一座水泥作的却漆成松竹顏色形狀的小橋，十分引人。我快步進去，發覺路也是新修的石級路，整齊清潔，大概我是第一個進來的。

這是一道峽谷，我登山時從上面經過不知多少次？由於太窄，加之樹木茂盛，所以看不見谷底，看不見瀑布。進來之後也看不見瀑布，先看見的是左邊峭壁上塑的觀音大士像，像前有一塊小型廣場，這些都相當隱蔽，不進入谷內是看不見的，而峭壁直立千仞，如刀削一般，但壁上灌木藤蘿蒼翠欲滴，生意盎然，鳥聲又特別清亮悅耳，彷彿大屯山的好鳥都集中在這裏比賽歌喉，在別處聽不到的鳥聲，在這裏都能聽到。

我循石級上觀音大士像前盤桓了一會，不忍離去，認爲這裏曲徑通幽，一線通天，清涼脫俗，眞是人間仙境。我跑遍了大屯山、七星山，還沒有發現任何一處有此地超塵絕俗。同我一道來此，剛自亞松森回國的朱夜也說：

「巴拉圭也找不到這樣好的地方。」

本來我愛燕子湖那邊碧綠的湖水，和[illegible]翡翠谷水庫，曾經看上廣興里裏溪邊的住家環境，打算退休後遷到那邊隱居，一看到這裏的清幽脫俗，我立刻打消了遷居之意，因為觀音大士像那邊的峭壁下，小溪邊，還有一座新建的八角亭，亭柱欄杆桌凳都漆成松竹顏色，與大自然打成一片。我走下石級，穿過流水小橋，走到涼亭，水聲潺潺，鳥聲嚶嚶，一片天籟，無絲毫烟火氣息，我高興地對朱夜說：

「整個大屯山是我的後花園，這裏更是我退休後讀書寫作的書房。」

從我家裡走到這兒不過十分鐘，涼亭在峭壁之間的谷底，風雨不侵，平時人跡不至，與世隔絕，充耳的是鳥語泉聲，與廬山的仙人洞幾可媲美。在全臺灣再也找不到這樣一處適合我的地方了。

從涼亭再走進去不到二十公尺，就是「不動瀑布」，妙的是它隱藏在峽谷最深處，從谷口到瀑布，長度不到兩百公尺，而迴環曲折，妙趣橫生，涼亭雖近在咫尺，但只聞其聲，不見其影。

「不動瀑布」沒有烏來瀑布、武陵烟聲瀑布、礁溪五峯瀑布那麼長。更不像廬山馬尾泉「飛流直下三千尺，疑是銀河落九天」，但「不動瀑布」的清幽絕俗，又是那些瀑布難以比擬的。眞是此瀑布只有大屯有，人間難得幾回見。而我有幸，又卜居在大屯之陽，不動瀑布一箭之地。

它何以叫「不動瀑布」？我沒有考證癖，不去管它。但以瀑布本身而言，沒有不動的。雖然廬山有很多瀑布在冰雪封山時是結冰的，但一到春暖花開，又聲如雷鳴。臺灣四季如春，此處更不見冰雪，瀑布那有「不動」之理？如果改爲「不凍瀑布」，那就切合事實，音義無傷了。

幸好我發現「不動瀑布」還不太遲，一發現它便如獲至寶。第二天是禮拜天，早晨登山時我又來瀑布前坐了一會，後來的登山客一坐到瀑布前的石凳上也讚不絕口，可見人同此心。

70.12.3.中央日報

七十年十二月二十三日重校

世外桃源桶后

臺北地區的山巔水涯，我幾乎都跑遍了。

以山而言，論氣勢，論高度，還是大屯山、七星山值得一上再上。七星山比大屯山還高十幾公尺，但面積沒有大屯山廣，七星山的名勝是夢幻湖。夢幻湖是最近幾年才發現的，名雖爲湖，面積卻很小，又無活水源頭，颱風季節積水較多，一遇天旱，水就很少，不過水倒很清，不是泥潭，還是它可取之處。

由於臺北公園路燈管理處的整修，從陽金公路那邊已有水泥路可通，機車和小轎車都可以開到夢幻湖。從陽明山這邊的七星山登山口徒步上去，幾十分鐘亦可到達，現在亭閣、長廊、廣場，都已修好，花木扶疏，是値得一遊的地方，不過已經失去了一分神秘感，不再如夢如幻了。

從夢幻湖有登山步道直上東峯，這條山路比較陡，但不難走。上東峯以後，可穿過一片箭竹，再上主峯，在主峯上可以極目千里，只是風太大。我曾在前年多天一個風狂雨驟的日子登上主峯，那是一次艱難的行程，也是第一次上七星山。

七星山經常在雲裡霧裡，尤其是冬天，縱然山下陽光普照，山頂多是風雨淒迷，只有一次遇上陽光，躺在大石頭上休息了一會，但風還是相當大。

大屯山不但面積比七星山廣，可遊的地方也比較多。如大屯西峯與面天山就遙遙相對，爬過西峯之後還可以再上面天山。在西峯上看北投就在腳下，面天山看淡水鎮也近在咫尺，白沙灣、濱海公路，盡收眼底，遠望海天一線，視野遼濶。過面天山還可以上向天山面向天池，向天池是從前的火山口，現在卻像一隻盌口一樣，仰對天空。

大屯山除了自然形勢較美外，靠北投向陽的一面還有不少寺廟，有安國寺、上清宮、宮玄宮、清天宮、清水宮、三聖宮等。獅頭山是佛教聖地，大屯山卻是道教清修之所，我住大屯山之陽，大屯山無異是我的後花園。每逢假日，必然上去走走，擴大胸襟，滌盡世俗之念。

七星、大屯氣勢雖爲臺北羣山之冠，但是美中不足的是山上少有瀑布明潭，也沒有清流，淡水河雖是臺北的大河，但河水渾濁，缺水靈秀之氣。

臺北地區山水之美，當推新店至烏來一線，山雖不高，但有一條清流貫穿其間，溪水終年清澈見底，尤以燕子湖一帶，最具山水之勝，我曾有卜居此地之意，惜無此財力，終成空想。

以往家言，大屯、七星、烏來一帶，比臺北市區要好得多，但近年發展太快，已經沒有從前安靜了。

現在要想找一個世外桃源，實在很難。不過在烏來到宜蘭之間，萬山群中有一個小盆地「桶后」，倒眞的出塵脫俗，連名字也很稀奇。

這地方是林務局文山管理處烏來工作站桶后業務所的所在地。這個小盆地的唯一人家就是業務所的一棟房屋，這棟房屋倒是很現代化的建築，上下兩層共兩百多坪，平時只有兩個工人居住，他們耐不住寂寞，都不肯幹。

烏來到桶后有一條運木材的道路，既未舖柏油，也非水泥路，而是十分原始的泥路，由木材商人經營管理，商人不賺錢，路的維護工作就很差了。

小兒子的岳父是文山管理處的主管，我叨了親家的光，前年他們夫婦就特別陪我到那邊住了一夜。這次小兒子、媳婦從美國回來，他們又邀我們舊地重遊，還有他的老同學中鋼營業處長吳先生一行多人。

由於交通不便，所以很少人來，走路要四五個小時，坐林管處的車子也要開一個多小時，而且顛得十分厲害，不是原裝好車不能走這條路。上次我來時沒有其他遊客，這次因爲「二、二九」有兩天半休假，却遇上了大同公司一批年輕的員工和他們的眷屬到這裡來露營釣魚。

桶后海拔四百六十公尺，四面都是山，山上種的杉樹都已成林，林區整齊美觀，盆地雖然不大，但空氣清新，氣候宜人，一塵不染，妙的是有一條清溪，流水潺潺，清澈見底，有水的地方就有魚，因爲平時很少有人來這裡捕魚垂釣，魚兒還眞不少。

溪裡沒有大魚，最大的亦不過十幾公分長，而且只有一種，身體成條狀，體面有斑紋，但又非石斑，味道十分鮮美，用油乾炸下酒最好，和海魚大不相同，在別的地方我還沒有吃過。上次我來時親家蔡先生叫人撈了幾斤炸了兩大盤，這次又撈了幾斤炸了兩大盤，大飽口福。

大同公司有幾位釣魚好手，他們在溪邊垂釣，我坐在一旁奉陪，分享他們的樂趣。

溪水不深，很少超過三尺，淺的地方可以看見魚兒貼近溪床游動。水面沒有絲毫汚染，空氣十分清新，在這種地方垂釣，是一大享受；看別人垂釣是更高的享受，因爲自己毫無得失之心，毋固毋我，乃至完全忘我，與大自然合而爲一。這種快樂是眞正的快樂，沒有樂極生悲的後遺症。像大同公司的員工，平日一板一眼的工作，完全過的是工業社會的生活，枯燥單調，難得兩天假日，在溪邊搭個帳篷露宿，又在溪邊垂釣，這種調劑身心的方法，比坐在麻將桌上或是電影院裡不知道要好多少倍。近年我由於登山的關係，發現年輕一代的生活方式，和我們這一代人已經有很大的改變，最好的改變是，年輕人注重戶外活動，如登山、釣魚等等，都很有益身心。而我們這一代人一到假日，則沉迷於麻將桌上，認爲那是人生的最大享受，把我的登山活動，看作自己找罪受。他們平日上班時又很少能淡泊自處，成天鈎心鬥角，芝麻綠豆的好處也不會放過，多年同事也會反臉成仇，一到假日不是打牌就是喝酒，因此高血壓、心臟病、糖尿病、關節炎，不一而足。語云：「天作孽猶可違，自作孽不可活。」像我們這種年齡的人，能逃過這場中國歷史上最大的浩劫已經不易，劫後餘生反而自作孽令人惋惜。因此我對於這些露營釣魚的青年人十分欣賞。他們那種捲起褲脚站在水中自得其樂的天眞情形，在工廠裡絕對看不到，在辦公室也看不到。一位年輕的太太指着她一竿在手其樂無窮的先生對我說：

「他只要有魚釣，飯也不記得吃！」

我眞替她高興，這比泡歌廳、泡舞廳、泡酒家的男子好多了。

我看他們垂釣到天快黑時才回招待所吃晚飯。

夜晚很靜，沒有一點噪音，和在臺北時頭腦裡日夜鬧哄哄的情形完全不同。

第二天早晨我起得很早，想不到那些青年人比我更早，我走出陽台做運動時他們已經在溪邊垂釣了。

做完運動我和小兒子、媳婦出去散步，先到溪邊看看他們釣魚，他們告訴我昨晚上還用手電筒照着捉了很多蝦子。我再看看他們的鍋子，水裡已經養了好多條剛釣上來的活魚，我又分享了他們的快樂。

小兒子歡喜攝影，他除了替我照了幾張之外，也照露珠滾動的樹葉。他是學化工的，媳婦說他的興趣是多方面的，除了攝影也歡喜釣魚，就是沒有說他喜歡寫作，我覺得這是好事，我絕不鼓勵兒女走我這條路。其實媳婦倒有文學細胞，也愛繪畫，但我不置一詞，她是學物理和材料科學的，我認為她也走對了路。我慶幸他們兩人不像我走了一輩子冤枉路，兜了許多圈子，始終空空蕩蕩，彷彿兩隻腳踹在半天雲裡，到現在還是一事無成。人是沒有多少時間可以浪費的，我已經浪費得太多了。

清早我們在這群山環抱的桶后小盆地清溪邊，自由自在，無憂無慮地踱了個把鐘頭，身心格外舒暢，也分享了別人的快樂。

人間很難找到桃源，桶后這個小盆地卻有山有水，沒有煤煙，沒有噪音、外人也難得進入，可以算得上是個世外桃源。希望有一天我能在這裡住一兩個月，與世隔絕，一竿在手。自得其樂。

70.4.28.自由日報

二〇〇六年十二月二十二日重校

突來的風雨

四月十八日(星期六)我突然接到在經濟部工作,也住新北投,去年在大屯山碰到的洪小姐的電話,約我星期天和外交部的登山同好一道從內雙溪那方面去登山,說是在那邊山上可以看見大草原,問我願不願意參加?

最近幾個月來我又是一個人單吊,原因是住在新店的老友丁先生覺得來北投登山太遠,又要穿過市區,經過空氣污染,所以不想來;而我也不想到新店那邊去,除了空氣污染之外,是新店那方面的山太矮,也缺少可觀之處,因此我又獨來獨往,自上自下了。洪小姐雖然住在北投,但她有外交部的同好一道登山,去年她約了我幾次,我偏偏不在家,我禮貌地約了她一次,她又要去南部,因此除了去年和丁先生登山時的一次巧遇,一道同上大屯主峯外,就再沒有和她一道登過山了。

說起那次巧遇很有意思,那次我們站在清天宮登山口看路線圖時,想不到洪小姐突然在我們兩人身後發問:

「請問兩位是不是上大屯山？」

「是。」我們兩人回答。

「本來我和外交部的人約好了一道登大屯山，我遲了一步，就趕不上他們，不知道你們看見他們沒有？」洪小姐說。

「沒有。」我們沒有發現有人走在我們前面。同時發覺她一身登山裝備，知道她是老手，不是偶然郊遊的，因此問她：「願不願意和我們一道上大屯山？」

「既然他們走了，就和你們一道去好了。」洪小姐很大方，一點也不介意。

隨後我們就一道爬坡，從此地上三聖宮有一公里半的石級路，有一段還相當陡，我發覺洪小姐走得相當輕快，不像一些大學生走得氣喘吁吁，因此減少了很多登山的顧慮。

那天山上的風很大，我們在過風亭邊午餐，洪小姐也和我們一樣，如果身體不好，這頓午餐可能吃出感冒肺炎來。洪小姐和我們一道上了山頂，又從山頂下來，走了一段羊腸小徑，才到山下搭小巴士的地方，她一點也不覺得累，眞是一位難得的登山良伴。

事後丁先生和我開玩笑說：

「老張，你眞神，你說遁就遁！說到狐仙，狐仙就在你身後出現！」

原來那天我們先繞過一座美輪美奐的道教宮殿，我和他談起道家中的高人，說那些修持成功者，如呂洞賓等，可以來去無踪，能水遁、土遁、御氣而行。這時突來一陣山風，刮走了我的帽子，他走前面，我來不及向他打招呼，轉身追帽，他一個人在前面走，嘴裏還在和我講話，一回頭發覺我無影無踪，他傻楞楞地在那裏，直到我突然出現，他大爲驚奇地說：

「老張，你眞的土遁了？」

「我追帽子去了。」我笑着回答。

「奇怪！怎麼我一點也有沒有覺察到？你怎麼會突然失踪？又突然出現？」

「沒有這點身手，我還敢一個人在山上獨來獨往？」我故意和他開玩笑。

其實他也身手敏捷，游泳、瑜珈段數都相當高，就是沒有想到我突然露了這一招。

後來我又和他講狐仙的故事，一直講到清天宮，我的話剛說完，洪小姐突然在我後面出現，眞是事有湊巧，因此他開玩笑說我有法寶。我是既無法寶，洪小姐也不是狐仙，我們都是愛山好運動的人，因爲經常運動，身手自然敏捷。如果我寫作只是爲了賺錢，肯等而下之地寫武俠小說，絕不會亂「蓋」，少林、太極拳我都學過，而且在太極方面我眞拜過名師高人。只是我不想成爲武林中人，練練身體而已。自從前幾年脚被機車軋傷，又出國一個多月，停了一段時間，忘了不少，就沒有再打，但拳和運動、打坐的要領，不會忘記，我用任何方式運動，都能保持健康，保持身手靈活。

因爲丁先生和我距離太遠，我登山又變成了孤家寡人，洪小姐約我，我自然答應。十九日清晨六點十五分我就趕到外交部宿舍致遠新村前面等洪小姐，本來她說六點鐘再打電話催我，怕我起不來，結果六點過了電話一直不響，我便先去等她，外交部有兩男一女走出致遠新村大門，來到候車的地方，我一問正是登山的伙伴，車到時洪小姐才全身登山裝備匆匆跑過來，介紹黃先生夫婦和一位年輕人和我認識。

我們一行五人，坐車到士林中正路加油站下車，再徒步走向內雙溪。內雙溪的馬路已經拓寬了，原來路邊的鰻魚池多已變成了馬路，另有一處魚池在養錦鯉，我們駐足參觀了一會。魚池設計很好，錦鯉更賞心悅目，如果我有一小池錦鯉那就好了，我的後院就是沒有辦法養魚，養魚必須活水，而且要通空氣，死水、自來水是不行的。

過了這座魚池，漸漸走上山路。這一帶的變化也大，對面山邊蓋了一排別墅，形式不錯，可惜是在山之陰，陽光不足，不是理想住地，本來我可以住到山上的公教住宅，由於我幾次實地察看，工程進行緩慢，到主辦單位詢問，又閃爍其詞，我斷定這裏面有鬼，便快刀斬亂麻改爲貸款自購，雖然已經吃虧，但還操之在我，因此我住到新北投大屯山之陽，一兩年後，同事們才分到那個山上的房屋。

溪邊除多了一些別墅外，還新建了一個遊樂區，規模雖不大，環境倒不錯。我們就從遊樂區這邊上山。

山上桂園樹又大又多，有一處人家是在果林之中，環境很好，加之又新開闢了產業道路，這幾戶人家真的有福了。由於經常登山，發現基層建設的確花了不少錢，產業道路對山地人家造福無限，有土斯有財，這些本來窮苦的農戶，可能一夜之間暴發起來。

爬上山頂，才發現是一塊相當大的坪頂，比北投小坪頂面積大多了，這裏是平等里地區。

昨夜我因事未看新聞氣象，今天早晨出門天氣很好，但是站在坪頂上一望，七星山、大屯山頭，一陣陣雲霧湧過來，大有山雨欲來風滿樓的氣勢，果然，頃刻之間，斜風急雨橫掃而來，我們躲進一家新建築的簷下避避風雨，吃點東西，休息一會。但是風雨不停，躲在這裏不是長久之計，我從背包裏拿出雨傘，大家一道上路，由於是坪頂，沒有山脊阻擋，樹木遮攔，更顯得風狂雨驟，傘骨都已折彎，下半身完全透濕，鞋子裏的水唧唧響，好不容易走到一家空屋避避，看看風雨一點沒有減弱的趨勢，下午兩點我在臺北又有一個約會，必須在十二點以前趕回家，而那位小老弟也有事要趕回去，因此我們兩人冒着風雨先去平等里車站，風大雨大，路又不熟，我們走到一家人家門口的候車站停了下來，在屋簷下等了四十分鐘的車，那位小老弟冷得嘴唇發青，嘴裏嘟嚷着：

「這是我第一次登山，眞是受洋罪！」

「回去一定要洗個熱水澡，不然會感冒。」我對他說。他既未帶傘，也未帶雨衣，臨時在那家空屋裏找了一個肥料袋披在身上，還是一身透濕，這樣最容易感冒。

我比他好些，只是腰部以下透濕。會不會感冒？這又是一次考驗。回家以後，我馬上洗熱水澡，在澡盆裏多泡一會，一身舒泰。吃過午餐，就趕到臺北，同朋友會面。

這次登山遇到一次突如其來的大風大雨，又通過了一次健康考驗。不然就趕不出這篇「山中人語」了。

九十五年丙戌十二月二十三日重校

山中閒話

—橘子與土地

今天陰曆年假期連續五天，是很難得的一次假期。有些人反而不知道如何打發這幾天，因爲不打牌，也沒有其他的消遣。這類的公務人員，退休後倒眞有問題。愛打牌的自然逮着了一個好機會，可以痛快地打幾天。但是這樣不但於健康無益，反而有害，失去了休假的意義。

除夕那天下雨，我照樣登山。初二也是雨天，我仍然撐着傘，獨自遊山。因爲天氣不好，又是新年，一個人在山中獨來獨往，寂寞中另有樂趣，初四天氣較佳，不必打傘，登山的人也比較多，但是我走的這條路仍然沒有人走。

原先我不知道我屋後有一條路可以上大屯山，一向從復興中學那邊上去，去年我發現屋後這條路後，我深深喜愛這條小路的幽靜和空氣的淸新，而且有一道峽谷，頗有深山大澤的韻味。不動瀑布就是在峽谷裏面，因爲附近施工，發生山崩，禁止遊客進去，因此我一直沒有進入峽谷。日後一定要進去看看不動瀑布是怎樣「不動」的？

二月十五是正月十一，早晨七點三十分我又從這小路上山。這條路除了空氣清新，風景幽美之外，還有一大片橘林。所謂陽明山橘子實際上不產在陽明山，而是產在大屯山，尤其是我屋後這一帶深山上。「陽明山橘子」旺季正是過年前後，滿樹金黃，遍山都是。這是山中一景。這一帶的山坡度都很陡，土壤不多，表土之下多是大石頭，因此只能種種橘子。每次我都要經過半山那幾戶農家，但不知道他們姓什麼？從房屋形狀、大小看來，可以猜想並不富裕，比大屯國小那邊的農家差多了。

這天事也湊巧，在山邊的一條窄徑上，我和一位剛自橘園的窄門裏走出來，穿着不俗的中年男人劈面相遇，我向他打了一個招呼，他很和善，也和我點點頭，我看他的知識水準在我所遇到過的中年農人之上，便和他閒話起來。

「今年的橘子收成很好，價錢也不錯。」我說。

「去年沒有颱風，橘子收成算是不錯，但是價錢不好。」他說。

「過年那幾天北投賣二十塊錢一斤，價錢不是很好？」

「那是零賣。」他說。「我們整批只賣三塊錢一斤。」

「這麼便宜？」我有點不相信。那有三塊錢一斤的橘子？那些小橘子過年也賣十五元一斤。

「一點不假。」

「怎麼不自己零賣？」

「沒有人工。」

「你們不是種橘子？」

「二三十歲的年輕人都在臺北工作，不肯種橘子；種橘子的都是五六十歲的老年人，因此人手不足。」

「年輕人怎麼不肯種橘子？」

「不合算。在山上工作一天工資最多兩百元，在山下作工，一天工資最少六百元，年輕人誰也不肯作農。」

「你種了多少地的橘子？」我指指山上的橘林問他。

「兩甲多。」

「今年收入多少？」

「六七萬塊錢。」

「除了肥料實際收入有多少？」

他沒有聽懂「肥料」兩個字，解釋一番後，他才了解，然後回答我：

「除了肥料一甲地只有二萬塊錢。」

「那太少了。」我說。橘子一年只收一次。我是看橘子開花、結果，乃至黃澄澄的掛滿一樹，我了解橘子生長的過程，需要整整一年時間才能成熟。山上又不能種別的東西，沒有其他收入。

「所以現在沒有人肯種地。」

「其實還有很多山地可以開出來種果樹。」我指指眼面前很多長着雜木雜草的山說。在整個大屯山、七星山區，種果樹的面積恐怕還不到百分之一，其餘的地方都生着沒有價值的雜木和野草，間或有點相思樹，在我這個沒有土地的人看來，十分可惜。「不好好利用十分可惜。」

「從前四十年時，臺北商人來這裏買橘子是四塊錢一斤，現在反而只賣三塊錢一斤；那時的米也是四塊錢一斤，一斤橘子一斤米，現在要四五斤橘子才能買一斤米，誰還肯種橘子？」

我真沒有想到三十年前的橘子比三十年後的價錢還高？以物價指數來說，米價最低，也漲了三四倍，其他的物價就更不必說了，怎麼橘子的價錢不漲反跌？

但是我一想到已經開到我們站的這個地方的產業道路，我又爲他們高興。

「馬路已經開到這裏來了，你們的好運到了。」

「現在我這裏的地價是兩千塊錢一坪，」他也高興的說，同時用手指指小坪頂方向的一個坡度較小的山頭說：「那邊路邊的地價是兩千八百塊錢一坪，已經有人買了一大片。」

「你在那邊有沒有土地？」

「有。」他高興地點點頭，而且還加了一句：「土地比房子值錢。」

「土地面積大，增値快，自然值錢。」

「可是稅很輕，我這兩甲多山地，一年只繳五百塊稅金。」

產業道路，基層建設給深山的農人帶來了太大的好處，一夜之間使他們變成了大富翁，有土斯有財，橘子雖不值錢，土地可了不起。

「這條路通到什麼地方？」

「通到國華高爾夫球場那邊。」

「什麼時候完工？」

「今年內一定完工，小六號要開過來。」

小六號公車是去年四月開到清天宮的，以後要一直延伸過去，山上的交通就方便多了。

這一帶的山地坡度很大，尤其是我們站的地方，路基已經開到這裏，工程相當艱巨，北投區公所能夠修建這條道路，的確是繁榮山地的最有效辦法。

「請問貴姓？」

在山上碰見人只打招呼，不問姓名，到現在我不得不請教他了。

「曾。」

「本省姓曾的好像不多。」

「我們住在這裏的都姓曾。」

隨後我也告訴他我姓什麼，住在什麼地方？他高興地說：

「我也有房子在中和街，就在你附近。」

「那你是鄰居了。我內人也姓曾。」

他聽了很高興地說：「請她到家裏來玩玩。」我們談得很投機，我便問他多大年紀？他說：

「五十一。」

「你還小我十歲。」

「你的身體很好。」

「彼此彼此。」

「山上空氣好，我也時常從北投走上山來。」

我們越談越投機，他指着路邊一棵橘子，要摘橘子送我，我謝謝他的好意。他說：

「沒有關係，自己種的。」

「現在我不大吃甜的，我不想再胖起來。」

他是瘦瘦的，精神很好。他看看我說：

「年紀大了瘦一點好。」

我向他揮手告別。今天他還是橘農，明天他可能是億萬富翁，只要他在那個比較平坦的山坡上的土地賣掉。這邊兩甲多的橘園是兩千塊一坪，那邊是兩千八百塊一坪，我一時眞計算不出來他的財產値多少？

俗話說三十年河東，三十年河西，本省的土財主太多了，只怕地價大漲後，「陽明山橘子」會越來越少了。

山中歲月長

——「心在山林」出版後記

十年踪跡走紅塵，回頭青山入夢頻。
紫綬縱榮爭及睡？朱門雖富不如貧。
愁聞劍戟扶危主，悶聽笙歌聒醉人。
攜取舊書歸舊隱，野花啼鳥一般春。

——陳搏歸隱詩

我不歡喜過燈紅酒綠的生活，住家也不願意住在鬧市。別人買住家房子總以市區中心爲榮，我卻愛選擇郊外。市區雖然方便，但是太繁華，空氣不好，噪音太多；郊外自然偏僻，不但沒有人來客往，空氣也新鮮得多，天天同大自然接近，可以保持一份天眞，一份愉快。

來臺灣五十七年，我沒有在市區住過：在臺北四十多年，也一直住在郊區，住在山邊，而且越住越遠。因爲都市發展得快，從前是郊外，幾年之後便變成鬧區：我現在住的地方本來是北投荒郊，現在人又越來越多，因此我又考慮遷到更遠更清靜的地方去了。甚至地點都已選好，是一個有山有水的地方，可惜只欠東風。

我生性喜愛大自然，喜愛花草動物。自入社會以來，[redacted]，總是身在塵世，心在山林，可是一直不能如願，如今行年六十有一，還不得不在都市中討生活，眞是無可如何的事。

可是一到假日，非萬不得已，我絕不進城，尤其是這兩年來，凡是在假日的一般應酬會議，我都告罪請冤。星期天一定獨自上山，徜徉一天半日，甚至星期三我也休半天假，上山與草木爲伍，鳥獸同羣。這樣才覺得大自在，大洒脫。去年花甲初度那天，我也一大清早，獨自爬上三聖宮享受半日清靜，看雲起雲沒，花開花謝，作了半日神仙。

由中華日報出版的「心在山林」這本散文集子，四十四篇作品中，十之八九都是我個人這種自然生活感情的記錄，即使是談動物談人物，也是一本自然。

我來自大自然，也一心一意想回到大自然。如果東風有便，我決定提前退休，在山巔水涯，輕吟陳摶的「歸隱」。

69.5.30.中華日報

黑是洋我重校的書是台灣商務印書館版本，插作散失甚多，彌補不易，有的還是遠給朋友的書寄還給我的。

二〇〇六年丙戌十二月二十二日 先振

市聲與天籟

久住都市的人，聽慣了市聲。

從前農業社會，比較單純，那時沒有飛機、汽車、機車、擴音器……所謂「市聲」，不外小販的叫賣聲，叫花子的叫街聲，在我們幼年時才有黃包車的喇叭嗷嗷聲，大都市才有馬車的得得聲。這種市聲並不刺耳，有時聽起來還有一種韻律美。尤其是故鄉，晚上賣糯米花鹽茶雞蛋，拖長着聲音叫賣，韻味十足，一點也不煩人。而那些鴉片鬼，一聽見他們的叫賣聲自然喜上眉梢，因爲糯米花鹽茶雞蛋又甜又香，是消夜的好點心。

可是現在是工商業社會，所謂「市聲」就是「噪音」。吵得人的神經都快要崩潰。我有一些同事、朋友住在圓山動物園旁邊，那是一條空中走廊，每天不知道有多少班機經過？在中正機場未建之前，飛機穿梭來去，聲音震耳欲聾，虧他們忍受得了！汽車聲也很不好受，機車聲更加刺耳，而年輕人騎機車，都愛呼嘯而過，製造刺耳的噪音，眞是虐待別人，尤其是在午夜熟睡中突然被一陣刺耳的機車聲驚醒，實在敎人痛恨。在別的國家大都市都沒有機車，只有臺北市，一任機車橫衝直撞，破壞交通秩序，製造交通事故，影響社會安寧，交通當局，視若無睹，這實在是全世界都少有的現象。

臺北火車站前有一個測量噪音的設備，我每天坐公車經過那裏，都要注視牌上的電動數字，很少有在七六分貝以下的時間，多半超過了安全標準。

隨着噪音而產生的是廢氣、黑烟；汽車如此，機車如此。汽車往往拖着一條黑尾巴，揚長而去，機車拖着一條黑烟，呼嘯蛇行，受害的是所有的行人。噪音和空氣污染，是兩大公害，是慢性殺人。

我每天在市中心上班，回家洗臉，鼻孔裏全是黑煙，吸進肺裏的，就不知道有多少了？因此，星期天我一定要上山去吐吐六天來吸進的髒氣，吸吸新鮮空氣。清洗一下呼吸氣管，不然定會變成一道行動的煙囱。

上山以後呼吸舒暢，聽覺也不相同。入耳的不是嚶嚶的鳥聲，便是潺潺的流水，卽使是松鼠的磔磔叫聲，也比機車聲悅耳多了。

「近水知魚性，近山識鳥音。」從前我不知道啄木鳥的叫聲如何？也不知道松鼠怎樣叫法？現在一下就能辨別出來。白頭翁的聲音又不相同。當然這些聲音，遠不如畫眉好聽，可惜現在山上已經沒有畫眉了。畫眉統統關進籠子裏。我養過兩次畫眉，那兩隻畫眉都飛走了，我知道牠會飛到山上，我也希望在山上發現牠們，聽聽牠們的叫聲，可是他們一出牢籠就杳如黃鶴，我一直沒有發現牠們。

臺灣山上本來就沒有黃鶯，也沒有雲雀，這兩種好鳥，在故鄉十分普遍，一到春天就可以大飽耳福。尤其是雲雀，牠們愛在麥地裏產卵孵化，又愛成羣地飛上高空，比賽歌喉，牠們能停在空中不動，這也是一絕，別的鳥兒都沒有這種本領。

上山雖然聽不到黃鶯、雲雀、畫眉，但普通鳥兒還是不少，牠們的叫聲雖不能千迴百囀，但能各盡其妙，連啄木鳥的聲音也比五音不全的歌星唱得自然多了。

鳥類中最不好聽的聲音是烏鴉，但臺灣的烏鴉很少，我只在梨山偶然見過一兩隻，一千公尺以下的山沒有烏鴉。七星、大屯從未見過。因此，我聽過的鳥聲都能入耳、開心。

即使我不上山，坐在家中也能聽見一片天籟。

我屋後有一條小溪，是貴子溪的分支，前幾年一次颱風曾經造成水患，我家地勢較高，因而倖免。後來經過一番整治，我們反而因禍得福。現在溪中雖然又積了不少泥沙，長滿了青草，但在這春夏之交，青蛙叫得可眞熱鬧。尤其是夜晚，頻頻的蛙鼓，變成了甜美的催眠曲，子夜醒來，蛙鼓聲聲入耳，一點也不覺得煩躁，反而身心俱暢，這種自然的音響，和人爲的噪音，在感覺上就大不相同。蛙鼓再鬧，也能使人心平氣和；機車即使只有一輛，尖銳地呼嘯而過，也會使人切齒痛恨，對於那些騎機車橫衝直撞，因而肇禍橫死的人，我絕不同情，那不但是自己找死，還危害別人。

蛙聲是一種很悅耳的歌聲，它的特點是一個「鬧」字。我不歡喜熱鬧，但對於杜鵑花的「鬧」，和蛙鼓的「鬧」，我却十分喜歡，因爲它們「鬧」得自然，一點也不做作勉强。

青蛙這支大樂隊彷彿也有一位卓越的指揮，有時急管繁絃，高潮迭起，有時會戛然而止，寂靜無聲，但這種休止符是一劃而過，隨後是全體大合唱，個個都是高音、花腔好手。

故鄉是江南水鄉，一到春夏之交，真個「青草池塘處處蛙」，青蛙之多，蛙鼓之鬧，又遠非我現在住處可比。兒時我經常蹲在水邊看千百成羣的青蛙伏在草地上晒太陽，或是在芡實葉上跳來跳去。青蛙的膚色綠得放亮，芡葉綠裏泛紅，葉面上水珠滾來滾去，彷彿一顆顆明珠，青蛙如果受驚，會撲通撲通地跳進水裏，過了一會又從葉底下冒出頭來，睜着一對大眼睛，轉來轉去，十分可愛。因此我往往在池塘邊流連忘返。

現在年紀大了，看不到那種情形，不過仍然可以聽到蛙聲，尤其是入夜之後，蛙鼓頻頻，比夜總會的什麼鼓王歌后好聽多了，這是住在市區裏的人所享受不到的耳福。

除了蛙聲是一大享受之外，蟋蟀的聲音我一年四季都可以聽到。在大陸只有秋分可以聽到蟋蟀，但在北投不分季節都可以聽到。我屋前有個小院，屋後有十多坪院子，都種滿了花卉果樹，不但鳥兒常來，花兒常開，蟋蟀常常叫，叫聲十分清亮好聽。蟋蟀常常從紗門裏鑽進來，在廚房裏鳴叫，在電冰箱下、電視機下、洗衣機下鳴叫。

蟋蟀的叫聲和青蛙的叫聲又大異其趣。青蛙是「鬧」，蟋蟀却是幽幽的叫。如果說蛙聲是管樂，蟋蟀聲卻是絃樂。我坐在家裏往往可以享受管絃合奏。妙的是沒有一定的演奏時間，完全是卽興之作，倒也不必憑票入場。它們也不在乎有沒有聽衆，但我却是最忠實的聽衆。

住在市區的人只能聽見市聲；住在郊區的人，雖然難免市聲，仍然可以聽到天籟。市聲聒耳，令人難受，再加空氣污染，無異迫害；天籟自然，一片祥和，生機勃勃，物我兩忘，天人一體。人棄我取，心安理得，假日再上山漫遊一天半日，自然忘憂矣。

梅雨夜譚

臺灣去年梅雨季沒有下雨，是很反常的氣候，因而造成了全省的乾旱，使人憂心忡忡。幸好後來颱風帶來了一些雨水，糧食算是維持了正常的產量。颱風雖有百害亦有一利，去年隨颱風而來的雨，眞是黃金雨，如果沒有那幾次颱風雨，農業損失就大了。

今年的梅雨準時而來，中南部本已有缺水現象，因爲及時梅雨旱象得以解除，但桃園新竹地區却因雨勢太急造成幾十年少見的水災，眞是亦喜亦憂。

臺灣因地形關係，蓄不住水，水多成災，水少則旱，如非水利建設進步，農業就非靠天吃飯不可。

大陸在自然形勢上雖然比臺灣好，但由於水利建設較差，所以天災反而比臺灣嚴重。卽以最好的地區江南來說，一到梅雨季往往積水成災。

江南梅雨開始時總是梅子成熟時。梅雨開始時是什麼情景呢？可以兩句詩概括：「梅子黃時家家雨，青草池塘處處蛙。」

江南是水鄉，江南池沼特別多，梅雨一來，江河水漲，池塘氾濫，這時最高興的莫過於青蛙了。青蛙之多，叫聲之鬧，不是生長水鄉的人想像不到，住在都市的人更別談了。卽以住在郊區，屋後又有賣子溪，溪中青草十分茂密的我來說，此處的青蛙實難與故鄉相比。一是數量沒有那麼多，二是青蛙也沒有那麼肥大，因此叫聲就沒有那麼鬧了。是生長環境的關係？還是農藥的原因？那就不大清楚。不過在我的記憶裏，小時連農藥的名詞都沒有聽到過？種地連肥料都不施，只有春天的油菜，秋收的芝麻，才用點堆肥或糞尿，其他大麥、小麥等等，很少用肥，只用輪作調劑，就是今年種麥子的地，明年可能改種芝麻，輪番耕作，使土地休養生息，故鄉如果有臺灣這麼多肥料農藥，那收一年可以吃十年，因爲故鄉的土地是長江冲積層，十分肥沃，只要沒有水旱天災，收一年就可以吃三年。

故鄉梅雨來時，也正是麥子收割的時候。收割了的成捆的麥稭堆得比房子還高，由於梅雨的關係，不能鋪在地上曬，不能打，而麥堆上層，往往發芽，長出青翠的麥苗，霉爛損失不少。

在梅雨天，農人望着一排排樓房般的麥堆，束手無策，只有瞪着眼乾着急。而到處積水成潦，在麥地裏間作的黃豆苗已經長到五六寸高，積水一淹，不出一個星期準會淹死。梅雨往往一連下三五天，雖然地勢平坦，不會造成急流，土地不會流失，但平地積水數尺，是很不容易「坐」下去的，因爲地下水太多，土地吸收不了。這時唯一可以解悶的就是蟈蟈的了聲蛙。此外就是望着長江的輪船上上下下，幻想自己有一天也能坐着大輪船去十里洋場的上海或是武漢三鎭玩玩。

長江的水位經過「桃花汛」已經升高不少，一到梅雨季又升高許多。長江的水威脅更大，梅雨往往給農人帶來隱憂。

在我的記憶裏，故鄉的水災比旱災多。旱災只有民國二十三年最厲害，土地龜裂，連飲水都成問題。水災幾乎年年都有，只有程度大小而已。如每年的梅雨季，一定有一些低地的黃豆芝蔴苗被淹死，芝蔴苗尤其嬌弱，水一淹，太陽一曬，就萎頓而死，不過地勢較高的青苗，却因梅雨的滋潤，長得特別快，又特別翠綠，放眼望去，一片綠油油，和早春的麥苗又是一番景象，因爲麥葉纖纖，豆葉田田。

梅雨季中大人和小孩是兩樣心情，大人多半愁眉不展，小孩子則笑逐顏開，因爲梅雨天小孩子可以放紙船，打赤脚，打水仗，捕魚，甚至可以不上學。因此在我的記憶裏，[redacted]梅雨天的故鄉，也是美好的。不過這已經是五十年前的印象了。「少年子弟江湖老」，同樣的梅雨，在我來說也是兩樣的心情。

此地梅雨天的情調，和故鄉稍有不同。「易漲易退山溪水」，水勢來得急，去得也快，但是破壞性也更強：房屋倒塌，橋樑衝斷，土地流失，看起來毫無美感，毫無詩意，給人一種災難的感覺。連溪中草中的青蛙，在急湍如箭的水中也噤若寒蟬，充耳的是嘩嘩的水聲，不停地衝擊着每一根腦神經，只有煙雨濛濛的山如詩如畫，後院的果樹花木青翠欲滴。

在梅雨中，我特別去了一趟燕子湖，探訪老友。

燕子湖一帶本來雨水就多，梅雨季的雨水更像情人的眼淚。

我有半年沒有來看老友，燕子湖別來無恙。梅雨中的湖水仍然澄清碧綠，只是更加綽約豐盈了。雨也濛濛，山更濛濛。老友的山坡地大院子，更有可觀了。

首先，他遞給我一塑膠袋新摘的扁豆，豆架上更結得密密麻麻。扁豆是前年種的，今年還結得很好。在大陸扁豆一到冬天就會枯死，臺灣氣候溫暖，扁豆竟變成多年生的植物了。同時他指着瓷盤裏二三十朵白蘭花對我說：

「這些白蘭花等會你帶回去，我已經摘過六百多朵，樹上還有很多。」

他的白蘭花朵很大，同街上賣的從中南部運來的白蘭花相比，毫不遜色，比我的白蘭花好。他這裏種花比北投更適宜，他去年送我的鶴頂蘭，在我院子裏養了一年就沒有開花，他的照開。

他陪我在雨中看他的院子。只種一年的百香果，牽滿了一架，青沙果般的果實纍纍，像小小的燈籠吊着，舉手便可摸到，可是却數不清。白蘭樹苗種下去不到兩年就長到一丈多高，滿樹都是花朵，香氣襲人。葡萄也結得很多，一串串晶瑩翠綠，數也數不清；我比他早種兩年，才結十幾串。我買了三缽金線蘭都養死了，他只買了一株芽，就發了好幾片大葉子。

「畫眉鳥會在葡萄架上飛來飛去，叫的聲音眞好聽，有一次飛來五六隻。」他指指葡萄架對我說。

「是不是畫眉？」我懷疑地說。我知道畫眉鳥很野，不敢接近人家。而且現在山上的畫眉已經很少，我在大屯、七星就沒有看見過畫眉，怎麼畫眉會飛到他院子裏來？

「眞是畫眉。」他十分肯定地說，同時用手在眼角比劃：「有兩道明顯的白眉，叫的聲音還會打轉。」

「奇怪，臺灣畫眉沒有白眉，也許這是人家養的大陸畫眉飛走的？」我說。我就飛走了兩隻本地畫眉，這種鳥很野，一不小心就會被牠逃掉，在籠子裏也亂蹦亂跳。最近我又買了一隻進口的畫眉，加飼料時頭部都撞破了，我想把飼料飲水缸重新換一個位置，讓牠吃喝更方便，怕牠亂撞，想先把牠抓住，結果尾巴毛全被牠蹦扯掉了，變成了一個禿尾巴畫眉。

「小山東說一隻畫眉值八百，可以用網子逮牠，我不同意。」他說。小山東是他的小兒子。

「會要花腔的值好幾千，不止八百。」我說。「還有人賣到一萬二。能逮到就不妨逮，養幾隻掛在院子裏隨時可以聽到牠叫。」

「我有鳥籠。」他說。「也有網子。」

但是沒有說他想不想逮，他是個心腸很軟的人，我相信他不會張網捕捉畫眉。

「那天你到這裏來釣魚，釣魚的東西我全有。」他又指指一綑釣魚竿，轉變了話題。

燕子湖是很好的釣魚地方，他兩個兒子都喜歡釣魚，我剛進門時就碰見他小兒子和朋友一道正準備出去釣魚。他告訴我說昨天釣了一條兩斤多的鯉魚。

「這種梅雨天釣魚最好。」我生長水鄉，稍識魚性。小時我最喜歡釣魚。不過現在我沒有這種心情和耐性。我告訴他等我明年提前退休，完成一件工作之後，我要好好玩樂一下。釣魚、旅遊、隨心所欲。

坐在他家裏看雨中的燕子湖是一大享受。橋上有不少人在雨中垂釣，他小兒子和朋友可能就在其中。他們比我們幸福一百倍，想當年我們在他這種年齡，今天不知明天死活，能苟全性命就是叨天之幸，那能這麼悠哉游哉地一竿在手，在梅雨中享受一山的迷濛，一湖的清澈？

在老友家中，聚首了兩三小時，又匆匆告別，爲的是怕越下越大的梅雨，影響我回北投，影響星期天的登山蹓鳥。畫眉是要蹓的，帶牠上山蹓更好，往樹枝上一掛，聽見別的鳥叫，牠就會跟着叫起來。

我冒着梅雨走了一趟燕子湖，又冒着梅雨回到北投的家。到家時正好碰着一黨人，開着宣傳車，冒着大雨幫着一位矮胖的披紅掛彩的青年人競選里長，用震耳欲聾的擴音器拜託大家投他的票，還跑到我家來拱手「拜託拜託」，眞是雅興不淺。

「有人辭官歸故里，有人半夜趕科場。」在這個大梅雨天，教我怎麼回答他好呢？

70.6.18.青年戰士報

二〇〇六年（丙戌）十二月二十三日重校

栽花與揷柳

人生有很多事都是不可預料的，個人的遇合更是如此。你所想像或刻意安排的，往往落空；你從來沒有想到的人與事，偏偏成爲事實。這就是我們古人所說的「有意栽花花不發，無心揷柳柳成蔭。」這是經驗之談，却富有人生哲理。易卦中之象、理、數，我特重視數，其故在此。象易明，理可解，而數最難知，不知數則不明易，此邵康節之所以爲高人也。

我說人生有很多事不可預料，以我個人的經驗而言，就擧不勝擧。往往自己認爲是好事，結果變成了壞事；往往自己認爲是壞事，反而變成了好事。陰錯陽差，冥冥中似有安排，而人力不與焉。所謂冥冥者「數」也。最近發生在我身上的兩件事亦復如此。

本來我希望我工作單位的主管延長一兩年退休，我便可以照我的計劃明年九月一日提前退休，繼續平平安安地過我一年行雲流水的生活，然後優遊林下，讀書寫作，無牽無掛，無憂無慮，不忮不求。這是我的生活目標，也是我的人生境界。我生於憂患，在苦難中度過了大半生，眞想好好地享受晚年和風細雨、浪靜風平、月白風淸的生活。可是天不從人願，主管沒有延長退休，而想當這個主管的人都沒有當上，却相當意外地落在我這個早已決定明年九月一日提前退休，而且隨時準備走的人的身上，因爲我幾十年來都是合則留，不合則去，從不爲「前途」打算，更不委屈求全。四十歲提前退役也是如此。寫作四十多年還是如此。我從不勉强別人和我一樣，可是別人也不能勉强我如何如何，我總是我行我素，求其適性而已。

這次的意外，雖不能改變我的林下生活計劃，最少要延後一兩年才能實現我的野鶴閒雲生活。

另外一個意外是登山生活。

我十分重視精神生活和休閒生活。由於身爲公務員，休閒生活並不多，只有假日才能自由自在。而所有假日我都用來登山，一方面是可以接觸大自然，呼吸一點新鮮空氣。臺北的空氣實在太髒了！一個星期有六天吸進了那麼多的汽車黑烟、灰塵。眼睛、喉嚨十分難過，鼻孔裡全是黑的，如果不利用假日呼吸一點新鮮空氣，得癌症的機會一定很多；另一方面是鍛鍊筋骨肌肉。一星期坐了六天辦公桌，筋肉都會僵硬退化，登山正好恢復它的本能，甚至强化筋骨肌肉。由於運動有素，所以在這方面我不但毫無衰老現象，我能作到的，二三十歲的青年人多不能作到，只有體操選手和特技家以及受過科班訓練的平劇演員才能辦到，但像我這種年齡的人能辦到的已不太多。

登山活動當然是有伴最好，可是這個「伴」却很難找。過去有一兩個月時間曾邀宋瑞兄同我一道共享登山之樂，後來他因痔瘡關係不能再陪我。我也邀過老友丁先生同遊臺北近郊大小名山，由於我們居地相距很遠，他又更愛游泳，因此也沒有維持多久，我仍然獨來獨往。本來在我和丁先生一道登山中曾結識一位同好某小姐，與我住地又近，丁先生一再要我約她，除了她約過我一次參加她的登山小組，在山上遇着大風大雨變成落湯雞之外，我一次也沒有約她，因爲我是「獨行俠」，風雨無阻，小姐們顧慮多，我也負不起那麼多責任，還是獨來獨往好。

我一個人踏遍了大屯山每一條山徑，我知道那一棵松樹在什麼位置？要走多少時間到達那裡？大屯山變成了我的後花園。我習以爲常，一點也不陌生，一點也不寂寞，我也不想邀請誰作伴了。

可是天下事眞的不依人計算，不由人預料。一位七八年不見，無半點消息的老朋友，不知怎麼的他突然想起我來，要他的小女兒打電話給我，我也不知道她是怎樣找到我的電話號碼的，打了三次，才碰到我在家。接到她的電話，說是要跟我學太極拳，我已不彈此調。告訴她如果願意和我登山，我會在山上教她一些運動方法，風雨無阻。她居然不心怯，頭兩次一個人冒雨來，第三次帶先生來，第四次就連女兒也帶來了。

我覺得她身體雖不强健，但是毅力過人，領悟力也高，所以每次我都帶着她一起在山上作運動，指點她一些要領，她把先生女兒一起帶來，我更樂意，不過我怕日久對同一路線地點生厭，這一次帶他們去七星山夢幻湖。

這條路沒有從北投上大屯山好走，但是樹林較密，頗多幽趣。我們四個人代表三代，她是我的子侄輩，她先生又是我小兒子的初中同班同學，他們的女兒才七歲，比我的第三代還小。她這麼小的年紀就已經學了空手道，據說剛升了段。我牽着她在前面走，她上不去的地方我就提着她上去，而且一路鼓勵她。我問她叫什麼名字？她告訴說：

「我叫鄭心路」。

「你的名字是那兩個字？說給張爺爺聽好不好？」我故意試她。

「心臟的心，走路的路。」她說得有條有理。她還告訴我她上二年級。

她很聰明，也很有勇氣，但小孩子到底是小孩子，加上山徑很滑，在一處陡峭處我提她上來，她不小心滑了一下，碰了一下膝蓋，痛得想哭，眼睛都紅了，我連忙安慰她：

「沒有關係，心路有中國功夫，破點皮算不了什麼。」我一面替她揉揉，一面扯起她的褲管看看，只破了一點皮。

她起先嘴裡哼哼，慢慢地也就不作聲了。

小孩子需要鼓勵，歡喜戴高帽子，我哄着她，終於走到了夢幻湖區。她也實在不錯，小小年紀，能走這麼多山徑小路，到了夢幻湖廣場還能蹦蹦跳跳，這和學空手道可能有一點點關係。

我在長廊中作運動，他們夫妻兩人也先後跟着我作。先生的成績不如太太，他的腿壓不下去，提不起來，筋肉比較僵硬，這和年齡的關係不太大，而和身體結構的關係較爲密切。學文學固然需要「文學細胞」，學體育也需要「體育細胞」，文壇上有天才，運動場上也有天才，天賦不足的人進步較爲緩慢，成就自然也有限。

他看我踢腿時也和她太太一道踢，她太太踢得比他高，他却踢不到三尺高，他今年才三十歲。看樣子他非下一年半載的苦功不可。有些人甚至十年八年都辦不到，因爲只要三天不練又還原了。因此我要他們天天練，不必求急，但不可間斷，不然會前功盡棄。無論作什麼都貴在一個「恒」字。

在廣場作完運動後，我便帶他們去看夢幻湖。其實這不能稱湖，只能算是個水塘，我們家裡的水塘也比它大。但是它有個引人遐思的中英文好名字（英譯 Funny Lake ）。

到夢幻湖有兩條路可走。一是從陽明山坐小轎車或騎機車直接到夢幻湖；一是從七星山登山口循山徑小路爬上來。今天我是從登山口上來，然後循着陽金公路走到竹子湖搭公車回臺北或坐小九到北投。這條路線我也走過好多次，如果是我一個人我會從東峯上七星山主峯，再翻山下到陽金公路，走到竹子湖，但這條路既陡又佈滿箭竹，很不好走，恐怕三人體力不夠，尤其是心路，她那點「中國功夫」是不行的，走公路應該沒有問題。

小孩子很有趣，下坡路她煞不住脚，我牽着她走，她吵着要快，結果把她爸爸媽媽丟了老遠，她高興得了第一。隨後又吵着要吃麪包。她一再對我說：

「張爺爺，我的口水都快流出來了，吃了麪包才好回家呀！」

「馬路上不好吃東西，到前面亭子裡去吃。」我怕她吃飽了走不動路，哄着她說。可是她不肯跟着我走，落到後面和她媽媽一道。終於越拖越遠，我和她爸爸到達硫磺谷下面亭子休息時，還看不到她們母女兩人的影子。

她最後到達，我笑着對她說：

「心路不是第一名，是最後一名了。」

她不回答我，只吵着要吃東西。

我們吃飽喝足之後，又繼續向竹子湖走，她手裡還拿着一塊麪包，邊走邊吃，我又牽着她走，鼓勵她說：

「你牽着張爺爺走，一定可以得第一名。」

她也高興地回頭望望她爸爸媽媽。但沒有多久，她就指着右邊的肚子說：

「張爺爺，我這邊痛，走不動。」

「誰叫你吃得這麼飽？」我說。

「我爸爸叫我吃的。」

「吃得太飽自然走不動路。」

她嘴裡哼哼，又要想哭的樣子。我哄着她說：

「馬上到了，等會上車你可以睡一大覺，一直睡到家。」

她露着缺牙笑笑，隨後又突然摸着左邊的肚子說：

「張爺爺，我這邊又痛起來了！」

「沒有關係，一會兒就到了，上了車就可以睡大覺。」

好不容易把她哄到竹子湖。隨即有一部三〇一公車開來，我要他們坐這部車到士林，再轉車到石牌回家，我要坐小九回北投。

他們上車後，心路在車中高興地向我擺擺手說。

「張爺爺再見！」

他們三人同我在山上消磨了大半天，我覺得很高興，也有點好笑，我誠心約人登山，都不能持久，我做夢也沒有想到的人，却能風雨無阻地和我一道登山，而且由一個變成兩個，兩個變成三個。看樣子他們會和我長久作伴。眞是：

「有意栽花花不發，無心插柳柳成蔭。」

天下事應作如是觀。我不計較得失，其故在此。一飲一啄，有數存焉，不可强求也。

70.10.20.臺灣新生報

二〇〇六年丙戌春月平青重校

後院春秋

我生平無大志，不想發大財，作高官，只希望住處窗明几淨，前後有院，門對青山綠水，明月在天，清風徐來；一生能得二三知己，徜徉山水間，閒話桑麻，於願足矣。

為了追求比較理想的住處，六年前我遷到北投荒郊，那兒雖無綠水，但是門對青山，前後院子雖小，可是聊勝於無，由於我的慘澹經營，把一塊全是大石頭白砂礫的後面小院，整頓得頗具規模；由於一次水災的因禍得福，使我的後院面積反而增大了一點，現在大約有十坪以上了。

我的後院種了不少果樹花木。當初種植時間隔距離適當，可是六年下來，那些寶貝日長夜大，像北投的人口一樣，迅速膨脹，相當擁擠了。

由於當初我是有計畫的種植，因此我的前後院，不但四季都有花開，而是天天都有花開。以現在的夏季來說，梔子花開時，除了香氣撲鼻外，每天還可以摘幾十朵送鄰居；現在茉莉花又盛開，眞是花團錦簇，清香宜人。茉莉花有兩種，一種是開了就謝的單瓣，不能摘下來串成花球戴在女人的胸襟上；一種是複瓣，未開之前就可以採下，放在水中浸兩三分鐘，就可以用線串成一圈，小姐戴在胸前，會散發出陣陣清香，街頭有不少女人托着盤子叫賣，我種的茉莉是這一種，花朶圓而大，每一簇多達五朶，甚至七朶，而且花期很長。梔子花一謝它就接着開，直開到桂花開時它才凋謝。像梔子、茉莉、桂花，這類的香花，我都是前後院子配合種植，由於施肥灌溉及時，所以長得十分茂盛。

以香取勝的除了以上三種外，還有白色的丁香，現在也開得很好。丁香的香味比茉莉稍淡，花朶却大得多，雪白可愛。此外還有曇花、蘭花、樹蘭、玉蘭。

曇花不但花朶最大，開時也有一種香味。曇花雖然只能開幾個小時，但顏色之白之美，可算花魁。

蘭花是王者之香，是多年生草本植物，中國的素心、四季，十分高雅，香味純正，這兩種蘭花我養的比較多，都放在枇杷和芒果樹下，地點十分理想，早晚有日光斜照，正午只有點花在太陽從樹葉間灑下來，所以葉片翠綠，新芽茁壯，一兩月內應該有好花可賞，放一缽兩缽在客廳中，就滿室清香了。本來我沒有養線蘭，最近在街頭遇上一位賣線蘭的，我買了一芽黃道，一芽金玉滿堂，這是兩種高貴的金線蘭，但我所費不大，相信三五年後我可以培植出兩缽很好的線蘭。但求賞心悅目，不求價值連城。

樹蘭是木本，花香與草本素心，四季相似，一年可開數次，花色大小與粟米差不多，現在又快到開花的時候了。它和桂花一樣，只要花一開，便滿院清香了。

白玉蘭花我也種了兩棵，一棵已經開過一次，樹還不大，花也開得不很理想。再兩年後可能盛開。玉蘭很香，樹也長得很大。[illegible]有十戶人家，就[illegible]我[illegible]一棵玉蘭樹已經長到兩層樓高，盛開時繁花滿樹，香氣撲鼻。但玉蘭樹有木葉小而[illegible]的樹長得快，不會開花，[illegible]會開花。

其他以色取勝的花木以茶花最多，九曲紅、白茶花、十八學士、大紅茶花、杜鵑、海棠、[illegible]，以及一種我叫不出名字開紫色花的藤狀植物，這種花每開時多在雙十節後，十分漂亮。

提到果樹我也種了好幾種，如枇杷、芒果、葡萄、芭樂、金橘、楊桃等。樹都長得很好，而且都結過果，現在正是葡萄、芒果成熟的時候。葡萄第一次種植沒有成功，這兩棵是第二次種的，去年只結兩串，今年結了十八串。原來農村服務社賣給我時說是巨峯，結的却是黑葡萄，果粒雖無巨峯碩大，味道却十分甜。

芒果今年結得很好，本來大小有一百多個，一陣落果之後，最後留下廿幾個，這株是一種半紅半青好品種的芒果，味道甜，本均大約半斤一個，大的約十二兩重，個個肥大乾淨。

沒有蟲眼或黑斑，樹枝都壓得低頭彎腰，不必飽口福，看看也飽眼福。我向來不愛不勞而獲，這些果樹花木，都是我假日流汗的結果，因此感受更與別人不同。它的花開花落，都與我息息相關。我的院子雖小，但我作了最高效益的利用，如果我有一畝地大的院子，我會把它經營得比大觀園還好。

我[redacted]有小院、[redacted]青山作伴，也[redacted]，只是[redacted]少綠水。但有稻香作伴，故人知己如果我現在的家能搬到曲尺和龜山之間，那就更理想了。因為我十分喜愛燕子湖一帶的綠水盈盈，不但可以徜徉青山綠水之間，假日一竿在手，更可以忘憂。但「水漲船高」，現在那一帶也寸土寸金，比當年我遷往北投荒郊要困難多了。都已先我而去，我神交古人，亦可莫逆於心

退休有期，青山綠水之夢何日實現？倒很難說。好在我無大志，在經濟起飛後國民收入普遍提高的今天，這點心願應該不算是太大的奢望吧？

69.7.12中華日報

二○○六年丙戌十二月二十三日重校

芒果花開時

在芒果花開的時候，我參觀了本省農漁畜牧的試驗改良場所，增廣了一些見識，也增加了一份信心。

我有很多年沒有參加參觀訪問活動。一是有些參觀訪問流於形式，沒有實際的收穫，也寫不出什麼作品來；二是年齡大了，不想湊熱鬧；三是上班上課，不便請假。

一天晚上，我突然接到新聞局江先生的電話，以前他也為了別的事打過一次電話給我，但我一直沒有見過他，也未請教他的大名，我向來不大注意這些關節，事情完了一切也都完了。這次他又打電話給我，說是想請我參觀農漁畜牧單位，問我有沒有空去？我覺得這種參觀比較新鮮，雖然並不空閒，但是可以請假，因此我原則上答應了他。

江先生作事很周到，我請好假他又打電話給我，告訴我要帶些什麼東西。

報到的那天早晨，我第一個趕到新聞局國內處，江先生不在，一問才知道江先生的職務是科長，他親自處理這件事。以後才漸漸來了不少人，有很多人我都不認識，尤其是小姐們大多連一面之緣都沒有，可見我與文藝界的隔離了。拿起名册一看，再看看大家的面貌，據我所知，副刊主編中只有孫如陵先生比我大一點，作者中則以我爲大，鍾鼎政先生雖然有人稱他爲老先生，但他實際上小我好幾歲，從前在任何場合我都是年紀輕的一員，不知不覺間，現在竟升級成爲老大了！尤其是這半年間，去世的友好中，只有姜貴比我大（徐訏不敢稱爲友好，因爲友情還不到那種地步），其餘的都比我小一大截。年紀大對我還不構成威脅，年輕的作家多不認識倒有點遺憾。

大家到齊後，宋局長來和大家打招呼，上車後他又到車上送行。他不但努力替政府建立新形象，也爲青年才俊和高級公務員建立了新形象。

我們首先參觀的是埔心茶葉改良場。這個場成立於民國前二年，已經有七十二年歷史，負責全省茶葉試驗、研究、示範、繁殖、推廣、改進工作。另外在臺北縣林口鄉及南投縣魚池還設了分場，還計劃在臺東鹿野設分場，南投凍頂設工作站。以加强區域性試驗和推廣工作。

茶在我國有悠久的歷史，茶和絲都是外銷的著名產品。國人對喝茶很有研究，自然形成了一種生活藝術，唐朝的陸羽還著有茶經三卷傳世。臺北衡陽路天仁茶莊樓上的「陸羽茶藝」頗有陸羽遺風。

會品茗的人不少，懂得種茶、製茶的却不多，我更是外行。聽了簡報，參觀了製茶的過程，品了幾十種茶之後，等於上了一課。

茶葉的改良工作很有成效，使我印象比較深的是新式的插枝育苗法。這種方法可以大量育苗，比舊式的壓條育苗法數量可以增加三四倍，成本減低一半以上，而且不損傷母樹。

二是利用子葉組織培養成功新個體，創造世界第一批新茶樹，爲學術界及茶葉界帶來新的曙光。花粉及幼芽的組織培養也在繼續研究，希望將來也有新的突破。

三是優良新品種臺農二〇二七號的茶菁製成凍頂型包種茶的脫穎而出，它不但品質可與凍頂烏龍媲美，收穫量更可增加百分之五十。

其他如採茶機、除草機、高壓噴霧機、拔根機、鑽孔機、剪枝機，以及病蟲害的防治等等，都有顯著成效。

茶葉聞起來清香撲鼻，喝起來也有益身體，但是喝茶的人却很少想到種茶的人。我對於默默耕耘的人比在前臺表演的更常懷敬重之心。

下午參觀新竹食品工業研究所，這是一個財團法人的食品加工研究機構，與臺灣的農業發展有密切關係，所中的科技專家都是提高我們生活品質與拓展農產品加工內外銷的功臣，他們有兩本「食品工業」月刊，一是中文的，一是英文的，這兩份專門學術性刊物，都由元月廿七日車禍去世的詩人古丁先生負責編印。

現在是個科技時代，一切都講求專業化，食品工業研究所完全是提供技術服務，福國利民的研究機構，而一般人却很少知道。

第二天上午赴北斗參觀臺灣省畜產實驗所彰化種畜繁殖場，三十多年南來北往不知多少次，却沒有到過北斗鎮，更沒有參觀過種畜繁殖場，我對動物植物興趣一向濃厚，三十歲以前即有息影田園，與鳥獸草木為伍之心，可惜一直未能如願。因此只能假日登山，作一天半日野人，現在能夠實地看看種畜場，也是一樂。

這個場主要工作是種豬繁殖推廣及生殖生理研究，每年繁殖雜種小母豬一六〇〇頭，推廣臺中、彰化、雲林、嘉義六縣市農牧專區及一般農戶飼養。

第二項重要工作是鵝品種改良及繁殖。由丹麥引進白羅曼種鵝六百隻，美國愛姆登種鵝三百隻，並用本地種鵝一百隻，除作純種鵝繁殖，每年推廣六千三百隻雛鵝外，並作異品種雜交繁殖。

我到過丹麥，沒有注意到丹麥有這麼大而漂亮的白羅曼鵝；更沒有想到美國的愛姆登白鵝更大更漂亮，大的有二十公斤以上，像座白雪皚皚的小山，更像角力的英雄武士。本地鵝和他們比較，就顯得單薄瘦小多了，可惜我沒有地方飼養，不然我眞想買一對小鵝回家，既可欣賞，又可報警，鵝糞還可以防蛇，有山有水人家，最宜飼養。

下午參觀農業改良場花卉中心，大家意猶未足，再去參觀公路花園。以前我不知道還有什麼「公路花園」？這次總算開了眼界。原來這一帶是花卉專業區，家家都是花園、盆景，公路四通八達，產銷方便。這裏是國內外花卉供應中心。有一個仙人掌園，專門養仙人掌，規模很大。我在一家花園買了一盆盛開的複瓣紅四季杜鵑，我不怕帶來帶去麻煩。幾年前我在舊金山一家花園裏看到一盆大朵紅茶花，十分喜愛，很想買回臺灣，朋友說海關檢查麻煩，我不得不打消此念。

從這裏南下，公路兩邊的芒果樹又正在開花，每一棵都花團錦簇，十分可愛，今年的芒果必然大豐收。

嘉南平原不但是臺灣的穀倉，簡直可以說是人間天堂。

斗六輔導會的食品加工廠是一座規模很大的生產單位，除供應國內所需的罐頭食品、口糧外，還大量內銷、外銷。每天可生產魚肉罐頭一萬到一萬五千罐。蔬菜、水果、果汁罐頭一萬到兩萬罐。口糧一萬到兩萬餐份。產品有七十多種。

七股水產實驗所和高雄水產實驗所性質業務大致相同，都是向水中取寶的工作。臺南畜產實驗所規模比彰化的大得多，肉牛乳牛的繁殖工作最具成效，該場員工曾爲大家作了一次豬、牛採精示範。

鳳山熱帶園藝試驗所對於臺灣水果蔬菜貢獻最大。今天的臺灣可以稱爲水果王國，全世界的水果臺灣都能出產，而且品質甚佳。蔬菜四季不缺，這都是農技人員的智慧心血結晶。臺灣幅員雖小，但南北氣候相差甚大，植物生長情況大不相同，他們培育出適於各地生產的品種，不但使我們大飽口福，還分享海外各地區人民，突破了時空限制。

這次芒果花開時的參觀訪問，是一次最愉快的參觀訪問，對農村的觀感耳目一新，進步之多之快，是久住臺北的人想像不到的。

陸羽遺風

我喝了六十年的白開水，去年才開始喝茶。

六十歲以前我不喝茶，是避免刺激，凡是刺激性的東西，我儘可能不吃，像尖嘴辣椒、咖啡、香煙等等，都與我無緣。我不吃茶的原因，也是怕它提神，我的精神很好，用不着再提。別人寫作時歡喜抽煙、喝咖啡，不抽煙不喝咖啡，頭腦就不管用。我的一位好友，更是不抽煙頭腦就像青石板，眼睛也睜不開，更別說提筆了。我可不然，從前一連寫十幾個小時，不但不抽一枝煙，也不喝一口茶（口渴時白開水卻能牛飲幾杯），文思仍然流暢。不但煙酒公賣局賺不到我一文錢，茶葉店我也過門不入，辦公室的免費茶葉我也不要。

可是，六十一歲起，我開始喝茶了。這不能算是「晚節不保」，而是我改變了對茶的看法。

從小就知道茶的好處多，壞處少。我的一篇小說「二媽」中的二媽，她是一位烹飪好手，更是一位善於品茶的飲者，她不但喝上好的茶葉，而且喝最釅的茶，釅得別人喝不進口。她常對我說茶對眼睛好處最大，喝茶能夠亮眼，她七十歲時視力還很好。可是我還是不喝，尤其是她蓋碗裡的茶，如果我喝了一口，準會通宵不能入睡。她說茶的第二個好處就是「去油」。

「吃多了肥肉，喝盌釅茶，保險消化。」

那時還沒有「減肥」這個新名詞，但從她身上可以得到印證，她雖是美食者，但始終清瘦，簡直可以在掌上起舞。

我原來的體重是七十六公斤，用節食方法，減輕了十公斤，但是再也下不去，後來又加登山，才再減少三公斤，達到理想體重的標準。

除以上兩點好處之外，近年又發現茶葉還可以防癌，尤以烏龍茶的效果最佳。

茶既有這三大好處，只有一點點壞處，而且這一點點壞處，自己還可以調整過來，只要晚飯以後不喝茶，就不會影響睡眠，因此我就開始喝茶了。

起先我是買烏龍茶在辦公室喝，覺得它並不怎麼刺激，這也許是泡得不釅的關係。

後來我和朋友去木柵爬筆架山，登山口有一座打尖的棚子，這裡賣各種飲食，包括貨眞價實的土雞，但我和朋友最喜歡的是菠菜豆腐，豆腐完全是大陸風味，青年人品味不出來，只有我們這些在大陸土生土長又大江南北到處跑的人，一入口便知，據老闆娘說是從山那邊

——深坑豆腐店裡販來的。深坑能作出這種豆腐，我簡直有點不相信，但她是山裡人，不會講假話，我吃了一大盌，也的確是大陸風味。

除了菠菜豆腐風味絕佳外，他們還陳列了一籠土雞和三大尼龍袋子茶葉，其中有高級凍頂烏龍和包種茶，都是他們自種自製的，這裡是茶葉區。他們臨時泡了三種茶給我們品嘗，豬紅色的小泥茶壺、小茶杯，茶很釅，三種我都各嘗了幾杯，選了其中一種色、香、味最好的包種茶買了一斤，放進背包，揹上筆架山，又揹回北投家中。

我喝茶的歷史雖短，到此略知一點門道，喝茶也漸漸成了習慣，從前喝了六十年開水，甘之如飴，喝過茶之後再喝白開水，便覺得淡而無味了。

今年三月二日，又參觀了位於埔心的臺灣省茶葉改良場，這是負責全省茶葉改良的試驗、研究、示範、推廣機構，不但影響國人的生活品質，也關係茶葉外銷，這裡的專家都是促進國家經濟建設的無名英雄。來到這裡，比讀陸羽的茶經更增廣了許多見識。從前的讀書人四體不勤，五穀不分，連孔老夫子也承認他不如老農，不如老圃。今天的書生雖然比孔老夫子的知識領域擴大了許多，但在專家面前，便不能班門弄斧，文人尤應尊重專門知識，以這種態度寫作，才不致貽笑大方。對我個人來說，更是上了「茶道」一課。

平時我們吃飯是坐享其成。「誰知盤中飧，粒粒皆辛苦？」這只是指農人的勞動力而言，還沒有涉及到今天農業專家的心血智慧。喝茶亦復如此。我們喝茶充其量也只知道那種茶葉品質的好壞，並不了解一個好品系的育成要費專家多少時間和心血？以去年十二月選出的二○二七號新品系茶爲例，是自民國四十年開始，經「株行試驗」及「高級試驗」，自兩百三十個品系中選出人工雜交十三品系，於民國六十四年進入本省高級青茶區的鹿谷凍頂、名間松柏坑等地舉行「新品系區域試驗」，才選出這種品質比青心烏龍還好，產量又高出百分之五十以上的二○二七正選品系，目前雖未正式定名，但茶農已自動扦插育苗十萬多株，三五年後，我們就可以喝到這種新品系的好茶了。

此外茶葉改良場還利用茶樹組織培育成功的强壯植株爲母本，於六十七年以青心烏龍爲父本舉行人工雜交，成功率最高達百分之七十，所傳種籽於六十八年底播種，六十九年共得人工雜交第一代三百餘單株，今年春天選出强壯正常的一百七十一個品系與親本同時在二月二十三至二十七日定植。這是首次利用茶樹組織培育個體雜交育種的新猷。是茶葉專家智慧心血的結晶，幾年後我們又可以坐享其成。

從前福建和本省的茶樹繁殖都是用壓條法，繁殖比較慢，近三、四年來，改良場的技術人員指導茶農用扦插育苗法，使鹿谷、名間等地區的茶農從自給自足階段進入商業化企業化的新階段了。

在機械操作方面，改良場也設計了好幾種，到六十九年十一月底止，全省茶農購用單人動力採茶機的有四千六百五十台，雙人式的九百三十台，共五千五百八十台。剪枝機單人式的一千六百六十台，雙人式的一百五十台，共計一百八十一台。此外中耕除草機、高壓噴霧機也在普遍推廣。茶業已經走向機械化，茶農的經濟效益已經大幅度的提高了。

對於茶葉製造方法的改良和貯存方法的研究自三十八年起就已經開始了。現在已完成以外銷為主的青茶、煎茶、紅茶的一貫作業機械加工法和分級標準。最困難的青茶（半發酵茶類）一貫作業機械化製造法也已推廣民營工廠採用。山地高級青茶區如凍頂茶區、名間茶區、文山茶區、木柵鐵觀音茶區都已普遍採用小型機械製造。該場還在積極進行建立茶精工廠，以拓展外銷。

本省茶葉區除了上面提到的埔心、凍頂、名間、文山、木柵等地之外，東部地區也宜於種茶。現在橫貫公路、環島鐵路的大交通網都將次第完成，東部大片土地一旦成為茶葉區，我們的茶葉前途將更是一片好景。

以前我喝白開水時，別人喝茶我無動於衷，每次走過衡陽路那幾家大茶葉店聞到濃郁的茶葉香時，我都調頭不顧而去。現在可不同，我茶杯裡的茶葉漸漸加多，走過茶葉店時禁不住要用鼻子吸吸那種茶葉香味，而且兩次進過陸羽茶藝，品嘗那種釅茶。

喝茶不但是中國的傳統生活藝術，茶也是增進身體健康的要素。它除了我們早已知道的提神醒腦、幫助消化、減肥的功效之外，新近知道的還有防癌、防感冒。它的多元酚類還可以强化血管壁，調節其滲透性，降低血糖；茶中的氟對牙齒的保健很有功效，維他命K能促進血液凝結。茶和咖啡不同，可以說是有益無害的中國傳統飲料，和香煙更不相同，品茶的情調更不下於抽煙。

我沒有任何不良的生活習慣，不抽煙、不打牌、不跳舞、不上酒家、不進歌廳，以前應酬時偶爾也喝幾杯，三年前在任何場合已滴酒不飲。六十一歲才開始喝茶。喝茶不能算是「不良嗜好」，而且有益身心，可惜我喝得太遲了，幸好我不是短命鬼，不然眞是白到人間走一遭，好在來日方長，大概再喝六十年的茶沒有問題，老天也應該彌補我過去的損失。

70.3.19.臺灣日報

人在福中

從前我們在大陸家鄉，一天能吃三頓飽飯的人家，就算是小康以上的人家了。普通鄉下人家，早餐都是稀飯，中晚兩餐，多搭地瓜、芋頭，或是高粱、玉米之類的食糧，冬天農閒時往往只吃兩餐。這還是江南魚米之鄉的生活，其他貧窮地區，還沒有這種生活水準。

故鄉在鄱陽湖出口上游，又臨長江，平疇沃野，出產豐富，是真正的魚米之鄉，一般人家尚有三餐不繼的情況發生，能塡飽肚子，就算不錯，一遇天災人禍，就有吃草根樹皮觀音土的慘事發生。

以湖北省來說，是一個很富庶的省份，所謂「湖廣熟，天下足。」由此可見一斑。但是根據今年三月七日華盛頓郵報引用聯合國救濟隊官員的報告，就說湖北省的水災和北方六省的乾旱，使數百萬農民，陷於飢餓、營養不良和流行病的煎熬之中，據聯合國救濟官員所得到的資料，在河北湖北兩省。「至少已有七百人死亡。」這是大陸新近的資料。更新的消息還說有五萬人餓死。

而在臺灣，不但沒有人餓死，或營養不良，相反的是大家營養太好，超過了身體的需要，因此產生了富貴病：糖尿病、高血壓、心臟病等等。而近年的統計顯示，米類的消耗量一天天減少，肉類的消耗量却一天天增加。以我個人來說，三十八年初到臺灣的那幾年，每頓三盌飯，飯後還要吃兩三條香蕉；十年前減少為兩盌飯；三年前減為一盌飯。是不是我的食量減少了呢？一點也不！而是我吃的東西改變了，那減去的兩盌飯以鷄、鴨、魚、肉、青菜、水果替代，就以水果來說吧，剛到臺灣時只能吃到香蕉、鳳梨、本地芒果、木瓜，以及冬天的屏東西瓜這些少數水果。那時香蕉是寵物，有時當飯來吃，過年時還把它當作禮物送人呢！現在過年時如果送人家香蕉，不挨罵才怪。我已經三年未吃一根香蕉了。為什麼不吃？因為營養太高，怕發胖。反而吃起蕃茄、葡萄柚這些低熱量甚至減肥降血壓的水果來了。因為營養太好，酸性的肉類吃得太多，必須多吃一些鹼性的水果蔬菜加以中和，這樣才能保持健康，不會得富貴病。在臺灣，像我這種公教人員，還要靠寫作維持收支平衡，可以說是中低收入者。但我這種中低收入者的生活水準，除了三宮六院之外，已經超過從前的帝王享受了。大陸上的同胞，是做夢也沒有想到的，就是我在五十年前，也是做夢都沒有想到的。這種生活品質的提高，就不得不歸功於我們的政治制度和全體國民的努力，尤其是我們許多專家的智慧和心血。

以穀類和水果來說，我們的土地沒有增加，人口却比三十八年增加了兩倍，而我們的米却吃不完，水果愈吃愈多，以前大陸的許多水果如桃、梨、蘋果……等等臺灣都沒有，現在全世界的水果臺灣都有了，這是農業技術的進步所帶來的成果。

以荔枝來說，臺灣荔枝原由福建、廣東兩省引進，當初未能詳加比較，選擇好品種大量栽培。近年來由鳳山熱帶園藝試驗所作品種調查，分析結果，以玉荷包的果實外觀、品質最好，不但適合中南部氣候土壤，果肉又佔整個果實百分之八十，而且可以加工，所以我們吃的荔枝又大又甜。

鳳梨本來是臺灣的特產，大陸上是沒有的。臺灣現在栽培的鳳梨品種是開英種，由於栽培技術不斷改進，品種選拔嚴格，六十四與六十五年選拔的單株，已於六十六年、六十七年結果，果實比一般開英種大，結果也更多。

百香果這種水果本省雖有野生的，但我以前沒有見過，甚至沒有聽說過。但鳳山熱帶園藝試驗所已自國外引進秘魯圓形、維琪、泛美、夏威夷四種黃色品種，和本省野生的紫色品種雜交育種，產量較本地種增加百分之五十。

西瓜在大陸不算稀奇水果，我們江西的撫州西瓜就是很有名的，但是冬天卻吃不到西瓜。當年我在南京時，風雪交加之日，聽見從臺灣回去的朋友說冬天吃西瓜是一大樂事，彷彿聽天方夜譚。三十八年來臺灣之後住在南部，屏東西瓜又大又好，過年時大快朵頤，才知傳言不虛。可是多天臺灣的西瓜就不止屏東一地出產，品種尤其繁多，而且後來居上。如無子西瓜，就是一絕。但是我們只知享受，卻不知道如何種植？臺灣的許多水果，都是雜交、嫁接改良的，但是我從來沒有想到西瓜也可以嫁接？又是如何嫁接的？原來我們的農業專家是以千成小葫蘆、臺灣短牛腿、臺灣長冬瓜作西瓜砧木的。俗語說葫蘆藤扯上絲瓜架，亂七八糟。今天我們的農業專家卻把西瓜藤接上小葫蘆，長出更多更好的西瓜來，使我們大飽口福。

其他水果如木瓜、蓮霧、葡萄、檬果、蘋果、桃、李、梨、枇杷、芭樂……改良、增產，不一而足。葡萄一年居然可以收三次，水蜜桃也美味可口，這在二三十年前眞是不可想像的事。

肉類也是一樣，以前臺灣只有土雞，土雞小，生蛋少，逢年過節才能吃隻雞。後來漸漸引進了來亨雞、洛島紅、紐咸西、蘆花……這些洋雞，不但肉多，蛋也多了。以前雞蛋當補品，相當珍貴，不是人人能吃，天天能吃的；現在雞蛋太多，大家營養太好，反而不敢吃雞蛋，生怕膽固醇高了起來。以前雞更珍貴，殺雞待客，是恭而且敬的事；現在不少家庭，只吃雞腿，內臟都不敢吃，其他的不要吃，客人更不稀罕主人殺不殺雞了。事實上一般人家已不養雞，養雞已經成了專業。殺雞賣雞也成了專業，用不着自己動手，只要付錢就行，而且分類出售，要什麼買什麼，任你挑選。

以豬肉來說，抗戰時期三月不知肉味是常事。一般農家也是逢年過節才有肉吃。我們初到臺灣時也把豬油肥肉當補品，今天幾乎沒有人敢吃豬油肥肉。而現在臺灣的豬種改良工作，作得尤具成效。在光復初期，是用盤克夏與本地桃園種兩品種雜交。第二階段是從國外引進新品種進行純種觀察比較，並與本地種進行雜交繁殖以及本地種的三品種雜交。第三階段用藍瑞斯、大約克夏及杜洛克進行三品種雜交，大量繁殖純種豬和雜交一代種豬，推廣飼養，並全面改良三品種豬，這樣不但節省飼料，而且提高了豬肉品質——肥肉少，瘦肉多。現在臺灣每年可生產肉豬六百二十萬頭，節省飼料費二十億以上。利用人工受精方法繁殖，一頭公豬精液一年可授精母豬七十二頭。

臺灣牛肉的生產雖然趕不上豬肉，但農業專家也在這方面作了不少工作。他們用聖達肉牛純種公牛與本省黃母牛級進雜交，改良成適應本省環境氣候的肉用牛品種。這種牛成熟早，發育快。第二代新種牛養到一歲時體重平均二二九點九公斤，與純種牛二三八點四公斤相差僅八公斤半。用人工授精與繁殖，一頭公牛的精液一年可配種母牛一萬二千頭。

其他如白色肉鴨的育種繁殖也很成功，卽用臺灣在來種褐色鴨經毛色分離選拔育成白色菜鴨，再利用白色正番鴨雜交，至六十五年完全成功，肉與毛的價值大大提高，鴨農收益每年可增加五億元。

利用丹麥白羅曼鵝、美國愛姆登鵝與本省鵝雜交，效果也好，體形大，肉多。愛姆登純種鵝最大的可達二十公斤以上。

鵝是漂亮機警的家禽，看到那麼肥大的愛姆登白鵝，實在喜愛。我曾勸如陵兄買兩枚種蛋或是兩隻小鵝回家飼養，因爲他的空地大，又在水邊，他嫌路遠麻煩，錯過了大好機會。

陸上的雞、鴨、鵝、猪、牛肉，實在太豐富了，除了牛肉稍貴之外，其他肉價都很正常，有一個時期雞肉猪肉還賤得比青菜貴不了多少。這也是像天方夜譚一樣難以相信的事，但確實在此地發生過。

臺灣四面環海，魚類自然更不缺乏。不過像我這個生在長江邊上和鄱陽湖濱的人，總吃不慣海魚。因此平時多吃養殖的吳郭魚、虱目魚、草魚、蝦。這些魚蝦雖不如家鄉的魚蝦鮮美，但營養價値不差。

本省的水產養殖事業也十分發達。除了吳郭魚、虱目魚、草魚、鯉魚、各種蝦類之外，鰻魚更是大宗外銷，現在酒席上總有鰻魚。

由於水果、青菜、魚肉的豐富，我們的營養不是不足，而是超過。現在很多人都在發福，紅光滿面，如果稍不小心，就會患高血壓、心臟病、糖尿病，這些富貴病都是吃出來的，不是餓出來的。我也是下了很大的決心和兩年的時間，才減輕體重十三公斤，才能保持健康。

來臺灣三十二年，大家的生活水準不知道提高了多少倍？平時大家不知不覺，這合了一句古話：「人在福中不知福。」如果回顧一下，和三十多年前作個比較，或是去中南部農村參觀一下，就會發現這種改變進步有多大？以前我沒有聽見過什麼「公路花園」，在歐洲和美國、日本，也沒有看見過「公路花園」，這次我却走進了彰化的「公路花園」，那裏家家是花園，家家有盆景，（我還在一家花園買了一盆盛開的複瓣紅四季杜鵑帶回臺北。）我曾對和我同座位的陳篤弘先生說：

「臺灣不能以成為中華民國的模範省為已足，應該進而成為全世界的『海上花園』，那我們不止是福人，人人都是神仙了。」

70.4.7.中央日報

註：我六十五歲退休後即停印全集，以減少錢囊，稿增不出，以免孔性。

二〇〇六年十二月二十四日重校　丙氏

買鳥記

——兼談生活情趣

不論是什麼人，多少總有一點嗜好和消遣，不然生活會太單調、枯燥。太單調、枯燥的生活，必然會影響健康，不是養生之道，即使物質生活再富裕，也塡補不了精神生活的空虛。

嗜好和消遣方式，因人而異，無法強求。

有的人歡喜打牌，在辦公室忙了五六天，不到星期六，就先約好了牌搭子了。如果你對他說：

「忙了五六天，應該好好休息一下，何必把精神再浪費在牌桌上？」

他會振振有詞地說：

「打牌是最好的調劑，一張在手，其樂無窮，你們不會打牌的人，想像不到。」

「打牌勞民傷財，甚至最後弄得不歡而散，還有什麼樂趣呢？」

我有兩位同事，是我廿多年的老朋友，最近就因爲打牌而絕交。其他類似的例子大概也不會少。可是打的人還是照打，絕不會因爲這類不愉快的事而罷休。他們的理由是：

「麻將的學問很大，千變萬化，可以訓練人的思考應變能力。」

甚至有位寫文章的朋友把打麻將和我研究易經命學的事相提並論，這種比擬就有點不倫不類了。我雖不打麻將，但那道理我懂，照樣會和牌，只是我不願意把腦筋用在牌桌上。但是那位朋友就不知道易經和命學是怎麼一回事，所以才有此一比。正如前幾天有位老弟在報上發表大作大談第六感，也將命學當作第六感，說是毫無意義的事。本來我想寫篇文章駁斥他，但一想到是熟人，我又幫過他一點小忙，因此忍住了，替他留點餘地。現在社會上這種強不知以爲知，而又自命思想前進，頭腦新穎的人很多，就是講了半天，甚至寫成一本書，他也未必眞懂。因爲這不是玄學，更非第六感，江湖中人只是學得一點基本推算方法用以餬口，甚至騙人，正如江湖醫生，一般無二，與學問本身關係不大，更非學問本身之過。以偏概全，一知半解，甚至誤解、曲解，都非科學精神，亦非作學問之道。即使打麻將，亦須深入研究，才有被牌友封爲「九段」可能。麻將之迷人，就是因爲變化多，所以有「智」之士，樂此不疲，變成了一種嗜好。

除了麻將以外，抽烟也是一種嗜好、消遣。

愛抽烟的朋友如果勸他戒烟一定自討沒趣。他會回答你：

「人人都說抽烟會得癌症，不抽烟的人照樣得癌症，這又怎麼解釋？」

「抽烟得癌症的機會多。」

「人遲早總是會死的，我就是這麼一點嗜好，要我不抽烟，那樣活下去還有什麼意思？」

話說到這種地步，誰也不會再勸了。

由此可知，一種嗜好或消遣，對人的生活情緒影響有多大？

不同的嗜好，不同的消遣，是因人的性格和氣質而定。下棋、種花、養鳥、登山、郊遊，是屬於另一型態的消遣。

下棋需要耐性，這種玩藝和釣魚一樣，沒有耐性是很難上癮的。我不喜愛下棋，是和不喜歡打牌的道理差不多，一是沒有耐性，二是不喜歡在勾心鬪角方面用腦筋。寫作用腦筋不同，那不是和別人勾心鬪角，以求勝負，而是自己思想情感的發洩，不會傷害別人，因此一天坐十個八個小時，一連坐幾個月，我都能坐下去。

此外登山、郊遊、種花、養鳥、養魚，甚至養鷄我都有興趣，其中除了魚我還未養好之外，其他的我都作過。而且樣樣[illegible]我養什麼沒有養[illegible]因為院子不大，又無活水，魚沒有天然活水是養不好的。從前我養過幾次金魚，不到兩個月就全死掉，因為魚缸太小，氧氣不足，加之自來水不適合養魚，因此過不了多久，魚自然會死。有此教訓，我便不再用玻璃缸養魚了。如果一旦我有大院子，有活水源頭，我便會作個魚池，飼養錦鯉，在清澈見底的水中，看見金鱗閃閃，游來游去，那該有多大的樂趣？

種花、養魚，是視覺上的享受，養鳥則是視覺、聽覺兩種享受兼而有之。因為畫眉鳥會叫。而且能千迴百囀，形態、羽毛的賞心悅目，還在其次。

會叫的鳥類中，在臺灣飼養最多的是畫眉鳥[redacted]。

起先飼養的畫眉鳥是本地的，本地的畫眉眼睛沒有兩道白眉，體型毛色也沒有大陸畫眉漂亮。現在幾乎全是進口的畫眉，本地的畫眉已很少人養了。

雲雀[redacted]我還沒有看見過本地出產雲雀，也沒有見過黃鶯。

会停在空中叫，尤為悅耳，故鄉九如鄉下很多，還有一種黃鶯更好看，又好聽，可惜數量不多。

畫眉我養過兩次，兩次都失敗了，同樣是加飼料時飛走的。

前幾天在鳥車上看見一隻黑鳥，有兩道白眉，賣鳥的說是畫眉，我買回來了，一聽叫聲，卻不像畫眉，自然也沒有那麼好聽。我知道上當了，便想再去買一隻。

同事陳鎮寰先生養鳥很有經驗，我請他陪我去買，本來約好下周六去，昨天星期三下午，他突然上樓來找我，陪我一道去買。隔行如隔山，我不知道「鳥市」在那裡？他知道得很清楚，而且瞭解行情。他告訴我畫眉的價錢出入很大，他最近以八百元買了一隻生畫眉，可是他前天早晨蹓鳥時，卻看見別人以一萬二千元成交了一隻。一般養了一段時間，叫得相當好的畫眉總在八千元左右。

他帶我坐二〇九號公車到舟山路一個專門賣鳥的地方，這和一般鳥店不同，不但房子裡面盡是鳥，連馬路上也擺滿了鳥，都是會叫的，單是畫眉就有兩百來隻，有些叫得實在好聽，但那種鳥我們不敢問津。

養鳥的人幾乎都有「字號」，他對鳥店主人，那位山東老鄉說：

「我是宋先生的朋友，今天我帶這位同事來買畫眉，」他用手指指靠馬路外面牆壁擺着的兩排上百隻鳥籠清一色的畫眉問山東老鄉：「多少錢一隻？」

「那邊的六百，」山東老鄉指指左邊一排鳥籠，又指指右邊：「這邊的八百，你自己挑好了。」

買鳥不像買其他的東西，看看外表就行，我覺得那隻「黑畫眉」，就是只看外表像，而沒有聽到牠的叫聲，所以上當。

他坐在小矮櫈上，掏出口哨來吹（我眞沒有想到他會有這一招），吹出來的聲音和畫眉的叫聲一般無二，他一面吹，一面觀察那兩邊畫眉的動靜，那是我想要買的。而那些掛着的和擺在地上許多鐵絲籠裡的畫眉，比起彼應地叫着，十分好聽，但是牠們的身價太高，不是我想買的。

他吹了半天，還沒有看見一隻生鳥開口叫，而這時又有一個人在旁邊吹，那也是一位行家。陳先生請教他：

「你看那一隻鳥好？」

那人走過去挑出一個竹籠，端在手上端詳：

「這隻鳥不錯，」他說：「雖然小一點，但胸脯寬，兩腳向外張開蹲着，十分有力，精神也好。」

陳先生端詳了一番，問我：

「你看怎樣？」

我是外行，我不知道好壞，我遲疑未答，因爲我沒有看見牠叫。而那位行家卻對我說：

「如果你不要，我倒想買。」

陳先生便問山東老鄉：

「老闆，你看這隻鳥怎樣？」

山東老鄉倒很實在，不置可否地對陳先生說：

「你聽牠叫好了。」

可是牠一直不叫，陳先生把牠放回原處，那位行家也沒有買牠。

鳥店裡另一位先生一面把鳥籠搬來搬去，一面指着一隻鳥對我說：

「這隻鳥不錯，別看牠小，我昨天聽見牠叫，花腔還眞不錯。」

生鳥叫出花腔，的確很難得。但是牠體型不大，我們又沒有聽見牠叫，也不好決定。

陳先生又問山東老鄉：

「老闆，有沒有別的好一點的畫眉？」

山東老鄉提過一隻鐵絲籠來說：

「這是宋先生昨天賣給我的，兩千五，我照原價賣給你好了。」

這隻鳥毛色潤澤，體型、精神都好，顯然比那些生鳥强多了，但是兩千五也不便宜，不如買隻生鳥回去飼養調教，幾個月後，可能比牠還强？養鳥也要靠點運氣。

陳先生和那位行家又不斷吹哨，但不論怎麼吹，那些外來的嬌客，還是不開金口。牠們在小竹籠裡跳來跳去，眞看得我眼花撩亂，不知道那一隻好？買鳥眞比選美還難。

「買隻雲雀怎樣？」陳先生問我：「雲雀比畫眉好養，不要費那麼大的功夫。」

雲雀在我家鄉太普通了！尤其是在這春夏之交，牠們在天空裡高唱入雲，在麥地裡到處作窩，雲雀蛋一撿一口袋，像麻雀蛋一樣不稀罕，從來沒有人養雲雀。

這時山東老鄉正拿調好的飼料，用竹籤餵籠子的三隻雲雀，雲雀很馴，張開嘴巴接食，那大概是雞蛋調的特別營養？

「老闆，這隻雲雀多少錢？」陳先生指指掛在我們附近的一隻雲雀問。

「八千。」山東老鄉作了一個手勢。

我連看也不想多看一眼，如果是在家鄉，光撿雲雀蛋來孵小雲雀，就可以發大財了，想不到這小東西一到臺灣，就身價千萬倍了。

我們從下午兩點到這裡，直等到四點多鐘，那些嬌客才有幾隻啟開金口，但只是意思意思，而且聲音很小，更談不到花腔。不過只要開口叫了，就證明牠不是母的。現在這個社會母的吃香，想不到畫眉鳥兒卻替我們公的爭了一口氣。

在那幾隻開了口的畫眉中，我選擇了擺在最下層的那一隻。雖然牠的頭部撞傷了幾處，但陳先生說：

「頭撞傷了沒有關係，毛一長起來就好了。這隻鳥體型大，毛薄，尾巴好，嘴和腳都是白色的，而且嘴巴閉起來還有一條縫。

「這隻鳥性子生猛了一點。」別人插嘴。

「性子猛的鳥精力才充沛，調教得法才會成為好鳥，」陳先生對我說：「如果你嫌牠猛，明天我拿我那馴一點的和你換。」

「沒有關係，我反正養着好玩。」我說。我不想成為養鳥專家，也不想把牠訓練成一隻好鳥賺個萬兒八千，能叫就行，因此我把牠買定了。

陳先生替我還了一百塊的價，以七百元成交。

山東老鄉把牠裝進紙盒裡，牠在紙盒裡掙扎不停。我帶着牠轉了兩次公車，牠在車上一直蹦蹦跳跳，的確是一隻猛鳥。

我把空了兩三年的竹籠取下來，把黑布取下洗乾淨，竹籠沖沖，再把黑布套上去，加好飼料和水，放在客廳裡舊電視機上。由於以前兩次經驗，我不敢再把鳥籠放在外面。

一切準備妥當之後，我才打開紙盒的口伸手去抓牠，想不到沒有抓牢，又被牠跑掉，幸好是在室內，牠撞到儲藏室的門上落在地上，又被我抓住，抓掉了一根尾羽，終於把牠關進籠裡。

牠在籠裡蹦跳了一會，慢慢安靜下來，我看牠吃了幾口飼料、喝了水，才把黑布放下，讓牠休息。

以後登山，我便有個伴兒了。如果日後牠能在山上唱幾句花腔給我聽，那我便是地行仙了。

黑畫眉
——兼談鳥與人生

五月十七日，新竹縣有一項別開生面的畫眉鳥鳴聲比賽，由縣長主持，並邀議長、黨部主委、救國團主委等地方首長觀禮，報紙上說「參加比賽者踴躍，可稱盛況空前」。林縣長說：「因為大家生活富裕，經濟繁榮，養鳥的人愈來愈多，飼養鳥兒可以賞心悅目，怡情養性，促進社會和諧。」

這些年來，由於經濟繁榮、生活富裕，社會上固然出現了許多不好的現象，如賭博盛行、色情泛濫、餐廳一席萬金，門庭若市，大拜拜動輒數千萬……這都是不好的現象，浪費的行為。

但社會繁榮却也有很好的一面，只是好的一面往往被大衆傳播工具忽略了，壞的一面反而被誇張起來。

好的一面如默默行善，慷慨捐血、早起運動、登山、養鳥……已經十分普遍，而我所知道的，所接觸的，幾乎都是這一類的好人好事，我沒有看見過吸強力膠的青年，沒有看見過別人豪賭，沒有吃過大拜拜，也沒有吃過幾萬元一席的酒席，甚至我在西門鬧區行走，也沒有人問我要不要「馬殺鷄」？或是鬼鬼祟祟走近我身邊耳語。別人常常遇見這種事，我彷彿是個個「絕緣體」？是我身體不好？其貌不揚？或是衣著襤褸？其實一樣都不是。若論身體，二三十歲的人也未必有我行動矯捷；若論相貌，最少是五官端正，高矮胖瘦適中，四肢健全；若論服裝，雖不講究豪華體面，但清潔整齊，可以當之無愧。而我在那種地方，彷彿總是個個「絕緣體」。倒是早起的朋友碰到很多，登山的朋友碰到更多，種花養鳥的朋友更談得來。而這些人並沒有因爲經濟繁榮，生活富裕而糜爛起來。相反的，登山時我碰到過不少董事長、總經理之類的人物，家財萬貫的老年夫婦，自然還有更多的青年男女，他們都是身體健康、朝氣勃勃，而且無論老少都有一種共同的美德：不誇張、不矯飾、腳踏實地、篤篤實實。

種花養鳥的朋友又是一種類型；他們都能恬淡自適。他們並沒有太多的錢，但是很會利用時間作自我消遣，自得其樂。過着一種與世無爭、與人無忤的寧靜生活。

以上這兩種類型的人，都是社會繁榮安定的力量。因此，新竹在十八尖山森林公園舉辦畫眉鳥鳴聲比賽，在我看來比什麼選美比賽、服裝比賽要高雅得多。現在大家都歡喜談提高「生活品質」，這倒是提高生活品質的簡單易行的途徑。也許比勸人把酒櫃變成書櫃更行得通。

現在養鳥的人已經不少，養的鳥兒又以鳴禽畫眉、雲雀為多。畫眉本省出產，只是沒有白眼圈，不如大陸畫眉俊秀，雲雀則靠進口。

提起這兩類鳥兒，故鄉很多，尤其是雲雀，一到三四月間，天空到處都是，牠們彷彿約好似了的飛上晴空，去開歌唱比賽大會，牠們不但歌喉清脆嘹亮無比，還有一項絕技，能夠停在空中不動。成千成百的雲雀停在空中唱歌，這是多大的場面？多好的耳福？所以家鄉沒有人養鳥，尤其是雲雀，更無人養。因為牠的外表並不漂亮。雲雀比麻雀大一點，毛色差不多，成群地棲息在麥地裏產卵作窩，因此割麥的時候，除了孵化了的不算之外，小孩子還可以撿到一口袋一口袋的雲雀蛋，弄來辦家家酒，在此時此地看來真是煮鶴焚琴。

目前臺灣山上野生的畫眉已經很少，進口的生鳥已經賣到千把塊錢一隻，會叫的好鳥要七八千一隻，雲雀的價錢也差不多。不打牌、不抽烟的人，買一兩隻養養，不算浪費，生鳥養三兩個月多半會叫。

養鳥的確可以怡情養性，還可以培養早起的習慣，有益健康。聽到悅耳的鳥聲，自然心平氣和，身心愉快，一切煩惱都拋到九霄雲外。

我有一位同事是養鳥的行家，他經常保持幾隻畫眉雲雀，都很會叫，公餘之暇，與鳥爲伴，每天清早要起來遛鳥，生活過得十分規律而愉快。

我也養過兩次畫眉，一隻是那位同事送的，養了不久飛了。一次是我自己買的，也是在加飼料時不愼被牠飛掉。畫眉性情急躁，好動好鬥，牠歡喜鳴叫，一方面是求偶，一方面是炫耀，就因爲太愛表現，所以才被人類關進籠裏。

畫眉多半是金黃色，大陸畫眉體型比臺灣的瘦長，眼圈外兩道秀長的白眉是牠的特徵，這也就是牠名稱的由來。辭書上說畫眉也有白羽毛的，但是我沒有見過，別人也沒有見過。倒是五月十七日那天，我卻買了一隻黑畫眉。

那天中午十二點多鐘，我登山回來，在巷口看見一輛鳥車，大人小孩都圍着看，有九冠、小鸚鵡，可是我卻意外地發現了一隻有兩道漂亮的秀長白眉的黑鳥，只有腹部的毛色是灰褐色，體型和大陸畫眉一般。我問這隻鳥是那裏來的？賣鳥的說是深山抓來的。

「會不會叫？」我這是多此一問，那有賣瓜的不說瓜甜？

「會叫，可以變換幾種聲音。」果然，他答覆得令人十分滿意。

「多少錢？」

「四百五。」

這個價錢實在不貴，但我沒有見過黑畫眉，怕牠是變種，因此我不經意地說：

「能不能便宜一些？」

「你說多少？」

「你說個最低價好了，免得我再還價。」

「算你四百好了。」

「不知道是不是畫眉？」

「我說了是深山抓來的。」

在山上我沒有見過畫眉，就是見到了，也抓不到，我只看見別人用網子捕了好幾隻白頭翁，就是沒有看見有人捕到畫眉，大概畫眉早被人捕光了。如果眞是從深山裏捕來的畫眉，實在相當便宜，幾年前我在鳥車上買的一隻就是四百塊，現在還是四百塊，不到一千字的稿費，如果我買的眞是黑畫眉，也許還會物以稀爲貴呢！因此我買了。卽使不是，牠也是一隻活鳥，放在客廳裏也比較有生氣。

第二天上班，我特別請教養畫眉的行家陳先生。他問：

「眞有兩道白眉？」

「有，而且很秀長、漂亮。」

「嘴巴是寬是窄？」
「比較窄長。」
「尾巴呢？」
「尾巴也比較長。」
「不錯，是畫眉。」
「怎麼會是黑色的呢？」
「不會是純黑色，大概是灰黑色。」
「腹部是灰褐色。」
「可能是大陸畫眉跑到山上和本地畫眉交配的。」

他這句話倒提醒了我。不同品種交配是會變色的。以前我曾經將洛島紅公鷄和蘆花母鷄交配，結果孵出的小鷄長大了就是黑鷄，但願我買的這隻畫眉確是異品種交配的「黑畫眉」，那眞是意外的收穫了。

種種花、登登山、養隻畫眉，生活享受和情趣已經足夠。「萬里長城今猶在，不見當年秦始皇。」平凡如我，夫復何求？

70.6.11.中央日報副刊
（一九八一年）

與鳥同行

最近我花了七百元買了一隻進口的生畫眉，是眞正的畫眉，不是那隻假的「黑畫眉」，是在上當之後我請同事陪我去專賣畫眉等鳴禽的鳥店去買的。在那邊蹲了兩三個小時，仔細觀察，聽牠們的叫聲，才挑選了一隻。

畫眉鳥是要蹓的，蹓鳥必須起早，起早我沒有問題，但是不習慣蹓鳥，我早有打算，把蹓鳥的工作集中在星期天，帶鳥上山，這不但蹓了，也讓牠回到大自然去。

這隻畫眉的確不錯，一買回家第二天早晨就叫，聲音嘹亮淸脆，只是還不會耍花腔。一旦會耍花腔，那就是百不得一的好鳥了。牠具備了好鳥的一切條件：體型大、胸寬、毛薄、嘴、腳白色、嘴閉着有一條縫，而且性情生猛。

由於性情生猛，我加飼料又不得法，牠在籠內猛跳猛撞，加完飼料之後，才發現牠頭部受傷流血，驚魂不定，我把黑布放下讓牠休息一會，再揭開時牠還是不吃不喝，更不會叫，我暗自躭心，這隻鳥兒可能毀了？

星期天我帶牠上山。我走的是幽靜的小路，登山的人也少走。到了半山，下面是峽谷，流水潺潺，上面樹木茂密，百鳥聲喧。每次我都選擇這裏靜坐半小時，調息一番。我相信這也是畫眉歡喜的地方，我把牠掛在一根樹枝上。

我坐在不遠處觀察牠的動態，牠在籠內蹦跳不停，不吃不喝不叫，我更加就心。我儘量不讓牠看到我，獨自靜坐。

這個地方樹林裏的鳥兒特別多，飛來飛去，大展歌喉。有細聲細氣地拖長着聲音嚶嚶成韻的，宛如程派青衣，有的甚至帶着幾分鬼音；有的如唱二簧原板；有的急管繁絃，高亢尖拔如高撥子；而最不好聽的是一聲聲「天作怪！天作怪！」了。

忽然我聽到我的畫眉開口了，聲音嘹亮圓潤，是道地的梅腔。我不敢叫好，不敢鼓掌，生怕打斷了牠的雅興。我側耳傾聽，牠叫叫停停，彷彿和樹上的鳥兒呼應。這是一場兒費堂會，可惜梅派青衣只有我這一隻畫眉，而牠又沒有唱出花腔。如果牠也能來一段反二簧或是高撥子，那就值回身價了。不過我相信牠遲早會唱出來的，只要每個星期天我帶牠上山一次。

雨後的山格外青翠，空氣也格外新鮮，眞的一塵不染。鳥兒也叫得格外起勁，聲音也似乎比平時好聽。我獨自享受了三四十分鐘，享受了一山的清氣，一山的好音，又提着我的「

梅派青衣」繼續上山，一直走到清水宮，我才停下來，這是我眺望和運動的地方。

我把鳥籠掛在宮前的櫻花樹上，這裏也沒有人。這雖是登山必經之地，但這一陣子只有我一個人，不像往常川流不息，大概是天氣不好的關係。

我照例作我的運動，但這次和以往不同，我多了一隻畫眉，牠在櫻花樹的濃蔭之下，非常得意，視野也很遼闊，可以遠望觀音山和大海，因此牠又高興地叫了起來。聽了牠的叫聲，使我更覺得生趣盎然。

以往登山，我踽踽獨行，只聽自己的跫音。今後登山我有好鳥作伴，好音可聽了。而這位好伴只與我共享山林之樂，而無所爭。物我兩忘，渾然一體。在人間那裏去找這樣的好伴呢？

70.7.2中央日報

黎明絮語

最近這一陣子由於行政事務工作太忙，完全破壞了我以往行雲流水，野鶴閒雲的生活。我認爲人生最大的享受，不是天天來往國際機場，出入觀光飯店，坐着「朋馳」招搖過市，或是前呼後擁、左擁右抱；而是隨時保有一份閒適的心情，讀自己喜歡讀的書，作自己喜歡作的事，交自己喜歡交的朋友，或是獨自行吟於山巔水湄，無牽無掛，即使人不閒但能落得心閒。這十幾年來我一直過着這種生活。我雖然天天擠公共汽車，上班下班，但心中了無掛礙，人不礙我，我不礙人，假日在大屯、七星諸山度過，行如野鶴，心如明鏡，因此瞭解我的人說我是「半個神仙」。我雖不是雅人，但我能看得開，看得破，我非佛非道，但能入佛入道，而又不離儒家。我深愛舊詩，但不常寫，最近由於愛我者盛意難却，被逼步韻信筆和了一首七律：「且從一字問原因，鯤鳥龍蛇總是塵。滄海曾經應有淚，桑田看盡不傷神；憂時子美誰與共？樂道淵明我最親。流水青山無限意，騎牛老李亦前身。」最能自況，毫無半點做作。我以爲詩不是「做」出來的，因此我很少「做」詩。舊詩如此，新詩亦然。（小說不同，小說需要「做」，尤其是長篇，「做」得愈久，愈見功力。）

平日俗務雖忙，但一到星期假日，我便天塌下來也不管，仍然獨自上山，逍遙半日，人以爲苦，我以爲樂。一切人與事我都不放在心上。由於這種獨來獨往的生活，朋友亦少來往，甚至失去聯繫，徐世傑兄就是一個，不但七八年未見一面，電話也未撥過一下。想不到他的小女兒最近却一連打過幾次電話到舍下，我都不在家。據說是老友退休住在石門水庫附近納福，年紀大了，運動運動，保持健康，因此要小女兒向我學太極拳，轉而教他，因爲她小女兒住在石牌，離舍下較近。我未置可否。

一天夜晚他突然親自打電話給我，恰巧我接到了。他是個爽快人，開門見山說明他的意思，又說他小女兒是政大畢業的，水準不差，孺子可教。我也坦白告訴他，我已幾年不打太極拳，已經忘了，不過我可以教她一套基本運動方法，不容易忘記，保持健康絕無問題。如果她能同我一道登山，我會在山上教她作，幾次就會了。我們就這樣一言爲定。

兩三天後，他小女兒又打電話給我，我接到了，約好星期天早晨一道登山。

想不到這天早晨下雨，雨勢還不小。我已經整裝待發，如果是往日我早上山去了，但爲了守約，不能不等她。我也想考驗一下女孩子的毅力，看她有沒有這個勇氣？

約好的時間快到了，我正準備出門，電話突然響了，我走去接：

「張伯伯，我是徐雯。」

「你在那裡？」我問。我以她在家裏，不會來了。

「我在大南總站，我沒帶傘。」

「我帶傘來接你。」

「我穿的綠上衣，牛仔褲，站在車站門口。」

女孩子比較細心，她特別提醒我，因為我們並不認識。二十年前我雖然去過她家，但她兄弟姊妹衆多，她又最小，女大十八變，我又老了，怎麼會認識呢？

我家離大南總站沒有幾步路，我撐着傘趕到車站，一眼就看出來了。她瘦瘦高高的，面型有點像父親，而她母親又和我是小同鄉，這份情誼自不相同。

因為雨大，我不敢帶她走我一向走的小路，我帶她去復興市場乘坐小⑥巴士上清天宮，這是半山，上去一點就是清水宮，清水宮前有一塊不怕風雨的紅瓷磚廣場，我每次上山都在這兒作三四十分鐘的消滅身體死角的運動，十幾年來我體驗出這比只打太極拳架子有效，所以我可以不打拳架子，但不能不作這種運動。

小巴士上山只要十幾分鐘，雨仍未停，打傘上清水宮。平時這兒常有登山男女休息，尤其是那一批每個星期天都要在這兒碰頭的五六十歲的男女山友，今天却不見踪影。

放下背包雨傘之後，我就一樣樣地作給她看，她也跟着我作。她看我頭腳併在一塊，中間沒有空隙，不禁問我：

「張伯伯，要多久時間才能作到你這樣子？」

「因人而異。」我說。「有些人一年半載也辦不到，有的只要三兩個月。」

「你花了多久時間？」

「個把月。」

「那很快。」

「我把它當件事作。」

「我的腿伸不直，彎不下去。」徐雯望着弓起的膝蓋說。

「不必急。你年輕，如果天天作，個把月應該可以辦到。」我看她很沉靜，不是心浮氣躁的年輕人，今天能冒雨和我一道登山，就證明她是有毅力和決心的。

她說她在新公園學會了三十七式簡易太極拳，可是打不出汗來。早晨也慢跑，也不出汗。

「我的汗腺不發達。」她說。

「不是汗腺不發達，是運動量不夠。」我告訴她。「任何運動如果不作到出汗，就很少效果。從前練拳的人也是三更燈火五更雞，辛苦得很，那樣才能練出功夫。像現在這樣打一兩趟太極拳架子，沒有什麼用，尤其是簡易太極拳。」

「可是太極拳有很多動作都是重複的。」

「重複有重複的意義。太極分陰陽，一左一右就是陰陽變化，不懂陰陽變化的原理，就不知道其中的奧妙。所謂太極，就是陰陽，太極拳就是基於易經陰陽變化的原理而來的。」

她是政大東方語文系畢業的，主修的是俄文，可惜用不上，據說已經忘了，幸好還修了英文，不然找工作還不容易，我和她講這些中國固有的基本文化，似乎談遠了一點，不過她很聰明沉靜，慢慢就會領悟的。

做完運動之後我又帶她上三聖宮，這一段二三十分的石級山路是試她的腳力的。我慢慢領着她走，我走走停停，我看出她有點累，但她還是不聲不響地跟着我走。快到時我回頭問她：

「出汗了沒有？」

「出汗了！」她微喘地回答。

「可見你不是汗腺不發達，是運動量不夠。」我說。「出一身大汗，回去洗個熱水澡，這才有益健康。」

她能冒着雨跟我登山的確難得。她已經有一個上小學的女兒，她先生和我小兒子選良是初中同班同學，他們夫妻都是我的晚輩，我的兒女沒有一個人能跟我登山（上次小兒選良回國和我登過一次是唯一的例外），她不畏風雨艱難，勇氣可嘉，毅力也很少有。

因爲下雨，三聖宮的廣場不能停留，停了一會又和她一道下山。我怕她太累，又陪她坐小⑥巴士下山。分手時我對她說：

「下個星期天如果妳還願意和我一道登山，先打電話給我，風雨無阻；如果不打電話，我就過時不候。」

她點點頭。

星期六她又打電話給我，說要和我一道去，但是葛萊拉颱風警報已經發出了。

第二天早晨又下雨，我正準備出門，又接到她的電話，說馬上從家裏動身，二三十分鐘就到，我說一定等她，到時她果然來了。

這次我帶她從小路上山，不坐車子。這段上小坪頂的山路相當陡，我比平時登山的速度慢了不少，她還是不容易跟上。她歉意地說：

「張伯伯，和我一道登山，會影響你的速度。」

「沒有關係，這一帶風景不錯，邊走邊看風景也好。」

雨不算大，打着傘上山比較吃力，她顯然相當累，因此上了山我便陪她在新建的小亭休息息，我一個人向來不在這裏休息的。

這次走到清水宮時她是累了，平時我走七十分鐘準到，今天多花了半個小時。

休息時她對我說：

「張伯伯，我先生說你的話對。如果下雨不登山，太陽太大了不登山，風大了也不登山，那一年五十二個禮拜，就沒有幾天好登山了。」

「可不是？」我笑着回答。「如果這兩次下雨天你不和我登山，那就不知道要等到那一天了？」

「說的也對。」

隨後她又跟着我作運動，她說她天天練，沒有停，我覺得她很有毅力恆心，雖然進步不大，我勸她不要急，一定會辦得到的：

「天下無難事，只怕有心人。張伯伯沒有別的長處，但是不願作的事決不去作，願意作的事，不論刮風、下雨，就是下刀子我也會去。」

「剛才在你家裏看見的小姐是老幾？」她問。

「是小女兒，她比你還大。」我說。「星期天她多半在娘家。」

「她不陪你登山？」

我搖搖頭。

「奇怪？」她有點好笑：「她們怎麼不像你？」

「她們貪舒服，人是勉強不來的。」

「我公公身體不好，也不肯動；我爸爸也說學不到你這樣子。」

「他們都很優待自己。」

「本來他說今天要和我一道來的，一有颱風他就不來了。」

人就是這樣子，一樣的白米，吃出千百樣的人，是勉強不來的。

作完運動以後我怕她太累，不帶她再上山，問她：

「再走下山行不行？」

「上山不行，下山還可以。」

於是我撐着傘帶她走一條新路下山。

她很不錯，憑着毅力走完全程。

經過這兩次風雨考驗，我對她很有信心，以後我準備帶她上大屯山、七星山頂，多教她一點東西。

葛萊拉颱風風勢很小，却給大屯山區帶來一夜豪雨，使貴子溪水聲轟轟如雷鳴，半夜兩點鐘就被吵醒。年紀大了有個毛病，半夜醒來往往不能再睡。這一陣子沒有時間接觸稿紙，乾脆起來塗鴉，卑之無甚高論，題爲「黎明絮語。」

偸閒集

十步芳草

每逢假日，不論天晴下雨，我總循着屋後的一條登山的道路上大屯山。以前我還不知道這兒有一條路可以上山，總是捨近求遠，從復興中學那邊上去。那是一條產業道路，小汽車、機車多，我很討厭它們屁股後面那條黑烟，弄得人鼻孔裡烏黑，而且有一種怪味道，很不好受，據說這就是引起肺癌的禍根之一。登山本來是想多呼吸一點新鮮空氣，但是山上的產業道路也被汽車、機車污染了，眞是一大憾事。最糟的是騎機車的青年人毫無公德心，除了抖威風製造刺耳的噪音之外，還盡量排除廢氣，弄得本來淸淨、優雅的產業道路也汚煙瘴氣。

有一天我冒險循着一條從未走過的小路下山，想不到這條小路別有天地，林木茂盛，風景優美，一塵不染，水聲琤琤作響，鳥聲嚶嚶成韻，松鼠在枝頭跳來跳去，並不怎麼怕人。沿着一條小峽谷，有一段導引潤水的溝渠，水淸見底。溝渠也是一條用水泥鋪成的小路，下面是百丈峽谷，頗有丘壑之勝，我十分喜愛這種風景。走完這段水泥小路，直下山稜，有一條彎彎曲曲的石級小路，林蔭處不見天日，路很陡，曲徑通幽，這才是登山的理想道路。

有一天清早，我從這條路上山，發現一位六十左右的婦人蹲在溝渠邊洗衣，路邊靠着相思樹擺了一張破舊櫈子，櫈子上放了一隻大水壺，招待路人飲用。她看見我便笑着打招呼，十分和氣。她是本省人，但外表上一點也看不出來，因爲體型比一般本省女性高大，如果年輕，可以「身長玉立」四字形容；現在年紀雖然大了，可是身子倒頂硬朗，風度擧止也比一般山村婦女高雅很多。她就住在山上相思林中的唯一的一座小房子裡。我們言語雖然不通，但是從她和氣善意的笑容裡可以看出她對我這個外省人一視同仁。

我發覺她附近的這段小路十分乾淨，連一片落葉也沒有，我猜想可能是她打掃的。

國慶這天，我不必上班，很早我就獨自上山，在那條小路上正好碰着她拿着一把掃帚，一直掃過來，我向她說了一聲「好早！」讚賞地向她笑笑，她也回答我一個善意的微笑。她一直向新近落成的座落在上山路口的涼亭掃來。

說起涼亭，最近同時作了兩個，地點選擇得都很好。這一個涼亭，離這位老太太的山居不到五百公尺，小徑有她經常打掃，更增加了一份美感，更顯得一塵不染。而我這個孤獨的登山者，受惠最多，可惜我不會講閩南話，無法表達我的謝意。

禮失而求諸野。十室之邑，必有忠信，十步之內，必有芳草。這位孤獨地住在相思林中的老太太，就是我所遇到的芳草。

紫薇花

我歡喜種花種樹，但是地方太小，不能隨心所欲地種植，七八年前種的花木，現在都變成了大樹，也像臺北人口一樣，顯得十分擁擠。由於有的花木陽光不足，就很少開花。兩棵樹蘭就是如此。一棵躲在大桂花樹和枇杷樹下，就出不了頭，一棵栽在花缽裡，也被玉蘭樹和梔子樹遮住了陽光，更不開花。

紫薇花我也前後院各種了一株，當初都很小，我種在牆邊讓它往屋頂上爬，由於地勢高，風大，爬到屋頂上並不理想，前面的一棵，由於夏天太陽太大，上了屋頂的那一截，不但不開花，反而烤死了。我又把它扯下來，沿着二樓陽台用電線綁着讓它橫着爬，這樣既可避風，太陽也不會烤死，花也開得特別漂亮，尤其是國慶前後，一簇簇紫色的喇叭花，燦爛奪目，而不失其高雅。後面的一株也沿着圍牆鐵欄柵爬上了二樓頂，因爲後面的風更大，也不怎麼開花，加之爬在鐵欄柵上，既擋光線，又易生銹，今年夏天我便把它剪掉一大半，只留着圍牆上的一段，想不到現在也開得賞心悅目。

這兩株紫薇我是從花園裡買來的，原先我只覺得它很漂亮，並不知道它叫什麼名字，也想不到它的生命力這麼强。在所有的花木中，我對它們照顧得最少，也不加肥料，想不到它們並不怪我，卻報答甚豐，一年開好幾次，但以國慶前後開得最多最熱鬧。明天星期天，我得去紫園買幾包乾鷄糞，好好地替它們施點肥，這也算是我的回饋。

燕子湖之行

星期天抽空去燕子湖看老友天一。

臺北客運在臺大醫院新公園也設了一個總站，去烏來新店都在這裡上車。

早晨八點多我就來到這裡搭車，早已排好幾層長龍全是青年人，每一車都塞得滿滿的，有的青年人從窗口裡應外合爬進車廂，我不是不能擠不能爬，但我不能那麼作，看樣子等到中午我也上不了車，因此退了票不打算去。恰巧這時有一輛去新店中央新村的公車在我面前停住，心想去新店的車子擠也擠不上，不如乘這一路公車在七張下車再轉新店看看，走一程少一程，因此我上了去中央新村的車子。這輛車不擠，還有座位。到十二張下車，再回頭轉搭去新店的車子。到了新店又先買車票，一看仍然沒有機會上車。這時計程車都來兜生意，去烏來每人車費七十元，中途下車一文不少，爲了少嘔氣，便和其他三人一道坐上計程車。

「今天人太多，去烏來沒有什麼意思。」我對那位五十多歲的男客說。誰知此公卻清脆的回答：「人看人才有意思。」

臺北的人更多，何必趕到烏來去看？臺灣名山勝水本來不多，可惜都被這類「看人」的仁兄糟踏了。

我在湖山新城橋頭下車，放眼一看，山上的房屋多未完工，道路殘破，最可惜的是平時碧綠的湖水現在却成了泥漿，眞煞風景，起先我以爲是上游興建翡翠水庫的關係，後來到天一家中一問，才知道是更上游的拉拉山山崩的關係，泥土倒進清溪，一兩個月水都和泥漿一般，他家中的自來水也不能吃，必須經過一番澄清之後，才能飲用。這是我原先沒有想到的，不然我就不來了。

燕子湖雖然不是從前的面目，但是廣興里那邊的兩座高山中間夾着一條清溪還有可觀，每次我來遊玩時一定同老友沿着溪流向上步行，這一帶釣魚的人多，養蘭的也不少，頗有幾分幽趣。有一次我和天一夫婦先進去十幾里路，裡面的路愈來愈小，他們夫婦不像我走山路是家常便飯，怕他們太累，便適可而止，據說沿這條路可以翻山越嶺到宜蘭。

半年多不來，這裡卻有不少改變，除了廣興國小這邊山邊蓋了不少所謂「別墅」之外，在入狹谷口的路邊還蓋好了一棟相當漂亮的別墅，並且附設了一個考究的蘭園。別墅正對直潭水垻、濛濛谷，視野很好，青山勝水直收眼底。我們站在蘭園外面探視，裡面養的多是線蘭，總共有好幾百缽，蘭室還裝了好幾台抽風機，以調節空氣。

一進入谷口，就使我眼前一亮，原來這條小溪上建了一座白色的水泥橋，橋墩上還寫了「麗水山莊」四個金字，橋那邊山腳下一片平地上並排蓋了十棟二樓別墅，已近完工。溪邊作了一道整齊的水泥石頭駁坎，駁坎上面種了一排龍柏，花台也是紅瓷磚砌的，看來更加高雅，我和天一都愛山水，更愛花木，連忙過橋去看。這塊地方我原來就認爲是蓋別墅最理想的地點，想不到商人的腦筋動得眞快！

我和天一都對這個地方讚不絕口，我更留戀不忍離去，如果我手邊有錢，我會馬上訂一戶，退休後在這裡讀書、寫作、種花，以了平生之願。

我們向建築工人打聽行情，工人告訴我們到路口那家別墅去打聽。我們又回到原先看蘭花的地方。原來這家別墅的主人就是在山裡種蘭花的青年人，現在發財了，搬進這座別墅才十多天。溪邊那一排新建築的別墅他也投了資。我們了解行情之後就告別出來。

我和天一都空有雅興，卻無此經濟能力。我們都慨歎一生工作都與錢無緣，沒有學學爲利，這對青年夫婦在山裡種蘭花，不到十年工夫，就發了大財，我們從民國二十七年投筆從戎，軍人、新聞記者、敎員、公務員，都幹過了，就是沒有作過生意，因此他退休了還是沒有錢，我也準備提前退休，不是爲了作生意，而是爲了寫作，仍然與錢無緣。看樣子只有老辦法，買愛國獎券。中了特獎，就買一棟溪邊別墅，不中也算愛了國。我就是這個主意。

70.10.19.自由日報

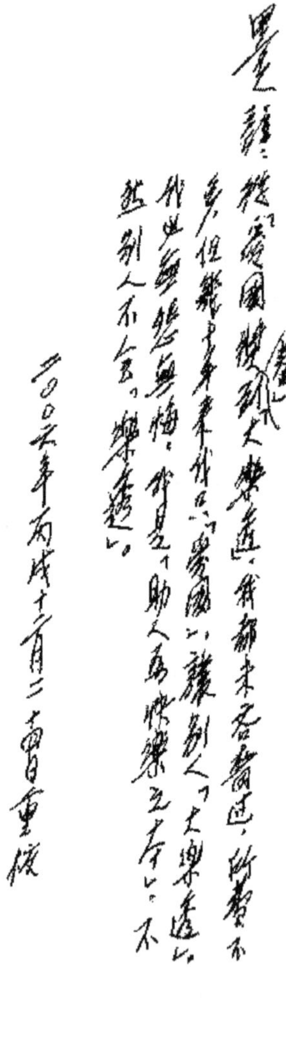

臺北與我

晚上七點半的新聞節目中，有一則「臺北與我」的新聞報導，八十七歲的曾虛白老前輩說他在臺北住了三十三年，是住得最久的地方，說他是臺北人，你我都是臺北人，一點不錯。

每一個人都有他出生的地點，我們大多以出生地點爲籍貫，但工商業社會人口流動性大，能在出生地久住的人很少很少。卽以從前的農業社會來說，往往世世代代都住在一個地方，可是民國以來，尤其是抗戰開始以後，中國人口就大流動起來，打破了安土重遷的習性。我們這一代的知識份子，親身參加抗戰的很多，最低限度也當過流亡學生，養成了四海爲家的習性，很少固定的住在一個地方，住在出生地的更少。我算是在家鄉住得較久的，也只住了十八年。我的孩子雖然從我的籍貫，但他們的出生地分別是江西南城、崇義、上海、長沙、左營，沒有一個是在我家鄉出生，小女小兒根本沒有到過我的老家，在他出生地住的時間也很少，因爲他們生於兵荒馬亂時代，跟着我東奔西逃，沒有什麼家鄉觀念。

我這一生中，倒是在臺北住得最久，孩子們更是如此。

我是三十八年七月三日來臺灣的，從基隆上岸後便直奔臺北。最初住在永和橋頭邊大街上，此地雖屬臺北縣，但和廈門街只有一橋之隔，人却天天在臺北市。

三十八年的臺北市和今天的臺北市大不相同，人口很少，車輛稀疏，公車也沒有幾部，私家車更少。我和幾位朋友上臺北，總是安步當車，邊走邊談，不必躭心同別人撞個滿懷，更不怕出車禍，過馬路也是逍遙自在，連在介壽舘前也是大搖大擺地晃來晃去，十分悠閒，衡陽路上是滿街呱嗒板踢躂踢躂，那時本省小姐還沒有人穿皮鞋，小腿多半像紅豆冰棒，那有現在的小姐這麼時髦？

衡陽路算是一條最熱鬧的街，街上行人也是小貓三隻四隻，市區止於東南西北四門，此外只能算是郊區，連中山北路也只到區公所（國賓飯店旁），區公所的房屋算是最顯眼的建築。從區公所到圓山動物園一帶，馬路兩邊大都是稻田，去動物園一趟彷彿是一件大事，因爲它太偏僻，公車又不多，至於東門以外的仁愛路、信義路那一帶更是一片竹林稻田，敦化路一帶更沒有人去了。一般人的活動中心都限於四門之內的市區，我們外省人更是限於衡陽路西門町了。那時中華路鐵道兩旁的地攤反而形成了一個熱鬧的市集，比商店的生意好得多，人也熙來攘往，這是大陸各省來臺的流亡人士的謀生之地，其中以山東老鄉最多。

三十八年十一月間我離開臺北去左營海軍總部工作，在左營住到四十七年才舉家遷到臺北大直居住。我個人則在四十五年先調臺北工作，住在南機場朋友家裏，從四十五年算起，我住臺北已經五十四年了，可以說得上是個老臺北。

南機場地勢很低，一場大雨便會淹水，那是一個軍眷區朋友的眷舍，因爲很小，他住不下，他們兩夫妻偶爾來一下，絕大部份時間都是我一個人住。這不是一個理想的住家環境，但我住的是新房子，比較乾淨，白天都在市區工作，我的工作地點在廸化街，這是一個老社區，我的工作更是整理戰史，老得很配合。

廸化街街道狹窄，我的辦公地點靠近淡水河邊，臺北大橋附近，休息時可以看看渾濁的淡水河，和橫跨臺北三重的鐵橋，或是從延平北路走到北門郵局發封掛號信，活動活動筋骨。

海軍眷舍調配成功之後，我就住到大直後山。這是一個山窩子，空氣是不錯，活動的空間也大，但令人不快的是天主教公墓居高臨下，而且直衝着我的房屋，正對我的大門口。我一住進這個眷舍，就一直倒楣，兒子也生病很久。有一次車禍把我撞成「空中飛人」，幸而未死，也未受傷，眞是異數。

但是我沒有能力買房子，便不能不住這個眷舍，明知它不是吉宅，也只好住下去。它對我唯一有利的地方是，可以在山區散散步，運動運動，有時還可以爬到半山上看一位有錢的本省夫婦自營的生壙（這個生壙與天主教公墓隔了兩個山頭。）他們那時不過六十出頭，身體很好，却一心一意爲自己準備後事，每個星期天兩夫婦一定上山，種花除草，把他們的生壙變成了一個小洋房、小花園。它却成了我寫作之餘的一個最好的消遣地方，我倒先替他們享受了。人生有很多事眞是難說得很，我想買個房子搬家都辦不到，他們却在山上爲自己身後安排了一個好地方，但我看他們起碼要活着等二三十年，才能到這裏來安息，二三十年後又是一個什麼情形？誰能料到？眞是「人生不滿百，常懷千歲憂。」這對夫婦雖然看得開，知道人總是要走這條路，但也想得太周到了。

我住大直期間，沒有工作，以寫作維生，雖然諸事不順，倒也心安理得，因此我很少到市區來，不願多同外界接觸。一是時間不夠用，二是避免無謂的是非煩惱。臺北是個敏感地區，人際關係十分敏感，早晚市價不同，炎涼有異，不接觸就變成了「絕緣體」，「感」不起來。

臺北的市容一天天在變，和我初到臺北時已經大不相同，中山北路是我必經之路，有些矮房子已經變成了高樓，最高最時髦的是臺泥大樓，中山區公所已經比下去了。中山北路三段的許多稻田也不見了，美軍顧問團的房舍已經不起眼了，動物園、兒童樂園的觀衆越來越多了。這裏不再是個偏僻地區，而是一個遊樂區了。連偏遠的大直也在改變。我初遷居大直後山時，大直街上房屋很少，還有幾家窰廠在燒磚瓦，整天冒黑煙，不知不覺間，窰廠不見了，一棟棟樓房蓋了起來，漸漸形成了一排正式店面，一天繁華一天，大直到臺北市區的距離彷彿也縮短了很多，連我住的地方也有公車了。我初來後山時不但沒有公車，還是泥土路，走到大直搭十七路車要十來分鐘。天晴時還好，下雨天就麻煩了。後來有四十二路公車開到北門，雖然三十分鐘才有一班，但是方便太多了。

我在大直後山整整住了十六年，才搬到北投來。

在我初到臺北時，北投是一個很遙遠的地方，要坐火車才能到。在臺北那段時間，根本沒有到過北投。

民國六十二年，公教人員可以貸款購屋，也可以在內雙溪委建，本來我是委建，但有人利用這個機會發財，房屋遲遲蓋不起來，我只好改為貸款自購。市區的房屋太貴，我又不願意住城裏公寓，我愛泥土陽光，因此在更遠的北投，而且是北投的郊區，選了一棟雙併式的一樓一底的房屋，前後還有點院子。訂購了不到三個月，就遇上石油危機，房價大漲，眞算幸運，不然休想買這樣的房子了。

六十三年正月交屋，不等一切就緒就搬家。

果然，一搬到這個坐北朝南，陽光充足，前後寬敞舒暢的房屋，我的運氣就開始好轉。先是自己調職，接着兒子找到工作，次女出嫁，三四個月內見了三件喜事，我覺得這個房子確實買對了。其實這都是自己運氣的關係，運氣不好，作什麼事都不順利。在大直後山我分到的眷舍是坐東朝西，大門正對着墓地，房屋又陷在下面，抬不起頭來，那時我不相信這一套，一連走了十幾年霉運。壞運又住壞房屋，就像破船又遇打頭風，船不打沉已屬萬幸了。

搬到北投後心情舒暢多了。屋後是一片青山，滿眼翠綠。大屯山氣勢不錯，是北投的屏障，而北投又正在大屯山之陽，地理位置極佳，氣候比臺北任何地區都乾燥，不像木柵、新店那邊煙雨濛濛，濕氣太重，不利健康。

不但平日在家裏舒暢，星期假日上山走走更好。平日在臺北呼吸了那麼多污濁的空氣，聽了那麼多的噪音，利用星期假日在山上換換空氣，清靜清靜，不是很好的調劑嗎？

一個星期我有六天在萬丈紅塵的臺北市區中心討生活，但有一天我生活在紅塵以外的清靜世界。星期假日我絕不進臺北市區，不論刮風下雨，我一定上山走走，讓自己的頭腦清醒一下。

來臺灣三十五個年頭，在臺北住了五十四年。從衡陽路踢躂踢躂的呱噠板聲，到刺耳的汽車聲、機車聲；從中華路的地攤到中華商場；從中山北路的稻田到嘉新大樓，我是一一親眼看見。我二十七年離開家鄉，在外面漂泊了四十[illegible]年，却有一大半時間住在臺北，可以算得是「老臺北」了，但我這個老臺北却不愛臺北市區的燈紅酒綠，而愛臺北市郊的青山綠水。

至於臺北人對臺北市的貢獻如何？納稅的數字當然可見端倪；而有些貢獻，却不是納稅數字可以表示的。我總覺得臺北的物質建設已經很不錯，文化精神建設却很差。臺北人應該在這方面多多努力才是。

二〇〇六年丙戌十月二十四日重校於紅塵[illegible]

夏家灣的春天

在夏家灣的四個月，是我一生中最值得紀念留戀的一段感情生活。世界上有很多東西都可以用金錢買到，但是有些東西就是用金山銀山也買不到。……

一

端午節次日，接到鐵陀短簡，說我們從離開他家那天算起，來到臺灣已整整三十二年了。但是到今年為止已經五十八個年頭了，可惜他早已離開這個世界。五十五年是一段相當長的時間，我的小女兒韻湘是在他家出生，已經滿了五十五歲，孫也在端午節那天滿十兩歲，我夫婦在他家時我才二十九歲，他才二十七歲，如今我們兩人都已年逾花甲，兒孫滿堂了。

那年初八上午，我打電話給他，沒有人接，我有點奇怪，以往我上午十點以後打電話過去，一定是他來接，因為上午只有他一人在家，他要到下午三點以後才上班，他的生活秩序和我完全不同。

初九上午我又打電話到他家，他接了電話就說：

「我正要打電話給你。」

「什麼事？」

「娭姬去世了。」他說。——娭姬指的是他母親。湖南人對作了祖母的長輩都稱「娭姬」，我到他家之後才瞭解這一稱呼的意義。

「什麼時候？」

「五月初六。」

「消息怎麼這麼快？」

「香港打長途電話來。」

「是什麼毛病？」

「鼻咽癌。」

「去世時誰在身邊？」

「同弟、滿妹也趕回家了。」鐵陀有一弟一妹，同、滿其名。他們手足十分友愛，也很孝順寡母。滿妹原在雲南，伯母生病時趕回家了。

「老人家很有福氣。」我說：「她比我的父母強多了，我父母去世了二十多年我才知道消息，除了暗自傷心落淚之外，連舉行追悼會也不相宜，只好在家裏上香、燒紙，以誌哀思，不孝之罪，萬死難贖了。

「她足足等了我三十二年，一天不少，拖到初六下午三點才與世長辭。」他說。

鐵陀和我是三十八年五月初六上午離開他家的，這次的離別非比尋常，大家心裡都明白不知何年何月才能重聚？鐵陀尤其傷心，他和我都好冰鑑，他深恐伯母過不了五十一歲到五十五歲這一關。他幼年喪父，伯母含辛茹苦，把他們三人養大，抗戰時他以十六七歲的少年就離家遠遊，抗戰勝利後又遠去張家口，直到三十七年底才間關萬里回到故鄉，母子會少離多。如今在她風燭殘年之時，又不得不和我一道避秦海外，鐵石人兒也會淚淋，何況他是性情中人？他為了安慰伯母，把大女兒留在她身邊，沒有帶出來。三代的離別之情，集於一身，看了這一幕離別圖，我已經無暇自哀了。

和鐵陀通過電話之後，感慨很多。這天晚上睡到一點多鐘醒來，再也不能入睡。三年前我獲悉雙親早於二十多年前去世，曾有這種情形，思前想後，不禁涕泗橫流；這夜想起伯母和我在夏家灣的種種情形，以及去世的雙親，又不禁老淚縱橫了。人生！人生！這就是我們這一代人血和淚的一生！

少年子弟江湖老，紅粉佳人白了頭。

二

鐵陀和我，兩度同學，相交已經四十多年，情同手足。

三十七年多，由於局勢動亂，華北更甚，鐵陀秋芳從張家口間關萬里，回到故鄉長沙。那時我服務軍中，地點在湖北咸寧，但我因爲編刊物關係，單獨長住長沙，刊物出版後，才帶回咸寧分發。

鐵陀回家後卽與我取得聯繫。他家在長沙鄉下，地名叫夏家灣。過年前他多次來長沙與我晤談，我們都爲大局躭憂，也爲自己的前途發愁。這和當年投筆從戎，參加抗戰情形大不相同。我們已飽經憂患，八年抗戰之後，還要面臨這麼一個更壞的局勢，萬分僥倖未死於日本軍閥之手，難道還要死在自己人的手裡？這時我已經有家歸不得，除了一家數口之外，身無長物，天地雖大，却無我容身之處。鐵陀還有家暫時棲身，能棲多久？他自己也不知道。但他對我說：「到了那種時候，就先到我家避避，再想辦法。」

我想來想去，除了他這一個避風港之外，再也沒有第二條路可走。但我心中祈求這種情形不要發生，因爲我已經有三個孩子，不久內人又將臨盆，這麼多人一下子湧到他家，如何是好？

但是局勢壞得很快，武漢已經風聲鶴唳，就在年關，上峯下令緊急疏散眷屬，疏散地點就是長沙。那時金圓券早晚市價不同，一日數貶，既無眷補，又無眷舍，只是把眷屬遣走了就算了，無以善後。

我連信都來不及寫給鐵陀，就在陰曆除夕，一家人擠上一列三等車廂，開往長沙。大年夜我們就在又冷又亂的車廂中度過，連水也喝不到一口。

到達長沙時天剛亮，寒氣逼人，大地一片雪白。這是大年初一的情形。

大年初一就像難民一樣逃到他家，實在太不像話！但不去又不行。長沙到夏家灣有一段路可坐汽車，有一段是田埂路，我們坐汽車到一個小地方下車，再僱了兩個挑夫，一個挑孩子，一個挑行李，向夏家灣進發。

我未到過夏家灣，但湖南的風土人情我相當熟，加上湖南人對我們江西人特別友善，以「老表」相待，大年初一我能請到挑夫就是這種關係。

路上積雪未消，不大好走，十來里路走了不少時間，快到中午才到鐵陀大門[illegible]外的池塘邊。

挑夫扯開大嗓門向院裡叫喊：

「客人來了！客人來了！」

隨即有一位穿著黑旗袍，二十出頭，身裁適中，面孔白皙，舉止嫻雅，笑容可掬的少女走出來。我們一照面就十分驚喜，我知道她是滿妹，她也知道我們是誰。

滿妹和我雖然是第一次見面，但她除了從鐵陀秋芳口中知道我的情形之外，我寫給鐵陀的許多信，她也看過不少，照片中的她是一張笑臉，迎接我的更是一張笑臉，使我感到特別溫暖、親切。

「哥哥秋姐黑兒都到親戚家拜年去了，等會會回來。」她笑盈盈地對我們說。她和秋芳是同學，不叫嫂嫂而叫秋姐，更加親切，這些我也早知道。黑兒是鐵陀的長子，比我大兒子選翰只小一個月，在南京時就見過。「娭姬在屋裡，熙哥、嫂嫂隨我來。」

她引我走進紫荊作籬的前院，我抱歉地說：

「事先我來不及通知哥哥，大年初一趕來……」

「局勢不好，早就知道你們會來，但沒有料到會是今天，不然哥哥他們不會出去。」她邊走邊說。

鐵陀家是個三合大莊屋，他家住在進大門的右邊。其餘是他叔伯家。

「娭姬，熙哥嫂嫂來了。」滿妹一進門就對裡面說。

娭姬看見我們進來，一臉的驚喜，一臉的笑，她的笑和滿妹的笑一樣親切，再加上一份慈祥。她和滿妹很像，只是已經五十左右了。我不叫她「娭姬」，因爲我還不清楚「娭姬」的意思，我叫她伯母。她和我母親年紀差不多。

她和滿妹忙着替我準備房間，很快就料理好了。這間房和鐵陀的相連，房門外有一個小院，院子裡有一棵一丈多高的桑樹。

不久同弟回來了，他比鐵陀瘦，沒有滿妹白，兩眼炯炯有神，精神很好，他也是年前從海外回來的，我們之間用不着介紹。

他的個性更像母親，不太愛講話，只是微微的笑，和鐵陀完全不同。鐵陀愛大笑、大叫、大鬧，倜儻不羈，更不拘小節，同弟相當拘謹。秋芳也是大嗓門，直來直往，而且有丈夫氣，和滿妹十足的女性氣也不大相同。

他們兩人和兒子一回來就格外熱鬧了，黑兒長高了，很像鐵陀，天不怕，地不怕，橫衝直撞。（和現在的情形完全不同，我眞沒想到，他們父子兩人改變得這麼大，變得這麼成熟。鐵陀少年時是天塌下來當被子蓋的人，如今處處却格外小心謹愼；黑兒老練穩健，一點也看不出兒時的猛勁，反而一派斯文，眞是一百八十度的轉變。）

他們這個家庭配合得很好，剛柔相濟，其樂融融，我們立刻分享了他們的快樂。

當天晚上鐵陀就爲我舉行了一個「紅茶花晚會」，這是他杜撰的名詞。並且把他們叔伯兄弟、鄰近的年輕人邀過來，大家圍爐烤火聊天，吃油炸紅藷片、喝茶、剝花生，有說有笑，不拘形迹，別開生面。鐵陀的最大長處是能製造氣氛，他在那裡，那裡就熱鬧輕鬆起來。

伯母看見我們晚輩這麼快樂，有說有笑，她笑得更慈祥。她靑年寡居，撫養着三個什麼都不懂的子女。鐵陀雖居長，但却桀驁不馴，最難駕馭，因而她所受的委屈、閒氣，自然更多。但她從不怨天尤人，卽使受了委屈，遇到艱難困苦，也只無可奈何地笑笑。她就在逆來順受中，把三個子女培養成人。

鐵陀的父親一夔先生，是一位革命元老，追隨中山先生奔走海外多年，辛亥年回國。花廳中有一座一夔先生二十四寸的磁像，很有威儀。廳中掛滿字畫，其中一幅譚延闓的巨幅對聯，寫的是「正義不阿世，大德常下人。」上款稱「一夔大兄」。據鐵陀的八叔說，譚氏加入同盟會，是一夔先生和周震麟兩人介紹的。民國二十年去世的時候，鐵陀還只有九歲。

鐵陀這幾年遠在張家口，同弟也遠在海外，滿妹又在寧鄉教書，平日也很少在家，她一個人孤孤單單過日子，這次過年一家骨肉大團圓，又格外加上我這一個小家庭，顯得非常熱鬧興旺，她嘴裡不講話，心裡的快慰已寫在臉上，而我的感受更深。我自二十七年離家從戎，浪跡天涯，沒有機會享受天倫之樂，如今又是烽火連天，有家歸不得，他們却把我當作家庭中的一員，不分彼此，讓我分享他們的天倫之樂，這種溫情，在小說中也很少見，在實際生活中，大概也只有我有這種造化了。我覺得我所得的比他們更多。

儘管時局十分動亂，使人憂心如焚，但另一方面，在我心裡却裝滿了溫情，裝滿了歡樂。鐵陀夫婦之外，同弟和滿妹給我的友愛和關切，超過了自己的手足。伯母是以長輩之愛關切我，她不以言語表達，一個慈祥的微笑，往往勝過千言萬語。不但是他們一家人對我如此厚愛，就是秋芳的父親——一位老教育家，鐵陀的叔伯和堂兄弟們，也沒有把我當作外人，他們夫妻兩人去的地方，一定有我，甚至沒有同弟滿妹。就以打牌來說，非我所好，而且我根本不會，在下雨天除了鐵陀夫婦、同弟、滿妹陪我玩天九牌外，有人拉鐵陀出去打豬肉包，他也拉我一道去入局，在這一方面我更是一個笨人，比起他的出神入化令人莫測高深的牌技，那是相差太遠了！當然有時他也會輸三五斤豬肉。至於我們幾個人在家中一道下棋、讀書，更是每天的功課。

鐵陀和我都喜歡詩詞，他對李義山的詩尤其偏愛。滿妹也有文學細胞，只是她和秋芳要做家事，沒有鐵陀和我悠閒。同弟比較重實際，不尚空談，人也很勤快。鐵陀在實際事務方面毫無興趣，寧可伸伸懶腰，打個哈哈，掃把都不肯碰一下，他家有一塊菜園，菜園的事完全是同弟一人料理。偏巧我對田園生活最有興趣，因此我可以作作同弟的幫手，在菜園裡除除草、種種菜、閒話桑麻，又是一樂。而且我還在他屋後山坡上挖了一塊地，準備種菜，明知道我們這種生活沒有多少天好過，這塊地隨時都會拋棄，我還是只問耕耘，把它當作運動消遣。

有時我們幾人也一道去寧鄉縣城，既是我們的同學又是他的親戚應未遲家玩玩，打聽消息，商量出處。應未遲也是從重慶回家過年，一直未走，他原在中央社工作。

在鐵陀家裡我還有一件大事，就是小女兒出生。本來鐵陀有兩女一男，我也有兩女一男，合起來已經有六個小蘿蔔頭，如今內人又生了一個小女兒，湊成了七個，我內心的不安，眞是難以言語表達，內人麗春想將小女送人寄養，鐵陀不但不同意，反而像是他自己添丁進口一樣的喜悅，特別買了一隻大母鷄，弄了許多菜來慶賀。爲了紀念這件事，我將小女取名韻湘。

一家人有這麼多孩子並不多見，尤其是那六個蘿蔔頭，幾乎是一般大小，光是吃飯時就很難侍候，幸虧滿妹，她有那份耐性，也有她的方法，他們最聽她這位姑姑的調度，坐在另一張桌上服服貼貼，不然我們就頭大了。

本來老年人都怕孩子吵鬧，當時我們年輕都不覺得，現在自己年紀大了，都是「祖」字輩的人了，家裡如果同時有兩三個蘿蔔頭在一塊，那份吵鬧就受不了，可是伯母始終是笑吟吟的，沒有一點厭煩，從沒有大聲對孩子們講過一句話。

在這個和樂融融、充滿愛心和趣味的家庭裡，我心裡只有溫情，沒有半點壓力。不但伯母視我如子，滿妹同弟更是開口「熙哥」，閉口「熙哥」。連秋芳的父親、姐姐、姐夫寬哥，以及鐵陀的八叔，許多堂兄弟姊妹，也待我如家人。

但是時局一天天壞下來，武漢丟了，岳陽也丟了，湖南省主席程潛的態度很曖昧，長沙已經風聲鶴唳，眼看我們這種和樂融融的生活再也過不下去了。幾個月前，我還能找到鐵陀的家作個避風港，現在連他也找不到避風港，我們兩人同生死、共患難，現在已經走投無路了！

原來抗戰末期，鐵陀在洞庭湖濱帶領過一支相當強大的游擊部隊，與日本人作戰，很多幫會份子，曾是他的屬下，很有點潛在的影響力。因此，當時的湖南省主席程潛已經兩次派人找他，要他再組織部隊，要他幹湖南自救軍縱隊司令。鐵陀對我說：「鬼已經找上門來了，我們頂不住了，要趕快跑才行，不能被這個老狐狸纏上。」我問他往那裡跑？鐵陀信手寫了一首七絕：

長物唯餘筆一枝，未能拔俗亦堪悲。

會當與子逃窮城，一卷名出看屬誰？

鐵陀的意思是先到雲南騰衝，[redacted]逃亡海外也好，總比在家鄉這塊砧板上强得多。那時我也覺得他這個想法很對。

幸好天不絕我們，就在端午節前，我們突然接到也是同生死、共患難、情同手足的維人，天一寄來兩份臺灣入境證，五月初六，我們四個大人就帶着六個孩子一道離開夏家灣了。

三

我從正月初一到鐵陀家，直到五月初六離開，這段日子是[redacted]以來最黑暗動亂的時刻，却是我一生中最值得紀念留戀的一段感情生活。世界上有很多東西都可以用金錢買到，但是有些東西就是用金山銀山也買不到，尤其是我在鐵陀家的這段豐富的感情生活。

「三十二年」是一段很長的時間，在這段時間裡我們都忍受着骨肉分離的痛苦，我的雙親去世了二十多年我才知道消息，伯母盼望了鐵陀整整「三十二年」也見不到一面。我已經有虧子職，欠父母太多，一想起這位慈祥、輕言細語，即使受了氣也是無可奈何地笑笑，只有愛，沒有恨的伯母，我永遠也忘不了在夏家灣過的這個春天，我又欠了一筆永遠無法償還的債！

但願有朝一日，重整山河，我的第一件事就是和鐵陀一道先回夏家灣（夏家灣比我家近），走到後山伯母墳前祭拜，和滿妹同弟在夏家灣團聚一番。即使滿妹同弟已經白髮滿頭，但在我心眼裡還是當年的滿妹同弟。我要看看小院裡那株桑樹長高了多少？我們曾在這株桑樹下讀詩、讀詞、下棋、聊天，也曾摘過桑葉飼養蠶寶寶，看着牠們日長夜大，吐絲作繭，變成蠶蛾。我也要去後山探訪那遍山的梔子花，我和滿妹同弟曾一籃一籃的摘回家。

離開夏家灣整整三十二年了，這些話也在我心裡整整埋藏了三十二年，我甚至沒有和鐵陀秋芳談過。現在我以一瓣心香遙祭伯母在天之靈，也祝福滿妹同弟，和夏家灣所有愛我的人。

70.7.15.臺灣新生報

墨人誌：一九四九年移來台灣已經五十七年了，[illegible]今年我是五十八年，轉眼就一個甲子了。[illegible]年兩岸開放交流，[illegible]至友十多年前已先後去世，其中有兩位只有七十多歲，其餘[illegible]剛好活到八十歲，唯我轉眼即將九十，老而不賊，正在重校七十年來的舊著，希望能出版《全集》，但我有生之年不會停筆，《全集》之後的新作，則以《續集》、《外集》名之。

二〇〇六年十一月廿五日重校。

民族精神與文學創作

要了解中國民族精神，必先了解中國文化淵源。

中國文化源於六經之首的易經。易經之所以列爲六經之首，除了按產生的時代先後次序而外，最主要的是易經是統合群經的中國文化的根本。中國文化的最大功能是統合（integration），特別具有這些功能的，六經之內的是易經，六經之外的是道德經。

研究易經大致可分爲兩條途徑：一是從人文觀點出發；一是從科學觀點出發。

我們中國研究易經的人多從人文觀點出發。從人文觀點出發，則不易發現易經的科學價值，甚至認爲它是一部專講卜筮的玄學，而以人文觀點去敷陳附會，則有治絲益棼的傾向。西方人研究易經則從科學觀點出發。從科學觀點出發便能突破玄學的外衣，和人文主義的桎梏，反而能探驪得珠。所以德國微積分發明家、哲學家、作家，萊布尼玆（Leibniz 一六四六—一七一六）說伏羲是世界上最古老最偉大的數學家；一九四九年出版的德國人Richard Wilhalm 和美國人Cary F. Baynes所譯解的周易，有歐洲心理學權威C. G. Jung

作序，序中有言：

「如人類世界有智慧可言，則中國易經即爲唯一的智慧寶典。我們在科學方面所得的定律，十九都是短命，而易經歷數千年之久，依然具有價値，且已駕于因果律之上，而與近日的原子物理，頗多類似的地方。」

他們從科學觀點研究易經，所以他們了解易經的科學價値。因爲易經本來就是科學的，而它在科學方面的永恆性，又比近代西方科學家所作的定律高明。易經的陰陽互變，生生不息的道理是顚撲不破的，因爲易經不是單純的科學，而是演繹宇宙形成、發展的自然法則，是以宇宙爲中心，統合科學、人文的一門大學問。所以人文主義者多半只能看到人文部份，科學家也多半只能看到科學部份，而未澈底了解易經的統合之妙。但在今天的中國，人文主義者還未能揭開玄學的外衣，甚至把它當作卜筮迷信的時候，科學的印證就顯得特別重要了。

易經演繹宇宙的形成、發展的自然法則不是從無極開始，而是從太極開始的。所謂太極，就是天地尚未形成，星球尚未凝固之前的渾沌狀態，但有質能存在。所謂「能」，在易經裏就是「乾陽」；所謂「質」，在易經裏就是「坤陰」。但這種陰陽不是截然劃分，互不相干，而是可以互變的。易經是從乾卦開始而後坤卦，宇宙分了乾坤，也就是天地之始，以後的一切演變，都從乾坤二卦而來，也就是陰陽互變，生生不息，無窮無盡。這種演變的自然法則，老子稱之爲「道」，這就是中國文化的活水源頭，也是宇宙自然法則，所以放諸四海而皆準，百世以俟聖人而不惑。聖經「創世紀」無法相提並論，阿爾瑪的大主教猶施爾在一六五〇年武斷說宇宙創始於紀元前四千零四年更不値識者一笑。因爲今天的科學已經證明地球、太陽、月球的年齡大約在四十億年左右；而地球人類的化石已經有幾十萬年了。根據易經推算地球一元共爲十二萬九千六百年。所謂一元，也就是一個周天之數，地球之有冰河時期，是必然的演變。

中國文化的宇宙觀是世界上最科學、最具知性、最經得起考驗的，沒有半點迷信色彩。中國文化本來是以宇宙爲中心，以人爲本的三合一的文化。由於中國文化的統合功能、均衡發展，所以中國文化在秦漢以前在人文、科學兩方面都達到一個高峯時期。自漢武帝起，偏重人文，忽視科技，使中國文化走上了單行道，喪失了科學精神，使本來是科學先進的國家，長年累月之後，反而變成了一個科學落後的國家，這是十分可惜的事。

我們的民族精神，在人文主義方面，尤其是在倫理道德方面，可以說舉世無匹。四維八德是我們立國的根本。在中國即天下的時代，西方功利主義思想和[redacted]主義思想沒有滲透中國之前，人文主義的立國、作人、處世精神，可以維繫於不墜，雖然一亡於元，再亡於清，中國文化的根基並未被摧毀，侵略者反而被我們同化。

但是二十世紀形式大變，中國文化是兩面受敵。一方面是受西方功利主義的強烈衝擊，一方面是受到西方[redacted]思想的滲透。單純的人文主義，純精神作用的四維八德，經不起西方的功利主義[redacted]，以及從功利主義所產生的科技文明的壓力，中國民族精神開始動搖，民族自尊心自信心逐漸喪失。[redacted]

要恢復中國民族精神，除了恢復中國的人文主義之外，必須同時恢復中國固有文化的科學精神，重視易經、道德經的科學價值與統合功能。唯有科學、人文的有機統合，中國文化才可大可久，中國民族精神才會萬古常新，而無懼於任何外來的文化思想的衝擊。

文學是屬於人文主義範疇的，我國文學自三百篇以降，綿延不絕，歷代人才輩出，創作了浩如烟海、燦爛輝煌的文學作品。詩、詞、歌、賦、小說、戲劇，無不足以傲視世界文壇。如非前人努力創作，今天我們便不能享有如此豐碩的成果。

可是今天國人對文學創作仍缺之正確的認識，以為文學創作不過是雕蟲小技，難與學術理論相比，因此形成重學術輕創作的社會風氣。

其實學術與創作的性質和功用大異其趣，因此不能相提並論，也不應有輕重之分。學術是知性的，重在思想理論的建立和肯定，但失之於枯燥，接受者少；創作是感性的，直指人心，潛移默化，共鳴者多。因此，三國志的讀者遠不如三國演義的讀者多。如就兩者的功用言，文學創作不但大於學術理論，亦高於歷史著作。

就文學創作的性質而言，那完全是精神活動的天才事業。如最近[redacted]十[redacted]來，走出高等學府的中外文系的文學士何止千萬？但此中所產生的作家[redacted]不得一。[redacted]由此可見，作家不像一般工程技術人員那麼容易培植。理由何在？一是文學系的課程配當不盡理想，文學創作課程太少；二是文學創作最基本的條件在於創作天才，沒有創作天才，縱然學富五車，擁有十個八個文學博士頭銜，亦絕難成為文學作家。

文學創作是無中生有的事業，與工商業性質絕不相同；工業產品可以依據設計藍圖，大量生產，技術亦可輸出轉移，如美國F五E戰機，經諾斯洛普公司授權，技術移轉，[redacted]在臺灣照樣可以製造。但是美國作家海明威、威廉福克納等人，絕對不能授權技術移轉我國作家寫作出「老人與海」等作品。何以不能？因為文學作品具有特性。什麼特性？我在亞洲文學會議提出的論文「文化、社會形態與當代文學創作」中曾有如下說明：

「……一是文化的特性，一是個人的特性。文化的特性即作者能表現他所隸屬的民族文化的特點特色，此種文化特性不同於其他民族文化；個人的特性即是作者能夠表現他個人與衆不同的特殊氣質。文學作品的可貴在此，文學作品不同於工業產品亦在此，工業產品求其同，講究規格，講究品質管制，一個廠牌的產品，必然是同一標準，同一品質，否則是偷工減料；而文學作品不然，東方人不能依照西方人的思想意識形態創作；日本人、韓國人也不能依照中國人的思想意識形態創作……文學作品不是求其同，而是求其異，這種異，就是民族文化的特殊內涵和性質，個人與生俱來的特殊氣質，能夠表現這種『特殊』的作者，就算盡了創作的能事。」（見英文「亞洲文化」季刊及「墨人散文集」——臺中市學人文化公司出版）（墨人註：在《墨人作品全集》中，此已易書名為《文化與文學》）

因此，即使同是中國作家，由於個人性格、時代、身世背景的不同，他們所創作的作品也完全不同。李白的作品不同於杜甫的作品，曹雪芹的《紅樓夢》也不同於吳敬梓的《儒林外史》。

文學創作是一種千秋事業，不是雕蟲小技。阿房宮可以燬於一把火，萬里長城也可以毀於不肖子孫，但詩經、楚辭，永垂不朽；李白、杜甫、曹雪芹、吳敬梓……早作古人，但李杜詩篇、《紅樓夢》、《儒林外史》震爍古今；日不落帝國大不列顛如今偈促三島，而莎士比亞則突破了時間空間，名震寰宇，英國的盛衰並不影響他的著作和個人地位。

文學創作雖是個人的精神活動，但文學作品足以影響國家民族。靡靡之音足以亡國，提升民族精神品質的作品可以興邦。古今中外其例甚多，不必枚舉。

但文學創作並不是呼風喚雨的神話，是作者的才華和智慧的結晶。偉大的作家和偉大的作品往往百年難得一見。文學作品不是後人拷貝前人的，也不是中國人拷貝外國人的。所謂「天下文章一大抄」，那是非創作性的作品，文學作品是絕對不能抄的。文學創作之難在此，文學作品之可貴也在此。也只有徹底了解自己民族文化的作家，才能創作出表現民族精神與文化特色的作品來，而這類的文學作品，才可大可久，不會曇花一現。

二〇〇六年丙戌春月二十五日重校於紅塵齋居

曹雪芹思想與傳統

威斯康辛紅學會議再版的臺北紅學會議早開完了。現在綜觀其討論結果，在考證方面，並沒有突破胡適考證的成果。胡適考證紅樓夢提出了兩個答案，一是版本，二是曹雪芹的家世。而這次的紅學會議有的地方還開了倒車。倒是李田意先生關於紅樓夢版本的談話值得大家思考，他說：

「……關於理論方面我有一點建議，因爲紅樓夢這東西很麻煩的，我想來想去是『剪不斷、理還亂，是紅學』。你講一些東西，別人的意見不同就要打架，所以我建議：過去爲紅樓夢打的架太多了，打得也很久啦，浪費了很多筆墨，而且弄得很不歡，於事又無補，我覺得今後我們大家不要再犯這個錯誤。……

「還有，關於紅樓夢前八十回，後四十回的問題，也辯論得一塌糊塗。我覺得有人說高鶚續後四十回，有人不贊成，但現在我們看紅樓夢是一百二十回的本子，後四十回好也好，不好也好，沒有關係，但是我們現在有的就是這個東西，如果要建立文學理論就得靠這一百二十回……」

這是李田意先生的由衷之言，也是持平之論。如果此後還要在考證方面「浪費筆墨」、「打架」，那就是「犯」「錯」了。

我就是基於和李田意先生同樣的看法，所以在民國五十五年我就在商務印書館出版了「紅樓夢的寫作技巧」一書。我這篇拙作更不想和誰「打架」，我認爲那是沒有意義的事。在這裏我想特別提到那次會前余英時先生所發表的一篇大作「曹雪芹的反傳統思想」。這是我所看到的唯一的談到曹雪芹思想淵源的文章，（也許我太孤陋寡聞）是一篇有價值的作品。因爲研究紅樓夢不談曹雪芹思想，而去枝枝節節地考證，那是捨本逐末。

余先生說曹雪芹的思想淵源於莊子和阮籍、嵇康等人，是很正確的。但曹雪芹是反整個的文化傳統？還是反人文主義的流弊呢？則有澄清的必要。

要澄清這個問題，又必須從中國固有文化的本來面目和曹雪芹的思想層次說起。

要認識中國文化的眞面目，又必須上溯中國文化的源頭。中國文化的源頭在那裏？那就是六經之首的易經。易經之所以列爲六經之首，除了按時代產生的先後次序之外，最主要的是它是統合中國文化的根本。特別具有這種統合的能力的，六經之內的是易經，六經之外的是道德經。

易經是從太極開始的，先乾卦而後坤卦，宇宙分了乾坤也就是天地之始，以後的一切演變都從乾坤二卦而來。其發展層次是太極分兩儀，兩儀分四象，四象分八卦……陰陽互變，生生不息。這種演變的宇宙自然法則，老子稱之為「道」。他在道德經裏對宇宙發展的層次就有很清楚的解釋：

「道生一，一生二，二生三，三生萬物，萬物負陰以抱陽，冲氣以為和。」

他在混成章裏又說：

「有物混成，先天地生，寂兮寥兮，獨立而不改，周行而不殆，可以為天下母。」

這和易經演變法則完全符合。

由於老子著作道德經，對道的解釋最為透澈，可以說集道家學說的大成，因此孔子一再請教他。孔子自己說「朝聞道夕死可矣。」又說「五十以學易，可以無大過矣。」據莊子說：

「孔子五十有一而不聞道，乃之沛見老聃。」

有一次孔子見了老子之後出來對顏回說：

「丘之於道也，其猶醯雞與！微夫子之發吾覆也，吾不知天地之大全也。」

所謂「醯雞」，就是甕中酒醋上的蠛蠓；所謂「天地之大全也」就是宇宙本體和萬象。

孔子贊十翼，老子對易經未置一詞，但他們兩人的知識層次，以及他們對易經了解的程度，從孔子自己的話裏可以看出。孔子之視老子爲神龍不是沒有原因的。但後人視老子爲道家始祖，這又不然。且看莊子在宥的記載。

「黃帝立爲天子十九年，令行天下，聞廣成子在於空同之上，故往見之，曰：『我聞吾子達於至道，敢問至道之精？吾欲取天下之精，以佐五穀，以養民人；吾又欲官陰陽，以遂羣生，爲之奈何？』廣成子曰：『而所欲問者，物之質也；而所欲官者，物之殘也？……』黃帝退，捐天下，築特室，席白茅，閒居三月，復往邀之。廣成子南首而臥，黃帝順風膝行而進，再拜稽首曰：「吾聞子達於至道，敢問：治身奈何可以長久？』廣成子蹶然而起曰：善哉問乎！來吾語女至道，至道之精，窈窈冥冥；至道之極，昏昏默默。無視無聽，抱神以靜，形將自正。……我守其一，以處其和，故我修身千二百歲矣，吾形未嘗衰。』黃帝再拜稽首曰：『廣成子之謂天矣！』廣成子曰：『來，吾語女。彼其物無窮，而人皆以爲終；彼其物無測，而人皆以爲極。得吾道者上爲皇而下爲王……吾與日月參光，吾與天地爲常……』」

這是以「宇宙爲心人爲本」的思想（見拙作「墨人散文集」內「宇宙爲心人爲本」及「中國文化的三條根」等文），老子是集道家學說的大成的大學問家，不是道家的始祖。黃帝是早於老子的道家，廣成子又是早於黃帝一千二百年的道家。至於莊子，那更是道家的晚輩了。

曹雪芹服膺的道家，上不過莊子，他的思想層次不及於易經，也談不上道德語。南華經雖多文采，但不如道德經言簡意賅。而阮籍、嵇康等人並不是眞正的道家，他們不過是對漢以後偏重人文主義所產生的流弊的反抗份子而已，眞正的道家是旣通天文地理又通人文而且具有天地人三者的統合知識能力的大學問家，如竇天罡、李淳風、諸葛亮、劉伯溫等是，中國古代的軍事學家、醫學家、科學家也都是道家，李約瑟著的「中國科技史」中可以找到證據。

曹雪芹的思想只止於莊子，止於人文主義的詮釋，和受阮籍、嵇康等人反抗人文主義的流弊而產生的遁世思想的影響，是屬於道家出世派的思想，他對中國天地人三合一的統合文化的了解，還沒有突破人文主義的瓶頸，因而他雖替元春算命，但他對命學的了解也屬有限。但他以這樣的思想基礎從事文學創作却游刃有餘。紅樓夢是屬於道家出世派思想的作品。這一派思想的作品在中國文學上有很重要的地位，如李白的許多空靈洒脫的詩都是，而陳摶的「歸隱」詩尤足代表，玆引錄如下：

十年蹤跡走紅塵，回首青山入夢頻。
紫綬縱榮爭及睡，朱門雖富不如貧；
愁聞劍戟扶危主，悶聽笙歌聒醉人。

攜取舊書歸舊隱，野花啼鳥一般春。

李白、陳摶都早於曹雪芹，他們兩人是以詩表現，曹雪芹則以小說表現。小說比詩更具體，小說可以涵蓋詩，詩却無法涵蓋小說，這就是紅樓夢所以特別引人注意的原因。曹雪芹是後生有幸。

最後我要說明曹雪芹是不是眞反傳統？

第一、中國文化是天地人三合一的統合文化，不囿於人文主義，而涵蓋人文主義。眞正反中國傳統文化，破壞中國固有文化的完整的是董仲舒之流，不是曹雪芹。曹雪芹接受了中國傳統文化，可惜的是他對中國傳統文化的了解還不夠透徹，還不知道中國傳統文化的統合功能。

第二、曹雪芹和阮籍、嵇康他們一樣，反的是以偏概全的人文主義的流弊，不是天地人三合一的中國文化傳統。近代知識份子胡適等人也是反對這種不是眞正的中國文化傳統的「傳統」，但他們要求政治改革和全盤西化，也是不了解中國固有文化的統合功能，中國文化精華的一面，因此功過參半，甚至得少失多。倒是曹雪芹替我們留下了一部重要的文學遺產。如果以爲反傳統文化的文學才有價值，那是太不了解中國文化傳統，曹雪芹如果不是比別人多了解一點中國文化傳統，他絕對寫不出紅樓夢。所以新文學運動了幾十年，還沒有出現過可以媲美紅樓夢的作品，由於文學西化的結果，文學的素質反而越來愈低了。

我寫此短文的目的不是想附麗於紅學專家，我志不在此。我是希望大家研究曹雪芹的思想和中國傳統文化，這樣中國文學創作才有前途，才能出現無數個曹雪芹，無數本紅樓夢。

69.1.23.青年戰士報

紅樓夢研究的正確方向

要研究紅樓夢必須先弄清楚紅樓夢是文學創作還是歷史著作？或是某一個人的家族譜系？這是一個大前提。如果這一大前提弄不清楚，研究起來就難免本末倒置。

凡是讀過紅樓夢的讀者大概都能確定紅樓夢是文學創作，不是歷史著作，更不是某一個人的家族譜系。歷史著作和某一個人的家族譜系，自然要考證來歷，不能馬虎。可是研究紅樓夢也以研究歷史的態度來考證書中一字一句、一桌一椅、一衣一帽，乃至晴雯的頭髮，這除了炫耀考據家的學問淵博之外，對於文學創作本身，和中國文學創作前途的關係實在不大。

考據之學盛於前清。考據紅樓夢受世人注目而有成果的當推胡適。因爲他解答了兩個問題：一是版本問題；二是曹雪芹的家世問題。考證紅樓夢的最大好處除了以上兩點之外，還有第三點就是作品的時代背景。這三點可以說胡適都有了交代。這是他在考證方面的貢獻，後人不能否認。

可是胡適之後，走他的老路子的人還是不少。但是對於胡適考證的成果並沒有什麼突破。以威斯康辛紅學會議再版的臺北紅學會議來說，就很難發現在考證方面的成就有超過胡適之處。以紅學權威潘重規先生來說他就說過這樣的話：

「假定紅樓夢的作者（我說『紅樓夢的作者』，各位先生都知道至今我還不大能淸楚確定紅樓夢的偉大作者是誰）」這不但在考證方面沒有突破，反而開了倒車。

而在版本方面，李田意先生也說：

「還有，關於紅樓夢前八十回，後四十回的問題，也辯論得一塌糊塗。我覺得，有人說高鶚續後四十回，有人不贊成，」因此，他想來想去是『剪不斷、理還亂，是紅學』。「你講一些東西，別的人意見不同就要打架，所以我建議：過去爲紅樓夢打的架太多了，打得也很久啦，浪費了很多筆墨，而且弄得很不歡，於事又無補，我覺得今後我們大家不要再犯這個錯誤。」

這是李田意先生的由衷之言。關於版本問題，他還有幾句話是很重要的：

「但是我們現在看紅樓夢是一百二十回的本子、後四十回好也好，不好也好，沒關係，但是我們現在有的就是這個東西，如果要建立文學理論就得靠這一百二十回。」

李先生這個看法是十分正確的。早在民國五十五年（一九六六），我就根據這一百二十回本的紅樓夢在商務印書館出版了「紅樓夢的寫作技巧」，提出我個人對這一部偉大的文學作品的創作觀，而且談到曹雪芹的思想和紅樓夢的主題。幾年前在文復會小說研究班上課時，我寫的「紅樓夢的寫作技巧講義大綱」的第四節就是「紅樓夢的主題與曹雪芹的文學思想」，我特別說明與紅樓夢的主題有關的三件大事：一是反對科舉、干祿；二是反對父母之命，沒有愛情的婚姻；三是榮華富貴過眼烟雲。這都與曹雪芹的思想有關。我從紅樓夢的結局斷定曹雪芹的思想是道家出世派的思想。這篇講義隨後發表在明道文藝雜誌，題為「略談紅樓夢的寫作技巧」，可以查考。

也許是我孤陋寡聞，我所看到的紅學文章都是有關版本、作者家世，乃至大觀園的構圖等等，沒有一篇專談紅樓夢的寫作技巧和曹雪芹思想淵源的文章。直到最近，我才看到余英時先生一篇「曹雪芹的反傳統思想」。

余先生說曹雪芹的思想淵源於莊子和阮籍、嵇康等人，這是正確的。但是「反傳統」與否，尚有待商榷。

曹雪芹的思想上止於莊子，而不及於易經，甚至連道德經也談不上。阮籍、嵇康不是眞正的道家，他們只是漢以後偏重人文主義所產生的流弊的反抗份子，但他們的反抗是消極的詩酒流連，放浪形骸，不像曹雪芹寫下了一部永垂不朽的文學巨著。如果說曹雪芹「反傳統」，他也只像阮籍、嵇康他們一樣，反偏重人文主義的流弊，而不是眞正的中國文化傳統（實際上他是接受了中國文化傳統的作家，這點必須弄清楚）。因爲眞正的中國文化是天地人三合一的統合文化。不弄清楚這一點，就難免以偏概全。由於對中國文化傳統的錯覺，因此有人强調反傳統精神，似乎凡是反傳統的文學才有價値，這是一個不大正確而且相當危險的看法。十幾年前西方的存在主義，喬伊斯（Joyce）的意識流，就在臺灣中國文壇造成一片紊亂，使讀者暈頭轉向，我之寫「紅樓夢的寫作技巧」，實在是迫於當時情勢，不得已而爲之的。

强調反傳統，必須先了解什麼是我們的文化傳統。要了解我們的文化傳統，又必須先了解六經之首的易經，而易經對於某些人又無異是天書。雖然它是有字的天書，但比西洋文字和西洋文學都要難懂得多。不澈底了解易經，就不認識中國文化，不認識中國文化，就不能談文化傳統，自然也不能强調反傳統。

「紅樓夢是涉及儒釋道三家思想的作品，因此要讀懂紅樓夢必須要了解這三家思想，不然讀一百遍也未必眞正能懂。就以曹雪芹替元春算命一事來說，又有幾人能懂？學西洋文學的人恐怕更是少之又少了，因爲西洋作家根本不懂這一套。

「紅樓夢的考證工作，本來到了胡適就可以告一段落。幾十年來，既然在版本、作者身世和時代背景方面並沒有什麼突破，爲什麼不轉變研究方向呢？研究紅樓夢的寫作技巧和曹雪芹的思想，對於文學創作和中國文學前途不是更有益嗎？當然這種研究比考證更難（但不至於「剪不斷、理還亂」。）要吸收紅樓夢的創作技巧和了解曹雪芹的思想必須具備兩個條件：一是創作經驗和一顆慧心；二是對中國文化的澈底了解。但是紅樓夢畢竟是一部前無古人（雖然它多少受了金瓶梅的影響，但它不是金瓶梅。）後無來者（到現在爲止）的偉大作品，更非海明威的「老人與海」、卡繆的「異鄉人」可比，我們爲什麼不多花點時間從事這方面的研究呢？否則豈不辜負了這部文學遺產？因此我期望紅學專家、作家，朝着這個新方向共同努力，更希望國內學術機構、新聞傳播機構，能夠召開一次「紅樓夢的寫作技巧與曹雪芹的文學思想研討會」，這就比炒冷飯、趕熱鬧、鑽牛角尖有意義得多了。

69. 8. 31. 中央日報

中大說「紅樓」

散文作家琦君在中壢中央大學中文系執教多年，本學年開學不久，他寫信告訴我說，系主任請她約幾位老作家去作專題講演，問我能不能抽空去？時間是晚上七點到九點。這不是上班時間，我比較空閒，可以從命。我和她商酌之後，決定了講題：「撥亂反正說紅樓——談曹雪芹思想與紅樓夢寫作技巧」。後來在中韓作家會議籌備會上又碰見琦君，散會時她告訴我說學生希望多講點人物，我說寫作技巧部份重點就在人物，但我還是尊重同學們的願望，將副題改為「談曹雪芹思想與紅樓夢人物」，其實怎麼講我早有成竹。因為早在十五年前我就在馬尼拉非華文教講習會講了一個月的『紅樓夢』，以後又在東吳大學講了兩次，東海大學講了一次，新竹師專講了一次，今年又在國際文藝營講了一次，中央大學是第七次了。因為我不是談考證，而是講文學創作，加之在『紅樓夢的寫作技巧』那本拙著出版之後，我又繼續研究了十五年，而且完成了修訂本紅樓夢原稿，寫了好幾篇文章，所以講這個專題對我來說是相當輕鬆的事；而以前幾次的講演，反應也相當熱烈，尤其是在東海大學、

新竹師專和國際文藝營，效果更好。

中央大學中文系學會會長廖美惠同學和我聯繫安排好講演時間。這天由黃、林、龐三位同學來接我，因為我沒有去過中大，但我沒有想到會有三位同學來接，實在過意不去。

天黑較早，加之天氣不好，正飄着毛毛雨，五點多離開臺北北站時，已經萬家燈火了。高速公路以前在白天曾經走過幾次，晚上走却是第一遭。晚上高速公路之美，大大出乎我的意料之外。沿路燈光璀燦，比正月十五夜晚的龍燈要好看得多，熱鬧得多，除了高速公路本身的燈光之外，再加上車如流水燈如海，眞勝過千萬條輝煌燦爛的游龍。這是高速公路除了達成了貨暢其流的建設使命之外，再替人間添造了一條三四百公里不夜的奇景，更使這個寶島變成了海上明珠。

六點多到中壢，再坐計程車到中大。中大座落在高坡上，風大，又飄着霏霏雨，視線不大清楚，但我已能察覺到校園的廣闊，建築的優美。據黃同學告訴我，中大同學才一千多人，十一個學系，因為地點比較偏僻，所以沒有夜間部，因此人數不多。可見政府在這一千多同學的身上投資之大！

中大的教職員餐廳氣魄也不小，內部整潔乾淨。中文系學會會長、副會長，和原來三位接我的同學一道陪我吃晚餐，席間自然談到中文系的課程，她們都覺得訓詁、文字學、聲韻學課程太重，而且枯燥。以前東吳大學的同學也向我訴過苦。以中文系四年的課程來講，文學創作的課實在少了[redacted]，很多進中文系的同學本來是想多學一點文學的，結果事與願違，弄得進退兩難。而國學浩如烟海，又深得不是短短四年可以探測，單以易經、道德經兩本經典來講，對很多人來說都是有字天書，誤解、曲解得令人咋舌，頭髮都會直立起來。還不如把訓詁、文字學、聲韻學、易經、道德經乃至南華經等升到研究所去，讓碩士、博士研究生去鑽研，讓中文系學生多唸點文學創作和理論方面的課程比較實惠，學習的興趣自然也會提高。這是我一貫的看法，也是中文系同學的心聲。希望教育當局能夠注意實際情況，技術問題應該是不難改進的。

和她們五位中文學會的重要同學愈談愈[redacted]，幾乎忘了講演這回事，還是會長廖美惠同學警覺性高，說是講演時間到了，我看看錶已經過了五分鐘，連忙同她們一直趕過去，現場已經坐了大約七八十位同學。他們中文系的人數本來不多，這個數字，應該算是不少了。原先廖會長在餐廳裡介紹給我認識的那位中文系教授也坐在第一排，當時我沒有聽清楚他貴姓，事後又不便問，十分抱歉。

首先我說明我研究紅樓夢的態度，是從文學本身入手，目的是在如何接受這部偉大的文學遺產，而不是考證晴雯的頭髮，大觀園的建築圖樣乃至桌椅板凳。我很欣賞李田意教授的卓見，和他的勇於直言。他希望大家不要再在考據上打筆墨官司，應該依據現在能夠讀到的這一百二十回本子的『紅樓夢』建立起文學理論來。這也是十五年前我出版「紅樓夢的寫作技巧』的初衷。

其次我談曹雪芹的思想。一般紅學專家很少談作者思想。我只看過余英時先生一篇大作「曹雪芹的反傳統思想」。他說曹雪芹思想淵源於莊子、阮籍、嵇康等人[redacted]，但曹雪芹不是反整個中國文化傳統，只是反其中[redacted]人文主義的流弊而已。他不但沒有反好的傳統，他倒是眞正接受了優良的文化傳統。而阮籍、嵇康之流的遁世思想，則影響了紅樓夢的結局，使賈寶玉走上道家出世派的路子。其實阮籍、嵇康算不上是眞正的道家，因爲他們缺少道家的科學知識和科學精神，他們只是消極的反抗流弊而已。中國詩人陶淵明、李白，是有道家思想的，陳摶更是出世派的詩人。道家思想使他們的詩的境界更高，達到天人合一的意境，而又不失人類社會的和諧，反而提高了人的精神生活。（中國文化的優點就在於它的統合功能。）曹雪芹的小說『紅樓夢』亦是如此。這和西方的功利哲學容易產生衝突，[redacted]思想[redacted]是大異其趣，迥然不同的。

這次講演的重點我自然放在曹雪芹的寫作技巧：人物創造上面。一部小說的成功或失敗，除了作者的思想深度之外，其關鍵在於人物；而人物的成敗，又在於語言的運用。曹雪芹的運用語言簡直妙到毫巔。我舉了不少實例，加以分析與證明。「紅樓夢」爲什麼是一部偉大的傑作？我們爲什麼要接受這部文學遺產？我又特別作了一次肯定。

最後我留了十幾分鐘給同學發問，出乎我意料之外的美滿。發問的同學很踴躍，而且都十分內行。有的問到襲人性格似寶釵，晴雯性格似黛玉，何以彼此不同？有的問到妙玉的心態；而且我一唸出第五回裡關係「紅樓夢」整個結構和人物結局的幾句「言辭」，他們便能分出所說是誰？其中有一位女同學讀「紅樓夢」讀得格外仔細，瞭解也很深，絕不在那次出席臺北紅學會議的年輕一輩的紅學專家之下，眞使我十分高興。事後我問中文系學會會長廖美惠同學她是誰？廖同學說：

「她不是中文系的。」

「還更難得！」某教授和我異口同聲說。

這次的中央大學之行，我深以爲慰。中大同學的文學修養絕非泛泛。可惜兩個小時太短，我未能暢所欲言，同學們也未能盡所欲問。像「紅樓夢」這樣一部偉大的作品，即使每天講兩小時，足可以講一學年時間。

70.11.28.新生副刊

後來我在香港大衆發揚創辦的「孫興國學院」講了一個學期，他是以紅樓夢論文得醫大學文學博士學位的，他卻請我講紅樓夢也。

二〇〇六年十一月二十九日重校

創作之路

文學作品具有感染力量和啟發作用。它和政治的、歷史的、科學的，乃至哲學的著作，都大異其趣。政治、歷史、科學、哲學，重在思想、理性，都以相當直接的方式去說服教育讀者；文學作品不然，它不直接去說服教育別人，它表現思想的方法是間接的、迂迴的、感性的，是訴諸情感而不是訴諸理性的。如果作家不能善用間接的、迂迴的、感性的手法去從事文學創作，企圖以理性去說服、教育讀者，必然失敗。那種文學作品的價值必然很低，嚴格說來不能稱爲文學創作。不少失敗的作品、失敗的作家，就是犯了那個大忌。

文學創作是一種最高的藝術，也是一門最大的學問，決非雕蟲小技。輕視創作的人是因爲他們不了解其中甘苦；把創作當作文字遊戲的人，則是不知天高地厚。

從事文學創作，必須具備兩個條件：一是才情；二是學問。一位成功的作家，必然二者兼備。徒有學問而無創作才情，只能從事學術研究和學術著作，不能從事文學創作；徒有創作才情而無學問，雖能創作，但不足觀。

才情是與生俱來的；學問是日積月累的。凡是有才情的人，不論年齡大小，都可以創作，因此有十幾歲的詩人，也有七八十歲的小說家。而年輕人的創作衝動強烈，發表慾也極旺盛，因此表現出初生之犢的精神。如果年輕時沒有這股銳氣，也像老作家一般持重，那便難以及時嶄露頭角，只有大器晚成了。

創作是一條漫長而又十分艱苦的道路，起步時的人數很多，但能走到終點的人卻很少；成名的人也不少，但眞正成功的作家並不多。何以如此？除了作家本身必須得天獨厚之外，外在的因素往往影響很大，有些障礙往往是作家個人無法突破或超越的。田徑方面的障礙賽跑不過是三千公尺，而擺在作家面前的障礙卻是一輩子的。因此，一位成功的作家除了要有過人的才華之外，還須要有過人的勇氣、毅力、信心、學問和體格。

以我個人的看法，才華、勇氣、毅力、信心、學問、體格，六者缺一不可，否則難成大器。

我在創作的道路上掙扎了四十多年，年輕時是在日本飛機轟炸之下和逃難中度過的，隨時都可以逼我停筆，其所以沒有停筆，就是由於對於文學的執着，把文學當作生命，除非生命結束，就不會停止讀，也不會停止寫。

來台灣以後，有好幾年時間，我連一張桌子和椅子都沒有，七口之家，擠在十二個榻榻米的眷舍裡，每天還要上八小時以上的班，有時星期天還要值日，而待遇之低，僅能維持生存而已。但是對於能改變我生活狀況的高官厚爵我無動於衷，那時我有很好的升官機會，但是在這方面我不願意花一丁點時間和心機。我所爭取的是一點點空閒的時間，和一個較少勾心鬥角的工作環境。等到這點最起碼的心願也不能達到時，我便以四十歲的年齡（在今天算是青年才俊的年齡），自動提前退役，斷送前程，閉門養鷄寫作。這時我有五個孩子上大學中學，生活壓力之重，可想而知。

職業性的寫作生活艱苦撐持了七八年，身體出了毛病，一是頭痛，二是風濕（長期吹電扇引起的），這對我的打擊很大，但我終於以恆心毅力克服了病痛，卻不能不暫時告別職業性的寫作生活，因此又當起公務員來。我當公務員也不是為了作官，完全是為了生活，以時間換取生活費，這對於一個從事文學創作的人來說，是得不償失，對我來說，是浪費了十多年的時間。因此，我決心在明年[illegible]可以領終身俸時，又提前退休，閉門寫作。我已經擬好一個大長篇寫作計劃，準備以三四年時間，在滿六十五歲時完成。希望老天不要再和我為難，讓我順利完成創作。（註）

創作之路是漫長而艱苦的，尤其是中國作家，要通過重重磨難和考驗。有的作家中途倒下，有的作家中途停筆，有的作家中途改行……這其間各有其不得已的苦衷，而又不足為外人道。

在文學創作上我沒有什麼成就，我所受的打擊、挫折，只會比別人多，不會比別人少，因爲我有一份不合時宜的性格，但是我決不氣餒。我的頑强，不但能夠支持到現在，而且還會繼續寫下去，不死不休。

編者要我寫兩三千字鼓勵青年人，我不知道怎樣才算鼓勵？動之以名？還是動之以利？這兩點我都不夠格現身說法。我是個笨人，我只能說我的笨話和笨辦法。

最後我還得提出一點忠告。

文學創作在基本上是精神事業，不是功利事業，不適宜於工商業社會，現狀和遠景都不樂觀，但文學作品在精神王國確實有其地位，爲三不朽之一。高樓大廈可以毀於一旦，只要人類存在，文學便不會毀滅。問題是你是否寫下眞正的文學作品？能否通過現實的殘酷考驗，如果沒有勇氣通過現實的殘酷考驗，最好不要貿然走上這條路，以免得不償失。工商業社會成功的機會很多，十年八年便大有所成的比比皆是。文學創作不然，十年八年只是一個起碼的奠基工作，甚至寫一輩子也不一定眞有所成。我早有這種心理準備，不知青年朋友如何？

70.5.10.自由日報副刊

畢生之難二：我退休時是簡任一級加年俸的重要官職，別人求之不得，我堅請退休，退休後[illegible]月退金，[illegible]加給福利金[illegible]，全操之在人。

新詩與[redacted]

新文藝作家當中，散文作家琦君、張雪茵，小說作家張漱菡，都擅長[redacted]，她們三位都是女作家，而其中兩張還是妯娌，又與我五百年前是一家，漱菡[redacted]與我[redacted]

我的文學生活是從新詩開始的，偶而興起也寫點[redacted]詩。但四十歲以前隨寫隨丟，從未留存。四十歲以後的作品，也未全留。去年出版新詩集「山之禮讚」時，因為是花甲紀念性質，所以我臨時將手邊發表過的舊詩十首收在「山之禮讚」的後面[redacted]詩，[redacted]。但是那兩首律詩我很喜愛，却一時記不起來，最近却在同事畫家曾其女士那邊發現，她給我印了幾份送給朋友。原來我六十歲時她答應送我一幅山水紀念（多年前曾送我一幅），我便將那兩首描作剪給她參考。一因她公私兩忙，二是她要構思，所以遲遲沒有動筆，後來我也忘了這件事。一天漱菡打電話給我要我蒐集舊詩給她，她有用處，我才想起那兩首詩，曾其女士說在她那裏，馬上影印了幾份給我，使我有失而復得的意外高興。現在不妨將這兩首詩抄在下面，請讀者指教：

其一

雲擁山頭霧作城，鳥來仙氣此中生。
遊人不畏沾衣雨，墨客還尋瀑布聲；
流水小橋人獨立，涼亭細雨蝶相迎；
悠悠歲月知何似？山自青青鳥自鳴。

其二

鳥來幾度自清游，此日登臨只爲秋。
御苑櫻花能照眼（註一），翡城古蹟數從頭（註二）；
倫敦塔內芳魂渺（註三），江戶宮中王氣收（註四）；
秋到蓬萊無秋意，漫天風雨不須愁。

以上兩首詩是六十六年丁巳我出席英國劍橋I.B.C.在翡冷翠召開的國際文藝交流大會之後，環遊世界，取道東京返國，在一個陰雨的秋天，且非假日，獨自遊烏來的卽興詩，題爲「烏來秋興」，詩前還有序文。當時在新生報副刊發表過，手民拼版時竟將題目、作者與另一篇篇幅同樣大小的搬家文章上下顚倒，變成張冠李戴，過了幾天，編者經我面告，乃予更正。

漱菡歡喜舊詩，她認爲舊詩比新詩味道醇厚、傳神，新詩再好，也沒有舊詩那種只可意會不可言傳的韻味。因此她在看過「山之禮讚」之後也說喜歡我的舊詩更甚於新詩。

我原以舊詩向琦君請教，却承她一再過獎。她看了「烏來秋興」之後，又在大年初一清早寫了一封長信給我，談我的新詩舊詩，並謙說她不會作新詩，不知道新詩怎樣寫法？希望我將舊詩新詩「作個貫串性的評介，讓年輕愛好新詩而不懂舊詩的人知道一點門徑……，」她的盛意可感，但我恐怕別人誤會我說教。

過去由於我寫過幾篇對新詩的諍言，引起少數新詩人的不快，所以不願再談新詩。幸而近兩年新詩已有轉變，詩人亦較冷靜，泛泛之言，諒不犯忌？

新詩舊詩，在本質上應無可爭議，其最大的差異是創作方法和語言的運用。

我國傳統詩自三百篇以降，可以說是一脈相承。形式雖小有差異，但不論四言、五言、六言、七言，乃至長短句，都是本土文化，不但在思想觀念上沒有衝突，在創作方法上也沒有採取「革命」的手段，它是循序漸進的。從古體詩到今體詩是漸進的，從今體詩到長短句也是漸進的，而且相輔相成。那種形體的變遷是創作方法的進步，不是倒退。今體詩已經很了不起了，無論絕律，在韻律、意境、形象方面都已登峯造極，但長短句更能表現韻律美，更富有彈性。因此更令人廻腸盪氣，餘味無窮。此李後主、李清照、朱淑貞之所以不讓李杜專美於前，而永垂不朽也。

新詩不然。新詩是橫的移植，在創作方法和語言的運用方面也是突變。新詩是在思想觀念和創作方法兩方面都突破了傳統的詩體，如果作者文字、語言運用的能力不夠，讀者自然不易接受。再加上有些新詩人强調脫離音樂而獨立，而又有意無意地附庸於繪畫、圖案，這不但損害了詩的韻律美，也破壞了視覺美，讀者自然更不能接受了。

中國文字有中國文字的特性和優點。由於這種特性和優點的發揮，因此舊詩表現了和諧的韻律美，又以最精鍊的文字表現了最突出的意象。因此吟詠起來朗朗上口，韻味無窮，其境界之高更因作者而異。

新詩是用白話寫的，在文字方面便不如舊詩經濟，加上新詩排斥音樂性，即使在意象方面有突出的表現，在整體美上往往趕不上舊詩。

新詩舊詩要想齊頭並進，同樣提昇，新詩要注意的是文字語言的運用，舊詩要改進的是現代思想觀念的融通，新詩不必排斥傳統，舊詩不能同時代脫節，這樣就並行不悖，兩全其美了。

舊詩和新詩並非敵對，而是一體兩面。因此，我愛新詩，亦愛舊詩。當我時間不夠，或是一時興起，我便寫詩，以詩來捕捉一剎那間的靈感。如果時間充裕，容許我沉思構想，能夠一坐幾個月不出門，我還是樂於寫長篇小說。因爲小說如長江大海，能兼收並蓄，縱橫馳騁。小說所留下的不是一個點，而是許多點線構成的面。而以寫詩的心情寫小說，小說的意趣又自不同了。因此，我也認爲詩和小說也是並行不悖的。

我不想說教，更不想寫論文，教別人如何寫新詩，如何寫舊詩？事實上詩[redacted]能教的。「文章本天成，妙手偶得之。」詩更是如此。充其量教人寫舊詩只能教教平仄，平仄再熟，詩韻背得滾瓜爛熟，也不能成爲詩人。胸中有詩，出口便是詩，胸中無詩，光用平仄堆砌，怎麼讀它也不像詩。詩聖杜甫的作品中，也有平仄不調的地方，但小疵不掩大瑜，吹毛求疵，尋章摘句，都不是作詩之道。但要寫好舊詩，便不能不多讀舊詩，讀多了不但境界會高，平仄自然也會了。這是我個人讀詩寫詩的一點經驗。

新詩不講平仄，沒有任何創作規則可循，更不能教，唯一的方法是讀。讀得多，自然會寫，好不好那是另一回事。

文學創作是要幾分天才的，沒有天才，很難成爲詩人作家。苦學可以成爲學者，但不一定能成爲詩人作家，要成爲傑出的詩人作家，那就更難了。

詩是天才火花的爆發，往往成於一瞬之間，無論新詩舊詩，大多如此。史詩又當別論。

註：

註一：日本新宿御苑八重櫻大而美，繁花滿樹，十分耀眼，堪稱奇景。

註二：義大利翡冷翠爲歐洲文藝復興發祥地，古蹟甚多，繪畫雕塑，美不勝收，歐洲美術雕塑建築，大多脫胎於此。

註三：倫敦塔內有斷頭臺，巨斧仍在，痕跡猶新，亨利八世兩后均在此伏誅。

註四：東京原名江戶，日本皇宮在此。二次大戰之前，日本奉天皇爲神明；日本戰敗之後，政體改變，實施民主，天皇爲象徵性質，毫無權力，皇宮亦開放任百姓參觀，不再視爲神聖之地。

70.3.3.戰士報新文藝

二〇〇六年歲丙戌古月重校於紅塵齋居

新詩舊詩之間

我不歡喜寫應酬文字，因為應酬文字類多言不由衷，很少性情之作。我不善於說假話，所以不說不寫。如不久前某公去世，有人約我去開會，要我寫紀念文章，我敬謝不敏。因我與某公除同桌吃過兩次飯外，向無交往，其人其行，知道的太少，如何下筆？更別說私人感情了。既無私人感情可言，自然也擠不出眼淚，我不是電視電影明星，不會演戲，連跑龍套的材料也不夠格，所以不能上臺。縱然得罪人，也在所不計也。我年紀一大把，來日雖長，也不能為別人活着。倒是和我有過交往的朋友，我知道的較多，甚至他們不如我，我反而會自動的寫些紀念文字，或是主動幫忙料理後事，因此中無利害關係，而有道義存焉。

悼念的文字不好寫，喜慶的文章亦不易為。因為慶祝文字少不了錦上添花，甚至阿諛，我又拙於此道。我雖然在東吳大學教了好幾年應用文，但一篇祝壽之類的詩文我都沒有寫過。

最近承一位上司看得起，將他的自壽詩四首影印給我看，而且要我和。不和怕失禮，全和又怕不同調，因此只步原韻和了第一首，而且加了一句序言「兼以自況也。」這首詩如下：

且從一字問原因，鯤鳥龍蛇總是塵。
滄海曾經應有淚，桑田看盡不傷神；
憂時子美誰與共？樂道淵明我最親。（註）
流水青山無限意，騎牛老李亦前身。

這首拙作雖是和詩，其實是「夫子自道」。我寫新詩四十年以上，但我偏愛舊詩，只是很少動筆，而且多隨寫隨丟，因為從來沒有想到出舊詩集。在我六十歲那年出版新詩集「山之禮讚」時，才收集了沒有丟掉的十首絕律詩，附錄在後面。出書好久之後，才發現還有兩首「烏來秋興」七律在同事畫家曾其處，因為她答應送我一幅畫，那兩首詩給她參考，我自己反而忘了，所以沒有附錄進去，其實那兩首律詩我是十分歡喜的。

在新文學作家當中，女作家潘琦君、張漱菡、張雪茵，男作家孫陵等，都能寫很好的舊詩，但我和孫陵，一潘一張友誼較深，因此，我的舊詩往往寄給他們過目，承他們不棄，每多謬獎，而孫陵兄看了前面那首和詩之後，曾兩次打電話給我，勸我多寫，我告訴他等我退休之後，過林下生活時，一定隨時吟唱，以報雅意。現在我實在太忙，幾與文學生活隔絕，一兩年之後，等我能拿月退休俸，不必爲稻粱謀時，我一定過林下生活，那時不但可以寫詩，也可完成我擬好了大綱的一個大長篇小說。陶淵明是鄉賢，我最仰慕。從小愛讀陶詩，亦曾遊其故居，親臨醉石。五十歲以後，更願老聃。我的文學生活，新詩舊詩，當游於其間也。

註：我籍隸江西潯陽，陶潛柴桑人，柴桑古名。

70.10.20.

重開詩運再造新聲

——兼談「新詩評析一百首」

不久前在中副讀到鐵陀[illegible]的一首六十五行新詩「海夢」，後來又在四月份出版的「秋水詩刊」上再讀到這首詩，更覺得鐵陀[illegible]寫這首詩寓有深意。尤其是作者一開頭就引用莊子秋水篇句：「南方有鳥，其名曰鵷鶵，子知之乎？」對於一些眼高於頂的詩人，很有點教育作用。但是我又聽見一位作家說「那些詩人根本看不懂『海夢』，這首詩寫了也是等於白寫。」不過我不敢這樣低估我們的詩人，我認為凡是詩人應該都看得懂這首不是希臘文的新詩。

「海夢」作者雖然不是以詩知名，但這首詩確極有深度。不讀莊子，不讀中國傳統詩的新詩人，一下子眞不容易看懂。

由於「海夢」這首詩，使我又想起一個老問題：我們的詩人應該冷靜地檢討自己的作品、創作方向、創作技巧，使作品的素質穩定地提升，不再搖搖擺擺，自畫小圈子，自我陶醉；放開胸襟，從善如流，共同揮動彩筆，重開詩運，創作新聲，使新詩能爲大衆接受，爲讀者喜愛，發揮詩的教育功能，而不止於作者自己關起門來自我欣賞，或二三好友相互恭維一番。因爲自三百篇以降，中國是一個詩教的國家，詩在教育中發揮了無比的作用，它對於人格的陶冶，文學的修養，決不下於西方基督世界的聖經。詩在中國有這麼深厚的根基，這麼優良的傳統，爲什麼新詩形式一轉變，就變成中國文學的棄兒呢？這豈不可惜？

新詩已經有六十多年的歷史，時間不算短，應該成熟茁壯才是。當代詩人都負有承先啟後的責任，個人的失敗，即是整個時代文學的失敗；個人的成功，也是整個時代文學的成功，薪盡火傳，綿延不絕。往者已矣，現在應該是我們共同努力，重開詩運，再造新聲的時候了。

怎麼重開詩運，再造新聲？說來話長，非本文所能盡。在這裡我只是提出這一呼籲。文學創作不能徒託空言，必須一個字一個字的寫出來，一首詩一首詩的寫出來，才能達成這一任務，也許需要十年二十年的時間。「合抱之木，生於毫末；九層之台，起於累土；千里之行，始於足下。」如果現在不開始向這方面努力，難免又會形成多少浪費。

注意詩教的詩人文曉村先生，已經有了一個很好的開始。他編註的「新詩評析一百首」值得特別讚揚的是「絕對排除門戶之見，不分詩派，任何人的作品，只要符合下列三個原則，都可以入選。他的三個原則是：

一、內容健康、富有情趣、有益青少年情操之陶冶者。

二、語言表達，比較明朗，易為青少年所能接受理解者。

三、表現技巧比較完美，可供青少年及初習新詩朋友之範例者。

文曉村先生編註的這兩册「新詩評析一百首」，以客觀公正的原則，完成了艱巨的編註工作。雖然仍難免滄海遺珠，但我相信那是由於資料蒐集的困難，決非故意排斥。所選的詩也不一定是每一位詩人的代表作，但合乎他自己所定的原則。希望他能再接再厲，編一部能代表每一位詩人，代表全中國的新詩選出來。如果文先生個人力量不足，可以集合有志之士共同來作這一神聖莊嚴的工作，以正詩風，重開詩運。

69.6.23.中央日報

二〇〇六年丙戌十月二十五日重校於北投

心靈世界的喜悅

——讀李佩徵先生「旅美詩抄」

我自我放逐於詩壇之外二十多年，有好有壞。好的是目不迷於雜色，耳不亂於噪音；壞的是錯過了一些眞正的詩人和一些可讀性高的作品。如活躍在臺北商場、西門鬧區、富有而不俗氣的詩人李佩徵先生即其一例。如果不是文曉村先生最近代送一册精裝的中英對照的他的「旅美詩抄」給我，我眞不知道臺灣詩壇有他這位詩人。正如三十歲以下的青年人多半不知道臺灣詩壇有我一樣。李佩徵先生隱於商場，我是自我消失，各得其所，各安於心。大概也只有我們這種年齡的人才有這種愚行。看他的簡介，知道他是一九二〇年生，與我剛好同庚。

因爲有一段時間未讀新詩，所以我也沒有看到他以前出版的「小船之歌」。在這本詩集裏讀到別人評介「小船之歌」的文字，以及所引的「棕櫚樹」等詩，覺得那也是可讀性高的詩，沒有一句令人嘔吐，反而表現了作者高雅的氣質。

詩人的定義應該不局限於寫不寫詩。有些人用詩的形式寫了很多文字，但他未必是詩人；有些人寫得很少，甚至一首詩也沒有寫過，但他在氣質上却是天生的詩人。他的一舉一動，一言一行，都透着幾分詩人的高雅，而了無俗氣、霸氣、小家子氣，這種人會使人在心底承認他就是詩人。

李佩徵先生在「旅美詩抄」的自序「心靈世界的喜悅」中開頭就說：「我是一個沒有什麼偉大氣識的人，但深感物質文明這個無底的深淵，如果不寄託在心靈生活的喜悅之中，是永遠也無法滿足的。我也沒有什麼偉大詩人的才氣，也無法在我的詩中宏揚出一股浩然的正氣，給讀者悲天憫人的感受，或開創理想世界的影響。我只想在我的作品中，表現我的心靈世界的喜悅。」這是很平實的說法，他的作品也確實表現了他個人心靈世界的喜悅。

閔垠先生說他是一位「誠實淳厚的詩人」，從他的詩中也能體會他的「誠實淳厚」，毫無「飛揚跋扈」之氣。他在「邀宴」一詩中有如下的詩句：

詩，走在溫柔敦厚的路上
把一顆赤誠的愛心
付於人
付於一草一木一花一葉

世界與我有關
人類與我有關
我們要播散一些芬芳的種籽
使人類都能感到一些溫暖與祥和

這就是詩人的溫柔敦厚，而不是暴戾囂張。不但不會造成嫉妬、憤恨、嘔吐，而自然呈現出人性的溫馨，社會的祥和，顯見作者深受中國傳統人文主義的薰陶，是屬於有根的一代。儘管他採用了西洋詩的形式寫作，是屬於所謂橫的移植，但在詩的內涵方面却是縱的繼承，這是中國新詩一開始就該走的一條大道，可是一直走得很不穩定，而新詩一發展到臺灣「現代詩」階段，却以偏鋒是尚，幾乎完全失去了溫柔敦厚的中國傳統詩風，有些詩的乖張偏激，甚至在現代西洋詩中也不多見。這是中國文化的失落，無根的後果。

一切文學創作，都是精神活動。無論詩、散文、小說，它所要呈現的都是作者的心靈世界，尤以詩與小說的表現更爲突出；而詩往往是直接表現，不像小說那麼轉彎抹角，曲徑通幽，因此讀其詩更應見其人。作者人格的直接投射，從他的心靈世界可以一覽無餘。李佩徵先生所展露出的心靈世界，是「春風習習，流水潺潺。」沒有狂風暴雨，沒有怒目橫眉，沒有嫉妬，沒有囂張；而更難得的是，一個在商場中打滾的人，居然沒有帶給讀者一絲銅臭。

這和附庸風雅者大不相同，和自命詩人雅士者亦異其趣。由於他「追求一份心靈世界的喜悅」，也帶給讀者一份喜悅。他在「漣漪」這首小詩中就有這樣的句子：

我心有千層的怡悅
不知是春風吹拂湖水的波光這麼美
還是我心依戀漣漪的韻律這麼美
我醉在這美景中
不能自已
世界彷彿就是爲我塑造的

這種詩所傳達的是一種寧靜美，一種自我滿足。正如作者所說「我想上天賦予我們的，實在是已經非常豐富了，我們應有一份知足和感謝的心。」

今天很多人，即使他擁有整個世界，他還是不會滿足，這就是世界動亂的根源，社會不安的導火線。照西方功利思想來說，不滿足才是進步的動力，但是知進而不知退，正是西洋文化失調難以和諧的原因。今天我們在文學上受西洋文化的影響太大，尤其是「現代詩」和「現代小說」，因此也造成了我們的文化失落、文學失調。而李佩徵先生的詩則完全沒有這種現象。他表現了人與自然的和諧，人與人的和諧。現在他雖然身在美國，但他的思想是「

純中國的。」這種純中國思想也帶給我一份喜悅，這是讀「現代詩」很難有的一種感受的。

讀「現代詩」總有一種不像中國人寫的詩的感覺。這篇文字旨在說出我的感受，不是書評，也不談李先生的創作藝術，批評文字還是讓行家去寫吧。

寶刀未老

像我這種年齡的人，嘴上無毛的時候，長輩會板起臉孔罵我們乳臭未乾；即使嘴上長了鬍髭，長輩也未誇獎我們一聲青年才俊；等到年屆花甲但體力未衰，早就有年輕人罵我們落伍，要把我們打進阿鼻地獄。我們大多很識趣，都能讓賢；而我更在「青年才俊」的年齡就自動靠邊站，讓賢惟恐不及。可是我們這一代人沒有享過上一代人的福，上一代人也沒有吃過我們這一代人這麼多的苦，下一代人更是在溫室中長大的，不知道冬天赤腳穿草鞋和吃八寶飯的滋味，更不知道炸彈噓噓血肉橫飛是什麼情景？但是我們決不怨天尤人，打落門牙和血吞，我們認了。

公孫嬿兄就是和我同時代的人，我記得他也是屬猴的，我們不但同時代，而且同庚。但是我比他還早幾年穿上二尺半和草鞋，多吃了幾年苦。不過他是一位道道地地的軍人，而我沒有帶過一天兵，也沒有下過連隊，我派到的最下層單位是集團軍總司令部，後來在軍部就過幾個月，到臺灣以後最低層單位是海軍總部，因此我只能算是個半吊子軍人。但是有一點我們是相同的：很早就拿起筆桿，到現在還沒有放下；而且都是從詩開始，而小說、散文。他是砲兵出身，我連砲管也沒有摸過，但是他知道我是一管口徑不小的大砲，只是不輕易開砲而已。另外我們這一代的人還有一個共同特徵：多少有幾分豪氣，而無小家子氣，或是霸氣；往往只見其大，不見其小。因爲缺少小心眼兒，因此吃虧的時候總是比較多，但是我們都不在乎。

這二十年來，公孫嬿兄在事業方面比我順利得多，我解甲已經二十年，他則步步高升，而且多半身在國外，表現不凡。我們相聚的時候實在很少。但是六十六年我路過華府時，他特地開車到車站接我，而且接到他府上去住，眞是衣不如新，人不如故，除了他這份故人情之外，另外當然還沾了康齡的光，因爲她和我是江西老表。那天晚上康齡帶我逛超級市場時，實在因爲頭天晚上在紐約沒有睡好，加上從倫敦到美東時差尚未適應過來，疲倦得很，辜負了她一番好意。而公孫嬿兄這時正忙（事後我才知道），他正競選華府武官團長，我離開華府到俄亥俄看報才知道他當選了武官團長。但是在他府上時他還是抽空陪我聊聊天，一談就自然談到國內文藝界的情形。

他和康齡雖然去國多年，但他們對國內文壇情形並不隔閡，他們夫婦和我都有同感。正如他在「大姐、小姐」這本剛出版的散文集後記所說的三四五六點一樣，因此我要在這裏略為引用一下：

「第三、前一陣子，有些自命專家的洋人，研究中國現代文藝作品，大放厥詞說『五十年代』是段寫作的空白，充份表現了這批洋人對於我們國家的無知。我記得由民國三十八年自大陸來臺以後，到五十年以前，正是文藝創作旺盛時期。因為聚此一時代各省精英於臺灣，身懷國家[redacted]之痛，他們曾透過各種文藝形式，表現於文墨。因為那時還不作興相互標榜吹捧，也許就被淡忘了……

第四、我們中國人生逢這麼一個大時代，歷遭侵略與兵燹之苦，但是由於五千年文化傳統的支撐，文藝[redacted]作者[redacted]沒有失落感。[redacted]我們享有寫作的自由，因而才形成此一時代的文藝興盛。如今許多年輕人生於安樂，認為他們出生以前，國家的經濟就是如此繁榮，不知艱苦奮發，一味的墮落模倣西方，[redacted]

第五、報紙副刊，以及各種文藝性刊物的主編，因為他們負責選稿，可以左右一代文風，不可不慎戒遴選。副刊原是我們報紙的一大特色，外國沒有。我以為副刊多少總應保有一點文藝氣息，不宜標奇立異的搞成五花八門，類似電視上的廣告節目，[redacted]的

[illegible]。讀者需要的是『純』，而不是『駁』。

第六、早期寫作者的取材，多能由現實的生活中去發掘資料。各報也只是問作品，有其選擇的尺度，爲人信服。自『獨家的』作風興起，投稿偏難。在同一副刊上，難得見到可讀性高的、同一作家的作品，除非被圈定爲力捧的人。文壇上掀起一陣歪風，迄未稍息。似乎大權在握，就唯我獨尊。想到何處，就作到那裏，完全失去了章法，而全憑魔術似的靈感。若干不成器的作者，被硬生生的[illegible]撐起。如此全心全力製造出的作家，變成隨時可幻滅的假象，對讀者形成欺騙。

公孫嬿的這番話，表現了他的砲兵精神，沒有道德勇氣是不會講出來的。

他的這本散文集子裏的三十五篇文字，十之八九都是五十年代前後的作品，但在作品內容方面則可上溯到二三十年代，都是他個人的生活體驗，沒有無病呻吟。因此特別富有時代感。如「蜈公雞」，不到高登島，就不知道有這種專吃蜈蚣長大的雞。而「洋人聽京戲」、「我見放洋記」，是諷刺數典忘祖，崇洋媚外的文字，是我們這個時代的一大病症。「跑山大競賽」是寫金門軍中生活，是向壁虛構不出來的。

中美斷交，他奉調回國之後，當了一陣子主管。今年調了一個輕閒的工作，他又有時間舞文弄墨了。讀其文，豪放依舊，綺情減少，深度增加，這是好現象。以他在軍中、社會、國內、國外的豐富生活經驗和長久的寫作年齡來說，應該可以寫出很多「叫好又叫座」的作品，就以我在他家作客那天，就勸他一旦卸下重擔，應該好好寫點回憶錄什麼的，這是別人無法取代的，也無賢可讓。別的事個人無法作主，寫作這檔子事，多少還可以操之在我，我們寫的固然別人可以不要；但是別人要的，我們也可以不寫。愛擦粉的讓他擦粉；愛戴花的讓他戴花；愛賣笑的讓他賣笑；不擦粉、不戴花、不賣笑，總不失爲女人，而且也不需要別人檢定承認。「作家」這個三百六十行以外的頭銜，可以值個幾百塊錢一千字；也可以是無價之寶。而這種價值的判斷，不在你是否像明星歌星一樣地到處「作秀」拋頭露面，讓人評頭論足，而在作品本身。捧之則喜，貶之則憂，是無定力；只有埋頭讀書，埋頭寫作，才是正經事兒，其他可以不必在意。「不爭一時，要爭千秋。」這不僅是政治家應有的抱負，更是作家的座右銘。文學藝術本來是千秋事業，不是吹泡泡糖。今天的大衆傳播工具花招雖多，愛之捧上天，惡之打進阿鼻地獄，可收一時之效—提高票房價值，但不能肯定文學藝術價值。肯定文學藝術價值的多半是後世的讀者、文學史家，因爲他們保持距離，絕對客觀，對作者個人無所好惡。如果我說公孫嬿是當今中國首席作家，那是感情用事，正如某位身居美國，大捧某位自投羅網又在四人幫時期重返自由世界，紅遍海內外的女作家的「大批評家家」一樣，他無意中說溜了嘴，說自己愛她，這就是司馬昭之心了，這種捧場的價值自然要打問號。我說公孫嬿生活經驗豐富，寫作年齡長久，如今再鼓餘勇，努力寫作，而「豪放依舊，綺情減少，深度增加」，這應當是持平之論，不是感情用事。如果說他「寶刀未老」，亦不為過，鼓勵朋友總不是壞事。

69.11.23.青年戰士報「新文藝」

二〇〇六年丙戌十二月二十四日重校於北投

滄海桑田

——老高雄的新觀感

草草勞人，不知老之已至，當年我住在左營時，正是三十來歲的青年，離開左營上臺北時，也不過三十七八歲，這次重遊高雄，猛然發現今日高雄已不是我當年騎腳踏車遊樂的高雄了，時間相隔了二十多年，我在左營生的小兒子已經三十一歲，和我從大陸初到左營時的年齡恰好相當。歲月不居，又是一代新人，如果我不幸短命死矣，那就看不到高雄改爲院轄市，和市政府前的地下街以及大港埔的新面目了。

高雄和臺北是不相同的。高雄有熱帶的情調，尤其是鳳凰花開得熱鬧而火紅，顯得熱情似火。高雄的太陽威力也十足，很少懶洋洋的樣子。高雄的雨季也和臺北不同，臺北的雨可纏綿三四十天，不大不小，斷斷續續，高雄的雨來勢洶洶，下得大，停得也快。高雄的性格爽朗而熱情，不像臺北令人難以捉摸。

最近參觀農漁畜牧事業，隨團到了高雄，當夜魏端兄特別帶我遊地下街，當我走到陸軍服務社時，如果不是這棟舊建築，我簡直不知身在何處？因爲改變實在太大了！這地方本來是我當年從左營來高雄的必經之地，乘五路公車一定在此下車，然後安步當車，在大業書店坐坐或是在光復戲院看場電影。但是這天晚上，我却眼花撩亂，不是我老眼昏花，實在是改變太大了。這一帶的建築我只認識一座陸軍服務社。當年它是最神氣的房屋，如今却是那麼矮小衰敗而不調和。當年的體育場已經變成了漂亮的公園，我更沒想到下面還有三層地下街。地下街的氣派很大，不但臺北沒有，我在羅馬（地下羅馬是古跡，窄狹如坑道。）佛羅倫斯、米蘭、威尼斯、蘇黎世、日內瓦、巴黎、哥本哈根、倫敦、紐約、華府、舊金山、東京等大都市也沒有見過。這是高雄市的一大特色。愛河也乾淨多了，在河邊小立，也沒有聞到臭味。

當魏端兄帶我去夢餐廳喝咖啡時，我陡然發覺這地方原來是大港埔！當年這是高雄的落後地區，如今却大廈林立，街道和中正路一樣寬敞，實際上比中正路更熱鬧。這在我看來，彷彿是變魔術一樣，一夜之間興起來的。夢餐廳的咖啡廳之豪華，臺北也少有。在我這個不大上咖啡廳的人看來，簡直豪華得有些浪費。尼黎紅磨坊也沒有這麼氣派的高樓大廈。而咖啡廳裏生意之好，就不能不慨嘆大家太有錢，太講究排場享受了！

本來魏端兄想約前大業書店老友陳暉兄和我聊聊，因時間已晚，他不在戲院。第二天中午吃午飯時，魏端兄和陳暉兄連絡上了，陳暉兄趕到旅社來匆匆一晤，老友重逢，格外愉快。他是一位最有文化氣質的出版家，當年他初創業，資金不足，他看了拙作長篇小說「閃爍的星辰」原稿，立即決定斥巨資出版，我也不先發表，當時他就一次付我六千元的版稅，那時六千元，超過了我一年薪餉，黃金才兩百三十元一兩，以一個私人的書店，拿出這麼大氣魄替我出版三十多萬字的兩本長篇，在我四十多年的寫作生涯中還沒有遇見第二個！（香港亞洲出版社不同，那是美國人出錢，張國興出面，財力雄厚，與陳暉兄個人慘澹經營不能相提並論。）他是一位最有文化氣質而又眞懂文學的出版家（「閃爍的星辰」封面也是他親自繪製），還是抵不住太商業化的歪風，終於結束了出版事業，這是十分可惜的事，也是文化的沒落，文學的悲哀。今天許多出版社書店的出版品，多是茶餘飯後的消閒品，很少正統文學，長篇小說之少，令人吃驚。

高雄匆匆來去，浮光掠影，下次單獨來時，當仔細看看，並和老友多多聚談，重溫舊夢。

[redacted]

[redacted]艾青[redacted]「光的贊歌」

[redacted]把小說家巴金、詩人艾青都[redacted]。[redacted]巴金到[redacted]巴黎；[redacted]艾青也隨[redacted]經濟代表團到義大利、西德等國[redacted]。

艾青是浙江金華人，原名蔣海澄。民前一年生，[redacted]。照中國習俗算正好是七十歲。他在民國十八年曾赴法習畫，民國二十一年回國，專心寫詩，與[redacted]胡風[redacted]十分接近。由於胡風的大力吹捧，在抗戰期間，艾青已經成為中國詩壇大紅大紫的詩人。

他的第一本詩集是民國二十五年出版的「大堰河」。以後他寫過「他死在第二次」、「黎明的通知」、「北方」、「曠野」、「火把」、「吹號者」、「向太陽」等詩。毛[redacted]在延安發表文藝講話之後，他[redacted]他特別選了延安附近的一個農民[redacted]「吳滿有」，替他寫了一首長詩，在重慶新華日報發表。據他自己說他寫好之後一次又一次地唸給吳滿有聽，直到他聽懂了，滿意了，他才定稿。那首詩寫得很平實，也很口語化，[redacted]也產生了詩的效果。

在創作上艾青是相當認真的，他的文字平實，但具有形象美。抗戰時期他和臧克家、老舍等都寫了不少長詩，但就詩論詩，他和臧克家工力悉敵，老舍的詩只是通俗而已。臧克家和艾青的詩平實穩健，用字考究，這是他們兩人的長處。[redacted]比他們後一輩的青年詩人綠原[redacted]他才氣縱橫，熱情奔放[redacted]。[redacted]

艾青從一九五七年被[redacted]放北大荒到一九七八年[redacted]，艾青整整過了二十一年的[redacted]流放生活。[redacted]，這真是詩人的悲劇、時代的悲劇。[redacted]

[redacted]。

[redacted]艾青自己的感受自然比我們更深，因此，他在一九七八年八月到十二月期間，寫了一首兩百七十八行的長詩「光的讚歌」。這首詩經中央社巴黎特派員，詩人楊允達兄影印一份寄我。上次他返國述職時曾和我談起這首詩，希望我分析一下。

這首詩顯然是在一本十六開的雜誌上拷貝下來的，不少簡體字需要猜一會才認識。

在詩的風格上，[redacted]艾青並未改變，還是相當平實穩健，[redacted]

在這首詩裡他一開頭就寫：

每個人的一生
不論聰明還是愚蠢
不論幸福還是不幸
只要他一離開母體

就睜着眼睛追求光明

還是開宗明義，基本原則的確立。

[redacted]他過了二十多年[redacted]的「牛棚」中的[redacted]生活，他的痛苦不是我們所能想像的，他[redacted]對光明的渴望[redacted]不是我們所能體會的。因此在第四節一開頭就[redacted]

但是有人害怕光

有人對光滿懷仇恨

因爲光所發出的針芒

刺痛了他們自私的眼睛

歷史上所有的暴君

各個朝代的奸臣

一切貪婪無厭的人

爲了偸竊財富、壟斷財富

千方百計把光監禁

因爲光能使人覺醒

凡是壓迫人的人
都希望別人無能
無能到了不敢吭聲
讓他們把自己當作神明

凡是剝削人的人
都希望別人愚蠢
愚蠢到了不會計算
一加一等於幾也鬧不清

他們要的是奴隸
是會說話的工具
他們只要馴服的牲口

他們害怕有意志的人

他們想把火撲滅
在無邊的黑暗裡
在岩石所砌的城堡裡
永遠維持血腥的統治

他們佔有權力的寶座
一手是勳章、一手是皮鞭
一邊是金錢、一邊是鎖鏈
進行着可恥的政治交易
完了就舉行妖魔的舞會
和血淋淋的人肉的歡宴

以上這些詩句，似乎是寫中國人，其實也是針對整個共產政權，[illegible]公

畢人注

[redacted]

[redacted]做了三十年惡夢的艾青，[redacted]仍然不失其[redacted]純真

艾青

我一九九0年應邀訪問大陸作四十天遊大陸文學之旅時，第一站就是北京。恰巧[redacted]趕赴新春詩會，[redacted]我和新華社北京社長張選國、詩人雁翼等五六位文友去協和醫院探望他時，是第一次見面，雖然在他主編的『詩選』上選了我三首題為『四月』的新詩，但是我不知道，是二00六年住在南昌的文友告訴我的。但艾青和我一見如故，他一直握著我的手懇談。他的真誠直爽，為我所罕見，[redacted]告辭時他突然失聲哭了起來，大家驚呆了，[redacted]一陣，雖然異更背負著自身去贖罪，艾青是金華人，卻有燕趙男兒慷慨悲歌的氣概，捧詩為雅文藝書生之所，辛去世後也葬在其家鄉八寶山，這也算是一種禮遇。我一生[redacted]不記不富，

但[redacted]我有自知之明，我已在林口買了一塊八坪小墓地，以免死無葬身之地。當然不如殷會長

創辦人王惕吾

先生有那種氣派。

不過[redacted]我英五六中國有的世界名人傳記辭典中都有我也被英國公司出版的世界散文小說第二卷

介紹作我的作品，這大概不是阿Q總作的夢

二00六年丙戌二月二十五日午夜

大海與細流

中國文學源遠流長，自三百篇以降，迭有高潮，佳作如林，才人輩出。中國五千年歷史文化最可驕傲的不是東征西討開疆拓土的武功，而是潛移默化聲氣相通的文學。因此永遠活在中國人心裡的不是那些炫赫一時的王侯將相，而是當年窮愁潦倒的詩人作家。今天的詩人作家大可不必在富商巨賈和權貴面前自矮三尺，其間高低十年二十年後立見分曉。但問題是你有沒有嘔心瀝血地寫下與人類、國家、民族息息相關的不朽之作？

歷史文化是不可中斷也不能中斷的。文學是文化的一環，文學是不能脫離文化而單獨發展單獨存在的。創新是推陳出新，不是割斷傳統；割斷傳統，是自挖牆腳，自絕生機。創新也不是[redacted]向西洋文化西洋文學[redacted]賣身投靠，是有獨立思想人格和對文化文學有真知灼見的作家所不齒的。

今天的老作家也是過去的青年人。三十年代是一個階段，五十年代也是一個階段，三十年代、五十年代的作家成就不妨留待文學史家論斷，但是他們都沒有繳白卷。六十年代是一個蒼白、虛弱、迷幻的年代，七十年代八十年代又將如何？值得大家深思熟慮，然後出發。

作家有大抱負是好的，我更虔誠祝福每位作家，不論是年輕的年老的，人人都能不朽，人人都成大器。但大海是由涓滴和細流滙成的，沒有涓滴和細流不能成其大海；更不能一心想成爲世界級作家，便唾棄自己的文化，自己的文學。

沒有自己的土壤，文學不能生根；

沒有涓滴細流，不能成爲大海。

黑女人註：自一九五九以來，我一直默默地筆耕，不求聞達，不求富貴。在這個傳媒操作成敗事業的時代，難得，難得。小成為文學市場主流的企業社會，我隱居大屯山下，讀書寫作，我重要的作品都是在日下紅塵寄廬中產生的。我退休下來專心寫作近兩百萬字的大長篇小說《歷史悲情》，愛我者多認為我會白費人家力，我自己也有[illegible]之[illegible]高陽的心理準備，結果發表，出版之順利，跌破了很多人的眼鏡，該文評今被選錄到中國文化年鑑，[illegible]開闊，我並未被列新聞圈名單，連我也沒有想到，該文評今居然展覽會場展出，這實在是個諷刺。

二〇〇六年十一月二十一日 [illegible]

文學與科技

現在是科技時代，不是文學時代。不但科學家受人重視，最基層的技術人員，也得到他們應有的經濟地位，和社會地位。作家不然。不但藉藉無名的作家被社會忽略，即使是著作等身，在國際間亦名見經傳的作家，也不受社會尊重，這是事實。雖然有極少數寫作的人還生活在夢中，自我陶醉，甚或自擡身價，但夢是夢，現實是現實，是瞞不住明眼人的。別的作家感受如何？我不知道。就我個人感覺來說，當有生人當面恭維我是「大作家」時，不論是眞情或是假意，我總像是突然被黃蜂螫了一下一樣，痛在心裏。是不是我有神經病？或是感覺特別敏銳？那非經醫師檢驗，不能確定。依常理來說，年紀大了感覺一定會遲鈍一些，但奇怪的是，我年紀越大，這種感覺越敏銳，年輕時反而渾然不覺。那種渾沌年齡，以文學當作生命，也以詩人作家爲榮。因此，我五個孩子，四個大的我都要他們學文學，兩個在臺大外文系學英國文學；一個在師大英語系，一個在師大國文系，雖然師大是以培養師資爲主，但不能說他們學的不是文學。

由於我發現四個大孩子學的不像那麼回事，我自己年紀也漸漸大了，夢也漸漸醒了，我開始有點後悔，不該讓他們去學文學。因此，不能不亡羊補牢，鼓勵最小的兒子選良去考甲組。小兒子也聽我的話，在數理方面多花了一點功夫，高中考取建國中學。大學聯考時，把他的分數少算了十幾分，分發到成功大學土木系，我請聯招會覆查，聯招會不肯查卷，只說分數沒有算錯，我沒有辦法，小兒子也很懊惱，但是不能不唸。我為了安慰他，親自送他去臺南辦理入學手續。大一時他很不安心，一面唸土木，一面準備重考，第二年重考，考取清華大學核子工程系，算是很理想，清華大學也一再表示歡迎他去唸，但他幾經考慮之後，覺得犧牲一年時間很可惜，最後決定轉成大化工系。成大畢業後考取研究所，我要他拿了碩士再服兵役，他却堅持服了兵役再作打算。他想出國留學，我說我沒有錢供他自費留學，除非有獎學金。他抱着走着瞧的心理去服兵役，而且運氣不好，抽籤分到陸戰隊，在南部服役，消息不靈通，工作又忙，不能參加托福補習，又無時間看書。幸好GRE和托福考試都及格了，但是由於他顧慮我沒有錢供他留學，在作事和留學兩者之間，猶豫了幾個月，申請獎學金遲了一步，只請到俄大春季班一學期的獎學金，到了這個地步，我便不得不替他張羅，終於讓他在六十四年（一九七五）陰曆年前赴美深造。

由於家裏無錢，因此在國外唸書心理壓力很重，直到第二期學期獎學金拿到，才輕鬆下來，順利拿到碩士學位，又申請到聖路易華盛頓大學獎學金，繼續升造，而且在兩年前結了婚。媳婦原來是學物理的，後來改學材料科學。他們兩人是我們家庭中的例外，更和我是背道而馳。但我一點也不覺得有失顏面。媳婦取得碩士學位後就開始工作。兒子剛取得博士學位，也找到了工作，是年薪三萬一千元的化工工程師。我幹一輩子也拿不到他一年薪水的退休金，寫了[redacted]年也沒有一次拿過這麼多的稿費。我在商務印書館和中華書局出的九本書，一年也拿不到一萬塊錢臺幣的版稅。別的地方出一本書，雖然一次能拿一萬多塊錢的版稅，但也只此一次而已。我其他四個學文學的孩子比我還糟，他們不但不能拿稿費貼補生活，連工作也是我托朋友幫忙才找到的，他們的前途可以預料得到還趕不上我這個沒有出息的老子。因為他們是學文學的。老子不是學文學的，但賣文還賣了幾十年，他們是學文學的，還不能像我一樣養字療飢。

文學雖然可學，但作家不能學。沒有文學細胞、適當的教材，和第一流的作家作老師，縱然拿到文學士的學位，上焉者不過作作學問，研究研究；次焉者照本宣科，再教教別人；下焉者却連秘書工作都幹不了。找一份普通工作都成問題，即使找到了，待遇也很低。作家即使沒有文學士的學位，但要筆桿的能力却比空頭文學士強得多，幾百塊錢一千字的稿費還賺得到，但比起科技人才却差多了。如果以同樣時間拿個文學士、碩士、博士，和學理工的比較，其待遇地位便相差很多。要想成為一位稿子賣得出去的作家，最少也得十年八年的奠基磨鍊。以我小兒子來講，五年多一點時間拿個化工博士，一出來作事年薪就合臺幣一百二十來萬。我幹了一輩子公職，文職事務官職，不過清湯寡水兩萬元；寫作了四十年經歷，除了浪得一點不能當飯吃，也不能當茶喝的虛名之外，稿費還不足以養家活口。眞是「文章誤我，我誤妻房。」而且一誤再誤，我還誤了四個大孩子。如果他們學別的科系，都會比唸文學强一點。由於前車之鑑，因此我從不鼓勵學生走文學這條路。我在東吳大學教了十年，不論是文學系或別的系的學生，對少數有文學天才的學生，我也只鼓勵他們欣賞文學，以文學怡情養性，以寫作消遣則可，絕不慫恿他們以寫作爲職志；反而鼓勵他們先學一技之長，行有餘力，則以學文，則以寫作，這樣生活才不致於毫無保障。因爲我認爲作家是無法在現在教育制度之下的學校裏教出來的，能不能成爲作家？不在於是不是學文學的，而在於是否有創作才情。即使有創作才情，成了作家，還是不能解決生活問題。至於作家的虛榮，大可不必羨慕。在我看來，作家並不是什麼光榮的頭銜，尤其是寫的人比讀的人還多的時候，作家的身價更高不起來。即使能寫出足以流傳千秋萬世的不朽傑作，那也是身後的事，你自己並不知道你是否不朽？活着的時候是沒有多大的光彩的。徐訏如此、姜貴如此、李春陽如此……和我有交情的作家，活着的時候人人如此，尤其是風骨不凡的作家，更是如此。

此……和我有交情的作家，活着的時候人人如此，尤其是風骨不凡的作家，更是如此。

這是一個科技時代、工商社會，不是文學時代。既然碰上了這個時代，就不能不認清事實。閉着眼睛寫文章固然不行，閉着眼睛作白日夢，就有點可笑了。

二〇〇七年十月二十一日重校

作家的生死榮辱

美國今年的普立茲文學獎得主是一九六九年憤而自殺的約翰・甘乃廸・屠爾，由於他的小說「愚人同盟」找不到出版商出版，而出此下策；其中紐約著名的西蒙出版公司退稿時還說這本小說沒有什麼特色，「言不及義」。這對於任何一位作者來說，都很難堪，不僅是年輕的屠爾。

屠爾由於年輕，加上西方人知進而不知退的功利思想，在他三十二歲的英年，吸進大量汽車廢氣，而自殺死亡。

屠爾是一位在文壇未出茅廬的青年人，他的自殺在當時可能沒有引起社會的注意，但一位文學青年的自殺，總是令人惋惜的事。如果他不早死，未來的成就自不可限量，也許會成爲美國第二個海明威。但遺憾的是，海明威雖然名滿天下，活到六十多歲，最後還是飲彈自殺。

無獨有偶，不但諾貝爾獎得主海明威自殺於先，日本作家諾貝爾獎金得主川端康成也自殺於後，不過川端康成自殺的方式不同於海明威，他用的是煤氣管。

以榮譽來說，諾貝爾文學獎應該是作家的最高榮譽了，而功成名就的海明威、川端康成，又都是六七十歲以上的老作家，最後還是不免於自殺，這對於年輕的作家，乃至所有尚未功成名就，自然也沒有海明威那樣坐着專機、私人遊艇隨心所欲地遊歷，消遙自在的經濟條件的作家，留下一大疑問：人生到底追求什麼？作家是否要成為超人、上帝才會滿足呢？

我個人認為文學創作和其他工作性質不大一樣，其他工作可以按年、按月，甚至按件計酬，文學創作不同。現在報紙、雜誌對文學作品雖然也按字計酬，但這只是一種報酬方式，是形式的，不是價值判斷。稿費、獎金都不能涵蓋文學創作的意義。

文學創作是一種精神活動，個人思想情感的發洩，作品完成了就了却一樁心願。至於發表、出版，那就要受外在因素影響，不是作者自己所能決定的。當然，以臺灣的情形來說，這種外在因素作者自己就可以突破，如果你有錢的話，愛印多少就印多少，愛怎麼宣傳就怎麼宣傳，是沒有什麼限制的。

因為文學創作在基本上是精神活動，便不宜有太多的功利思想存在其間；作家如果也像普通人一樣，功利觀念太重，患得患失，難免會走上屠爾、海明威、川端康成同樣的道路。

屠爾是由於著作不能出版，憤而自殺，但他還十分年輕，何必操之過急？任何作家初出茅廬都會遭遇困難，蕭伯納早年的作品也沒有人要。後來他功成名就，成爲百萬富翁之後，諾貝爾獎金他也棄如敝屣。蕭翁生性幽默，所以終成大器，如果他在三十多歲就自殺了，就不會成其爲蕭伯納。

海明威之自殺，是由於精神上找不到出路；物質條件再豐富，也塡補不了精神生活的空虛。川端康成之自殺，是由於盛名之累，躭心再也寫不出更好的作品，也是精神壓力太重，一個諾貝爾獎，終於把他壓死了。

以上這三位作家，年輕的也好，年老的也好，都是死於世俗觀念、功利思想，不足爲訓。作家和普通人不同，應該有更高的精神修養。如果作家在精神生活方面不能自我提升，也不可能寫出意境很高的作品，只有精神生活不斷的提升，作品意境才能更上層樓，不爲世俗觀念所囿，功利思想所害。

人生有很多事都只能盡其在我，求其心安，其他不必多所計較。名也好，利也好，得失榮枯，有數存焉，勉强不得。人貴乎自知，不能自知，猶如盲人騎馬。作家亦如是。但西方人大多不足以語此。屠爾、海明威亦不例外；日本的川端康成、三島由紀夫，也是五十步與百步。

反觀《紅樓夢》的作者曹雪芹，雖然窮得衣食不周，仍能詩畫自娛，笑聲盈庭；陶淵明

「飢來驅我去」，仍能「悠然見南山」。中外作家的精神修養，人生境界之高低，何啻天壤？

70.5.6.台灣日報副刊

二〇〇七年一月一日重校

談旅居海外的作家

以「女兵自傳」崛起於文壇的作家謝冰瑩教授，是道地的三十年代的作家，而且是一位勇敢的女性。當年她以一位鄉下姑娘，敢於突破禮教束縛，毅然逃家從軍，這是很多女性所不敢作的事，但是她作了。

在大陸時我不認識她，三十八年（一九四九）來臺灣以後才認識。即使是第一次見面，我就覺得她是一位十分豪爽、坦誠、甚至天眞的女性。她來臺後一直在師大教書，她不但沒有作家的架勢，也沒有教授的矜持，是一位眞誠得沒有「城府」，極易相處的人。我很欣賞這種性格的人，她像一個不設防的城市，和她交往使人放心。她不是不懂世故，而是一片坦誠。這是她在臺灣時所留給我的印象。

我們交往不多。一是大家都忙，二是我們年齡的差距，三是我不善交遊。

她從師大退休，在美國依親定居，當時我不知道，事後才聽別人談起，甚至有人傳說她靠養老金生活。西方國家福利制度很好，美國還趕不上北歐國家，生、老、病、死幾乎都由政府關照，失業有失業救濟，老了也不愁生活。冰瑩[redacted]能在美國安度餘年，倒也值得慶幸。

由於一篇登山文章的關係，使我意外地結識了一位遠在馬來亞的退休校長梁材先生。他看了[redacted]拙作「老當益壯」之後，由報社轉來一信，說是回[redacted]時一定要和我一道登山，欣賞[redacted]的錦繡河山。我回信說一定奉陪。我們連續通過幾封信。

今年春梁先生赴美主持公子婚禮，和夫人一道回僑居地時在臺北小留數日，打電話約我一償宿願，我陪他們賢伉儷一道登了一次山。梁先生是冰瑩先生的朋友，他們告訴我說，冰瑩[redacted]希望和我通信，也希望我送書給她，而且留下了[redacted]在美國的地址。

今年我滿了六十歲，在六十歲生日那天我又獨自一人登山，作爲紀念。我寫了一篇「人生六十樹常青」的文字，提到梁先生夫婦和冰瑩[redacted]。年紀大了以後，不愛寫信，這大概是我少有的「老態」之一。因此我把那篇拙作影印了兩份，一份寄梁先生伉儷，一份寄冰瑩[redacted]，上面各加了幾句問候的話，這是偷懶的辦法。而他們兩位都熱情洋溢地回了我的信。冰瑩[redacted]的信是這樣的：

「……拜讀你的大作，萬感交集，你比我小十五歲，正是大有作爲之時，希望你多創作偉大的詩篇，給後來者拜讀。我也不知怎麼糊里糊塗過了七十五年，現在已進七十六了，不知還能活幾天？或幾月幾年？

因爲病太多，所以有時很消極；但當我收到朋友的信或書，家人來幾個電話，出去走走，又不消極了，覺得這世界是可愛的，值得留戀。你說可笑不可笑？

有新的大作，請不遺在遠，千萬寄我拜讀，安慰我苦悶的精神……」

本來我一直把她當作前輩，但我並不知道她的確實年齡，從這封信中才知道她整整大我十五歲。

她雖然年紀這麼大了，還是那麼坦誠、純眞。從這封信中我才知道她「多病」，苦悶，渴望友情、親情，和朋友的新作。

可是這些年來我不但很少與人通信，更少新書出版，我過着一種力求與社會隔離的生活，因此一有閑暇，我便獨自登山。收到冰瑩先生的信後我也沒有回信，梁先生還寄來她夫人參加競走榮獲亞軍的照片，我也未回信道謝。我的想法是「海內存知己，天涯若比鄰。」過一些時候，再影印一兩篇有關的拙作代替書信吧，當然這又是我不可原諒的偷懶辦法。

冰瑩先生上一封信是十月二十三日寫的，十一月七日又寫了一封信給我：

「……收到『人生六十樹常青』時，一連讀了兩遍，使我又感動又興奮！過了幾天又收到『山之禮讚』，太感謝了！你這些精神糧食，給我安慰，給我快樂，我早就該回信道謝的，但因瑣事多，加之眼睛又壞了，寫多了就流淚，只好請你原諒。

……

我今年七十五歲，痴長你十五歲，我們此後以姊弟稱呼如何？我眞佩服你的創作力與天才，出版了這麼多書，我曾拜讀過你的長篇小說和許多詩，最近的『紅樓夢研究』能送我一本否？或者我叫學生去買也可；但我希望有你的簽名留念。……」

我引她這封信不是往自己臉上貼金，而是感於她的前輩風範，她不吝於鼓勵我這個不長進，甚至有點自暴自棄的後輩，在世風日下的今天，尤其難得。這和我當年鼓勵過，提携過的少數人，今天稍有名氣早就恨不得一棍子把我打死的情形恰好相反。再則我一向尊稱她爲「先生」，無論當面或寫信時都是如此。而她大我十五歲，反而要我以姊弟相稱，這種謙虛、熱忱，和今天有些比我兒女還小的青年人，與我稱兄道弟的情形又恰好相反。這也使我「萬感交集」。

另外還有一點更使我感慨的是：凡是從大陸出來，到歐洲或美國的三十年代的作家，[redacted]，我們的報紙副刊都競相詳細報導，除了介紹他們的作品之外，甚至替他們作起居注，但有一個共同的事實是，這三十年來，他們都沒有作品，都交了白卷，尤其是沈從文。他們的作家[redacted]聲望，還是三十多年前[redacted]建立起來的。他們放出牛棚後的作品水準也還停滯在那個時代。如艾青的「光的讚歌」，是揭四人幫的瘡疤的作品，但還是卅十多年前的工農兵文學，歌頌陝北農民，吳滿有的那個調調，看不出有什麼長進。平心而論，在臺灣的詩人無論是四十年代的，五十年代的，或是六、七十年代的，以詩質和寫作技巧來講，超過[redacted]的不在少數。而現在臺灣的小說家的成就，無論質與量那一方面，超過[redacted]三十年代的作家的更多，尤其是四十年代、五十年代的作家，更是承先啟後，繼往開來，填補了[redacted]中國文學史三十多年的空白，而今天却有人故意要抹煞這個時期的作家和作品，眞怪！

而謝冰瑩[redacted]是三十年代的作家，三十多年來不停地創作。現在雖然退休，身居美國，可是沒有報紙介紹她的作品，更沒有人替她作起居注。而現在還在臺灣的蘇雪林先生，早兩年八十大壽時，也沒有副刊像介紹大陸上三十年代的作家那樣介紹過她。何以厚此薄彼？也令人費解。

如果有報紙副刊全版介紹現在美國的謝冰瑩先生的作品和生活起居，就用不着我來寫這篇短文了。我向來是不會錦上添花的。

凋謝的作家

去年是作家的大凋謝年，三四個月內，一連死了五位作家。

先是旅居香港的徐訏，而後是住在臺中的尤增輝、楊御龍，接着也是住在臺中的姜貴，第五位是住在臺北的陳克環。

年齡最大的是徐訏和姜貴，他們兩位都是七十三歲，楊御龍享年五十二歲，年歲最小的是尤增輝，享年三十三歲。

徐訏的去世，先是在一兩家報上看到一則小小的新聞，後來才陸續看到悼念文字，在實踐堂舉行的追悼會却是相當風光的，是這位獨來獨往、落寞悲涼的作家生前所沒有想到的。

姜貴去世的消息却比較惹眼，而臺中、臺北三家報紙的紀念文字也最熱鬧，這是作家中少有的。

陳克環去世的消息則是自中華副刊的藝文短笛中得知的，沒有看到正式新聞。

死得最寂寞的是軍中作家楊御龍，我沒有在報紙上看到任何消息，也沒有看到一篇紀念文字，那天去華欣書店才偶爾聽到臧冠華兄提起，我幾乎不相信這件事，我問他：

「什麼時候死的？」

「最近，」他說。

「多大年紀？」

「好像是五十二歲。」

在我的印象中，楊御龍就這樣地完了。

徐訏、姜貴、陳克環、楊御龍四位已經作古的作家，我都認識，但論相處最久，相知最深，首推姜貴。

徐訏在大陸時期是很風光過一陣子的。著作之多，讀者之廣，知名度之大，在中國當代作家中，還很少有。但他十分風光的時候，我沒有認識他，那時他是什麼樣子？我沒有見過。他淪落海外以後我才認識他，而我認識的徐訏，是一臉的落寞，微鎖的雙眉，以至後來微駝的背脊，在正式場合很少大聲講話，也很少笑，這同他等身著作不大相稱，他是四位作家中個子最高的一位，也是受西洋文學和哲學影響最深的一位。但他的行爲却是道地的中國的，一點也沒有向西洋[illegible]投誠。

姜貴和他完全不同。在外表上，徐訏是瘦高個兒的江南書生型；姜貴却是壯如牯牛的山東大漢型。徐訏的作品充滿了西洋情調，尤其是早期的中短篇小說。徐訏是理論、小說、戲劇、詩、散文，樣樣都寫，樣樣都不差，其中自然以小說和詩的成就最大。姜貴不然，他只寫小說，而且多是長篇小說，中短篇都很少。

徐訏雖然落寞，但沒有厭世的思想。姜貴却早活得很不耐煩。

當年我一說他是長壽相時，他總是這樣反問我：

「活得那麼久有什麼意思？」

我陪他跑命相館時，他只問算命先生：

「我這兩年運氣如何？」

從來不問自己還能活多久？我一問他：

「你怎麼不問問你自己的壽命？」

「那有什麼意思？」他總是這樣回答。

有一次我接到他的電話，一開頭他就說：

「我剛從基隆回來。」

「你去基隆幹什麼？」我問他，我知道他在基隆並沒有什麼要好的朋友，也沒有什麼親戚故舊，怎麼會突然跑到基隆去？

「本來我下了很大的決心，去基隆跳海自殺，但是到了海邊，我又沒有勇氣死，一回來我就給你打這個電話。」

「你死不了的。」我笑着答。

隨後我就去「成功湖」旅社看他，一見面我就問他：

「你怎麼會突然發此奇想？」

「實在活得不耐煩。」他又笑着回答，好像沒有發生過那件事：「但是自殺又沒有勇氣。眞是活又活不下去，死又死不了，作人眞難。」

「好死不如惡活，再困難我也不會想到自殺。」我對他說。我的孩子比他多，那時正在上大學，大孩子又生了病，我的遭遇決不比他好，可是我沒有吭聲。養雞失敗之後我還是咬着牙挺下來。我的情形他也清楚。

這次我們又談了很久，談來談去，自然又會談到命運上來。用他的口語說是「八個字兒」。他認爲他的「八個字兒」太差。

那時我還沒有研究命學。他的造化，我將會在「中國風」雜誌第三期「宇宙與人生」欄中評斷。

姜貴是一位世故極深而又聰明絕頂的作家。個性有點孤僻、急躁，也是一位話不投機半句多的人。但是和我十分談得來，我停筆的那些年，有很多時間都是和他在「成功湖」旅館閒聊掉的，或者是一道跑命相館，他和那些人也談得來，但一走出命相館又會失望地說：

「命是有的，只是他們算不出來。」

他總希望一夜之間走起好運來。所謂好運，就是發財。除了發財，還算什麼好運？在這一點上，我們兩人的心理也是完全相同的，對於寫作的事都已深惡痛絕。他是自我作賤，我是自暴自棄。他雖大我十二歲，我們却無話不談，在那一段相當長的日子裏，我們很像一對難兄難弟。

他有一段很短的頗爲風光的日子，那就是勝利後他在上海的時候，經濟情況不錯。來臺灣初期，手邊還很有一點錢，可惜作生意作垮了。一提起那段日子他也得意地說：

「當年我不這麼窮時，鈔票也是大把大把花的。」

但是，那段時間，我們又不認識，我沒有看見過他大把大把花鈔票，我們多半只能在麵館裏吃碗牛肉麵，連牛肉麵錢都付不起時就帶他到我家裏吃現成的。作家朋友很少到過我家，姜貴却是常客。我的孩子他都認識，他三個孩子我也認識兩個。

我活了六十一歲，生平能和我談天百談不厭的只有姜貴。這和我們當時都窮沒有關係，和我們的性格上也沒有關係，說實話，他的性格和我有很多地方不同，我們兩人能夠一致的是彼此的見解。因此，談起話來十分投機。

陳克環女士是方塊作家、雜文作家，是最近十年才露頭角的，論年齡她才五十四歲，論拿筆桿的資歷更是後輩。但這十年間，她竄得很快，在文壇上頗爲得意，想不到她正在盛年竟然患了癌症。

我們第一次見面時，她剛在中華副刊寫點方塊，那時還是南郭兄任主編。中華日報請客，也有她。她性格爽朗，說話直率，毫不怯場。我對女性的觀感一向是歡喜比較涵蓄的內向的淑女型的人，我對她的第一印象並不太佳。某某兄看她放言高論，甚至輕輕地對我說：

「她算老幾？懂什麼文學？」

後來就很少見面，但她的方塊越來越多，變成了華副的方塊作家了。

上次國軍文藝大會，她和琦君坐在一塊，琦君和我是二三十年的文友、故交，她先生唐基兄也是朋友，承他們夫婦不棄，彼此了解較多，琦君和我交談，她也熱烈參加，而且要我替她批命。我雖然答應了，但是她不知道時辰，要我推算，我又不知道她的家世子女情形，自然很難推定。不久她又寫信給我要我替她的一位讀者王純櫻女士推算婚姻，那位王女士三十未嫁，十分着急，由於她的懇託，我只好應命，批好之後仍然寄給她。一天，突然接到她打來電話，高興地說：

「我報告你一個好消息！」

「什麼好消息？」我問。

「我剛接到那位王小姐的喜帖，你說她過了年會結婚，現在她眞的要結婚了！」

「閣下，這算什麼好消息？」我聽了好笑，故意和她開玩笑。「這和我有什麼關係？」

「你算靈了，怎麼沒有關係？」

「謝了，謝了，以後少給我攬這種生意，我的時間浪費得太多了。」

她笑着把電話掛斷。

過了兩天，我也接到由華副轉來的喜帖，但已經遲了，不然我還得送一份禮，我始終不讓華副讀者知道我的地址，不然麻煩更大了。

陳克環女士那次打電話給我之後，就再也沒有見過面，想不到她也作古了！

楊御龍先生見過幾次面，沒有深談過。在我的印象中他是一位謙虛誠懇的人。他是小說家，寫得不算少，短篇小說尤其多。但是他死得最寂寞，他是軍人作家。如果不是臧冠華兄告訴我，我眞不知道他成了古人！

死者已矣！生者如何？

午夜夢迴，想起這幾位去世的作家，久久不能入睡，只好起床，寫下心裏的話，再利用上班時間在公車上打瞌睡吧！

獨來獨往的作家

——敬悼詩人小說家徐訏先生

詩人，小說家徐訏先生的去世，我覺得是十分突然的。我和徐訏先生第一次見面是二十年前在一次文藝界朋友的宴席上，最後一次見面則是在一次十大建設的參觀羣衆中，那時高速公路圓山大橋剛好完成橋面舖設工程，上面木材、鋼筋還十分凌亂，我們就立在橋面上面談了一會，我發覺到他的眉頭多半深鎖，神情抑鬱，他本來瘦高的身材，背已微駝，[illegible]長長的臉顯得更加拉長。我聽說他在香港並不十分如意，這些年來他的作品很少，比他全盛時期——抗戰勝利後書店架上擺着一長列他的作品，而且都很暢銷的情形，眞是不可同日而語。香港情形特殊，他又是一位獨立自由的作家，他的落落寡歡是可以想見的。因此我對他說過這樣一句話：「作一個自由作家是要付出很大的代價的。」他聽了也爲之黯然。

和他分手後，我心中戚戚然很久。那時我也正處於寫作低潮，一提起筆來，就會生氣，因此我寧可讓筆生銹，也不輕易動它一下。我記得那天下午一回辦公室我就打了一個電話給宋瑞兄，我說「徐訏太寂寞了，晚上我想請他吃便飯，請你作陪。」結果我打電話給徐訏先生，沒有聯絡上。我記得他對我說過他要回國定居，因此我以爲以後見面的機會還多，沒有繼續追踪聯絡，而他又隨卽回香港了。我覺得我還欠他一頓，我也實在沒有想到他這麼早就去世了。因爲那次在橋上我問過他：「快七十了吧？」他連忙說：「沒有，沒有。」他似乎不肯承認自己老了，而對未來還有信心。這以後他雖然來過臺灣多次，但我都不知道，一是我很少和他通信（只記得十幾年前通過一次）；二是我很少參加活動，別人不找我我也不找別人，雖然身在臺北，每多隔離之感；而每逢節日或星期天，我一定獨自上山與草木鳥獸爲伍，人際關係自然更少了。我以爲他也和我一樣，來日方長，萬萬沒有想到他只活七十三歲。

七十三歲在從前來說算是上壽，但在今天看來人生還只剛剛開始，以他的才華，再加上十年二十年的生活體驗，應該可以寫出一兩部更好的作品來。我對於停筆或是半停筆狀態的作家，往往有一份厚望，認爲他們是在重新醞釀，一旦重新出發，必然不同凡響，尤其是小說家，晚年的作品總是成熟得多，不像早年的作品，往往是天才火花的爆發。

徐訏先生是三十年代後期的作家。他不但是小說家，也是詩人，惜乎他的詩名爲小說所掩。但徐訏先生有一個最大的特點是我在這裡要特別强調的；那就是他的獨立、自由的創作精神。

三十年代以後，直到三十八年[redacted]之前，作家如果不左傾，便少出路，[redacted]徐訏先生與左傾作家始終格格不入，左傾作家、批評家，故意冷落他，以冷落來否定他的文學地位，降低他作品的價值。據說當時的作家協會都不讓他參加。但徐訏還是徐訏，他寫他的，他並不在乎。他從上海[redacted]到大後方之後，以長篇小說「風蕭蕭」轟動後方，這本書出版後，在勝利後的南京、上海等大都市一直暢銷不衰。[redacted]

徐訏的成名是在抗戰初期，那時他雖在上海，但後方仍能看到他的短篇小說。我在後方最初讀到他的小說「決鬥」、「吉卜賽的誘惑」、「荒謬的英倫海峽」等等，與一般讀者一樣，被他的洗鍊而生動的文字，波雲詭譎的故事，以及多彩多姿的異國情調所深深吸引。雖然那時我只寫詩不寫小說，我仍然深愛他的作品，我把他當「洋場才子」看待。

勝利後我到上海，那時的徐訏先生文名鼎盛。我歡喜看京戲，言慧珠也正在上海大紅大紫，我很喜歡言腔，她不但亭亭玉立，扮相好，梅派唱腔珠圓玉潤，她和紀玉良的搭配也是旗鼓相當，而她反串劉媒婆時學他父親的唱腔亦可亂真。但是她的桃色新聞亦多，其中就有她和徐訏的新聞，因此我更把徐訏先生當作「洋場才子」，認為是理所當然的事。

到臺灣認識徐訏先生以後，我對徐先生的印象完全變了，我覺得他是一位相當嚴肅而又沉默的作家，最少他不是一位口齒伶俐又愛講話的人。我沒有看見他輕鬆的笑過，更沒有看見他哈哈大笑過。是不是年紀大了，情懷老去呢？

在這篇短文裡，我不想談徐訏先生作品的文學價值。但我特別尊敬他對文學的情操，始終保持獨立自由創作的精神，他是三十年代[redacted]極少數作家之一，更能保持自由之身，也因此大陸編的文學史他也榜上無名。[redacted]由於他有獨立的思想和人格。這一點我特別為他慶幸。遺憾的是他活的時間短了，我總覺得他還有作品沒有完成。

——寫於徐訏先生追悼大會之後

原載中華文藝月刊二八期

細說姜貴

去年有兩位重要的作家去世，一是徐訏，一是姜貴。徐訏死於癌症，姜貴死於腦溢血，巧的是他們兩人都是七十三歲。

姜貴和我都是屬猴的，但他長我十二歲。

在臺灣作家中，姜貴和我認識不算最早，但彼此相處之久，相知之深，却是少有。來臺灣之初，我住左營，他住臺南，我們都不相識。他自費出版「今檮杌傳」時，仍鮮為人知，我們仍不相識。四十五年我來臺北工作，遷家臺北之後，直到四十八年他的「今檮杌傳」易名為「旋風」，由明華書局出版，由於朋友們的推崇，他才聲名大噪，和當初他出版「今檮杌傳」的默默無聞，有天壤之別。

我和他的認識是我自己也沒有想像到的。

一天夜晚，大約六七點鐘，突然有一位長相和好萊塢的恐怖大師希區考克十分相似的人到我家來看我。那時我失業在家，住地又十分偏僻，白天都沒有人上我的門，他居然跑這麼遠的路，又穿過一條狹窄的黑巷，摸到巷子盡頭的最後一家來看我，眞是非比尋常。他不等我開口就先自我介紹：

「我是姜貴。」

只要這一句話，就不必多說了。我請他坐下，他顯得有點焦躁不安，不想坐。只說：

「我在這種時候來找來，是有一件事來請你幫忙。」

我是一個正走霉運的人，我不找別人幫忙那是由於一份太過時的自尊心支撐着，我那有力量幫別人的忙？但他既然找上了我這個倒霉鬼，我也只好問他：

「什麼事？」

「我欠了一位天主教神父的債，沒有錢還，他要告我，因此來找你說個情。」

「我同天主教沒有關係。」我實話實說。

「但是張秀亞和天主教的關係很深，我想請你向張秀亞美言幾句，緩衝一下。」

眞糟！我和張秀亞雖然見過面，但彼此甚少交往，當初她住臺中，搬到臺北也不久，我又不善交遊，她雖是我很尊敬的女作家，但私交不夠，我只好對他實說。和張大姐交情厚的作家很多，我甚至連她住在那裏都不知道？他怎麼不找別人去，那不是比我好得多？

他聽了我的老實話後，才說出找我的原因：

「墨人兄，我為什麼冒昧地來找你？因為章君穀告訴我，你的信用好，你去可能有效。」

那時章君穀編「作品」雜誌，我經常在「作品」寫稿，作品作者每月總有一兩次聚會，多半是在蔣碧薇家裏，我雖不打牌，章君穀、南郭、高陽的「高粱小組」，知道我還能喝幾杯，所以每次都要我參加，作品經理部的先生對我也很不錯。因為我從不借支稿費，答應寫的稿子一定準時交卷。大概是這些原因，章君穀才告訴姜貴來找我，其實他的交遊比我廣闊得多。

「既然你這樣說，我只好去試試看，有沒有效，我毫無把握。」

我一答應他就要我馬上去，同時把張秀亞的住址告訴我，我只好和他一道去臺北，到了臺北，才和他分道揚鑣。

我硬着頭皮去找張大姐，我從來沒有做過這種事，如果是我自己的事，我情願坐牢，也不會去。

那時張大姐好像住在安東街，現在已經記不清楚了。我找到張府大概九點多了，幸好她在家，還沒有睡。她對我這位不速之客，很有禮貌地接待，可是當我說明來意之後，她淡淡地而又巧妙地說：

「我們不要談這件事，最近我出了兩本書，我送你兩本，請你指教。」

她一下就把我「封殺」了，我僵在那裏，不知道再說什麼好！我想如果我有章君穀那種能把樹上的鳥兒說得掉下來的口才，那就好了，但是我沒有。

張大姐雖然和我五百年前是一家，我連這種閒話都不會扯，她從房裏拿出書來，簽好名之後送到我手上，說了幾句抱歉的話，我只好告辭了。

我連忙趕到姜貴住的「成功湖」旅社，向他道歉有辱使命，他顯得有點失望，但沒有講什麼。

以後姜貴搬到臺北來了，長期住在「成功湖」旅社。我們幾乎天天見面聊天，一聊往往是整個下午，有時在外面隨便吃點東西又回他旅社再聊，我住大直期間，他也是我家中常客，我吃什麼，他吃什麼，免除一切俗套。

後來我找到工作，在中山堂上班，中山堂與「成功湖」旅社近在咫尺，一有空我就到旅社聊半天，他也常到我這邊借書看報。

我們兩人聊天有一個好處，無所不談，他對我也無所隱瞞，甚至男女之私也暢談無諱。他告訴我勝利後他在上海湯恩伯總部任上校秘書時，曾與在淪陷時期和張愛玲齊名的女作家蘇青的艷事，他說蘇青的那本談她私生活的書（我已忘記書名，從上海來臺灣年長的讀者可能有人記得。）中的某上校就是他，他也以此自豪。至於其他男女間事，那就不足爲奇了。

他的身體好，太太去世後，仍然不廢人倫，住「成功湖」時期還有一位三十多歲的比較長久的女伴，我也見過。

他的稿費收入並不算少，但他總是鬧窮。有一次他向我借錢，那時我還沒有找到工作，恰巧正是連買菜的錢都沒有，我正好寫了一篇一萬二三千字的短篇，在幾天前寄給當時徵信新聞副刋主編王鼎鈞兄，王和姜貴是山東同鄉，也是朋友，因此我通知王鼎鈞兄先將稿費給姜貴，由我蓋章補領，鼎鈞兄照辦了。這是我第一次預支稿費。

姜貴借錢很有辦法，甚至連算命先生的錢他也能借到。中國有兩句頗富哲理的古話：「窮算命、富燒香。」因爲我們兩人都是倒霉鬼，又好此道，因此他常和我去找算命先生，他和他們都能交成朋友，但是他最後的結論是：「人是有命的，但是這些人算不出來。」也由於他的這種感慨，而觸發了我自己研究命學的動機，我才發覺這裏面的學問太大，不是一般人所能弄通的。他曾告訴我當他初來臺灣時，曾請某人替他批過命，說他那部丁壬合的運是「人生得此可以無憾矣。」他信以眞，因此大膽作生意，結果一敗塗地，無以爲生。一提起這件事他猶有餘恨。但由於長久一籌莫展，所以他常約我一道去找江湖先生一問休咎。

他住「成功湖」時期，幾乎靠借貸度日，有一次他要我向南郭兄調頭寸，其實他和南郭很熟，南郭兄也幫過他不少忙，「成功湖」離中華日報又近，他自己不去找南郭，反而要我去，我心裏十分清楚。南郭兄和我很熟，但我從來不麻煩他，姜貴要我找他，我毫不猶豫地去了。南郭兄等我一開口，非常爽快地替姜貴調了一張支票。我知道南郭自己並不富裕，但由於我們相知較多，他能賣我這個薄面，我覺得很夠朋友。

第二次姜貴又要我去找南郭兄調頭寸，我不便問他上次的錢還了沒有？我還是去找南郭。我一開口，南郭兄就說：

「墨人兄，你不要再管這些閒事了。」

我就知道前帳未清，使南郭受累。當然，還不止這一件事。憑良心說，朋友們對姜貴都是很不錯的，因為絕大多數的朋友都愛護他在文學方面的創作才華。

但是一談起文學，姜貴却深惡痛絕。他說他家裏本來是作生意的，他自己也對作生意很有興趣，但是那次在臺南他把生意作垮了，就再也爬不起來，因此才再提筆。正如我養雞養垮了才再提筆的情形差不多。

一提起姜貴的作品，朋友們都稱讚「旋風」。可是他不止對我說過一次，他很後悔寫了「旋風」。這本書也使他招忌，有人暗中整他。為了稿費，有時他甚至故意作賤自己，我知道他化名寫了一些不三不四的中短篇。我很委婉地暗示過他愛惜羽毛，但是他不以為意，因此有些稿子他很便宜地賣給出版商，也因此引起某些出版商的輕視。這一點他和我不同，我情願餓死，情願永遠停筆，絕不寫別人喜歡而我不想寫的東西。我不作賤自己，他甚至是故意作賤自己。

他在文學創作方面也走的是中國傳統文學的道路，和「現代」扯不上一點關係。因此有一個報紙連載長篇，據他告訴我，就是受了某現代文學批評家的影響，說他的小說太舊而被腰斬。

有一次他先和我談起某一個被捧上了天的長篇現代小說，不禁感慨地說：

「連文字都沒有弄通，還談什麼小說！」

其實那篇「傑作」我當時並未看過，我只好說：

「現在興這個調調。」

「邪門，眞是邪門！」他說。

不但對人、對事，我們兩人的看法有很多不謀而合的地方，對小說創作的看法更是如此。他從來不看什麼文學理論的東西，對西洋文學理論更無興趣，我雖然不信那一套，但我還涉獵一些。我們兩人都不是學文學的，他有他自己的創作方法，我也有我自己的。他不信邪，而一些邪魔外道也不容易唬住我。我們兩人之所以談得來，是基於很多共同點，而差別最大的是對金錢和女人的態度，但這不妨礙我們作爲一對深談的朋友。由於十幾年的深談，所以我們相知最深。

他有他的缺點，我有我的缺點，他雖然很世故，我心中也很雪亮，但我們共同的缺點是是：太不圓滑。

若論人情世故之深，作家朋友中還沒有誰比得上姜貴。但這種人情世故只利於他創作小說，却不能使他成爲一個八面玲瓏的人。不八面玲瓏的人，在現實世界是註定要吃虧的，尤其是看得愈深，益發無所作爲。但他有一個自我逃避的方法，不和自己不歡喜的人見面。這點我很難辦到，因此我往往得罪人。

他搬到臺中以後，我們見面的機會自然少了，但他來臺北時還在東山旅社見過幾次。他得過吳三連獎金之後，就沒有見過面了，以後是永遠見不到了。

他的三位公子，老二、老三我都在「成功湖」見過。二公子是在復興劇校學藝生的，藝名好像是王復爲，後來從商。現在他們都已有成。

綜觀姜貴後半生，在金錢方面，很難獲人諒解，但在作品方面，却爲人一致公認。令人浩歎的是：最受大家推崇的「旋風」，却是他自己最後悔的一部作品，而英譯本之糟，更是對他有害無益。

姜貴文章憎命

庚申年去世的作家當中，姜貴和徐訏年齡最大，都活過了古稀之年，不算短命。而在那六位已故的作家當中，以姜貴和我相處最久，相知最深。這是什麼原因呢？一是我們兩人都不走運；二是我們兩人對人、對寫作的看法往往相同；三是我們兩人都相信命運。

人不倒楣不會相信命運。一生走好運的人往往認爲自己萬能，自己是一切的主宰，予取予求，全在自己，而且所謀必遂，有求必應。因此自視極高，目空一切，這樣的人絕不會相信外在的因素對他會有任何作用。

人不到五十歲以上也很少會相信命運。因爲他的閱歷太少，所見不多。對於人世的滄桑，榮枯得失，缺乏見證。

沒有慧根的人也不大相信命運。這種的人往往自以爲是，予智自雄，是十足的現實主義者。其實是坐井觀天，不知宇宙萬象，錯綜複雜，不知者不信，未見者不信。莊子曰生也有涯，知也無涯。人與宇宙相較，微不足道，人不知道的事情正多，豈止命運而已。

不過命學是最爲深奧難懂而更難精的一門學問，比從事文學創作要難得多。以姜貴來說，在小說創作方面來講，他不愧是一位高才，他也相信命運，他也知道別人很少能算準，但是他自己却不敢向這方面鑽。他也會卜卦，但是不高，知其然不知其所以然，但是不敢深究，因爲他知道這不是一朝一夕之功。

姜貴在臺北的那許多年，我們常一道跑命相館，但是結果總是很失望。尤其是他，他相信命是有的，不知道爲什麼算不準？

他來臺灣之前，曾請上海兩大命相家之一的某君批過命，並不中肯。此人泡在香港，時常來往臺港兩地，寫的命書也不少，年齡已經七十以上，至今仍在生尅制化用神方面兜圈子，始終兜不出來。

他來臺灣之後，又請一位先生批過命，某先生說他的丁壬合大運要發大財，人生得此可以無憾。可是在這一部大運中他却一敗塗地。因此他氣得把那本命書撕了，從此不再算命。直到有一天我把某先生在辛卯年替我批的命書拿給他看，他一看某先生的名字，餘氣未消，才對我說出那段故事。某先生的文字甚佳，是「命理文學」好手，他的公子和我同事，他仔細地替我批了一本，那時他已息影，未再掛牌，我曾和他當面談過，人很不錯，一介書生，毫無江湖俗氣，那時我才三十出頭，他已五十好幾，現在已經八十好幾了。我覺得他還是當年我請教過的最高明的一位。對我的性格、子息、婚姻，都批得不錯，就是運程出入甚多，尤其是辰戌冲大運他只見其好，未見其壞，子午冲大運又只見冲提不喜，而不知此中妙趣無窮，文采煥發。正如袁樹珊一樣，無法突破命學瓶頸，把科學當成玄學。

但是自此以後，姜貴便和我一道跑命相館。我的想法是，花一兩千字的稿費無傷大雅，或許在市井中眞能遇上一位高人？他是一籌莫展，不得不再去請教[illegible]，看看是否還有轉機？當然我們兩人都失望了。

他遷往臺中後，我正潛心研究這門學問，以求解開生命之謎。我不再去花那些冤枉錢，他來臺北也不多，偶爾見面也不跑命相館，不談命運的事。

他去世後我接到訃聞，上面有他的出生年月日時。因爲是老朋友，我對他所知又不少，因此想印證一番。

姜貴生於民國前四年十月初十下午八時，死於庚申年戊子月甲子日，死因是腦溢血，第二天上午九時才被他的公子發覺，確實死亡時間則不得知，他的四柱是：

戊申
壬戌
壬戌

庚戌

這個命運的特徵是聰明絕頂、孤僻、固執、深沉、好酒，自然亦好色，但不利於妻室。

談到聰明智慧，在表面上看來，誰也看不出姜貴是個聰明人。因為聰明人有兩種，一種是小聰明，顯得特別機伶，一切都掛在臉上，說得好聽是「才華外露」；另一種聰明是「大智慧」，深藏不露，但肚裏比誰都明白，這是大智慧，不是小聰明。姜貴的聰明[redacted]，他深於人情世故，和徐訏大不相同。因此他寫下層社會三教九流人物都有一手，與徐訏的書生本色洋場才子筆法不同，深淺有別。他從不公開批評人和作品，但和我談起某人與某部作品，却能三言兩語抓住要害，別人寫幾千字往往抓不到癢處。這就是他的聰明和深沉之處。與一些開會時嘴裏哇哇不停，處處表現自己的人也不大相同。

談到他的固執、孤僻，相交不深的人也不大了解。他不愛在公開場合露面，不湊熱鬧，是孤僻；他不願做的事，怎麼勸他他也不會做，我試過很多次，都不能改變他。

好酒有事實為證，最後亦死於酒。（他本有高血壓，近年生活情況轉佳，乃破戒飲酒，常於夜晚獨酌。）酒字之下的一個字就不必談了。

他夫人是護士出身，抗戰時會少離多，來臺灣後半身不遂，久臥床褥去世，姜貴因此吃上官司，成為新聞人物，後因友好及法官武陵溪之助而免禍。

姜貴的八字在表面上看來是富貴命，甚至大富大貴，但仔細推敲並非如此。他一生最好的運只有丙寅十年，三十二到四十一歲。論官到了上校（軍文），論錢也有幾文。但一到丁卯十年大運便一敗如灰，生計艱難。某先生認為他丁壬爭合會發大財，又是只知其一，不知其二，姜貴的大破財就壞在丁壬爭合，尤其是四十一年壬辰，他四十四五歲時，必然一敗塗地。

他雖然說他喜歡作生意，但從他的「八個字兒」看來，他並不善於理財，亦不宜於作官，他的最大長處還是寫作，因此在文學方面得享盛名。（如果他在官場得意，那倒是個厲害角色。）但由於印太旺，所以行庚運又遇庚申流年，便以腦溢血突然去世，老年行旺運，物極必反也。王雲五之死亦復如此。[illegible]

造化貴在中和，[redacted]，太偏太旺太弱，難期福壽康寧。姜貴七殺太旺，雖有印化，但非富貴之命，而聰明非凡，所以宜於文學。他之所以飽受生活煎熬由於身坐火庫，而月支時支又一片火海也。

語云「造化弄人」，原因是命由天定，不由人安排，不由人選擇。[redacted] [illegible]

[redacted]「通權達變」[redacted]學問甚大，不敢輕言。

人生很難十全十美，作家中[redacted]如姜貴命造者[redacted]不[redacted]多[redacted]。[illegible]

70. 4. 8. 青年戰士報新文藝

[illegible]

從姜貴談到朱夜

在我幾十年的體驗和觀察，以及和朋友交往中，我深深覺得作家和一般人在先天氣質方面，有其不同之處。一位眞正有大才的作家，必有其獨立特行的個性，決不是處處討人喜歡、八面玲瓏的人。討人喜歡、八面玲瓏的人，在現實社會上可以左右逢源，事業一帆風順；如果再能舞文弄墨，在文壇上也一定處處吃得開，處處討好。不過這種性格的人，即使事業順利、文運亨通，但絕對寫不出不同流俗，足以流傳千古的作品。相反的，一個永遠不失自我，不處處遷就世俗，遷就別人的人，在現實社會一定處於劣勢，處處遭到掣肘，甚至處處吃癟。這種性格的人，往往有其獨立特行，不同流俗之處。如果從事文學創作，必然不同凡響，決不唱流行歌曲、人云亦云。因爲文學創作是表現人性、表現個人[redacted]，但是現實社會不容許你的個性，要你捨己從人。一個作家如果沒有個性，在作品方面也一定和稀泥，那怎麼能寫出不同凡響的作品？但是有個性的作家，尤其是獨立特行的作家，他的遭遇十之八九[redacted]，[redacted]好處很難輪得到他，甚至暗中遭受中傷、打擊。

挫折感

在作家中有兩位和我相處甚久，相知甚深的朋友，他們的長處和短處我都清清楚楚，當然我的缺點他們也都知道。這兩位朋友一是長我十二歲，[redacted]突然去世的姜貴，一是小我十一歲，[redacted]遠走巴拉圭的朱夜。而他們兩位年齡雖然懸殊，也是接觸很多的朋友。

姜貴人情世故極深，但不是一位八面玲瓏的人，[redacted]在他[redacted]的朋友中，我們兩人是最談得來的人。他住台北「成功湖」旅社的那些年中，我們兩人除了一道跑命相館、上小館子外，往往關在他那個小房間裡，一談就是一整個下午，甚至連續到晚上九十點鐘。因為他初到臺北時也不得意，而我正在失業，這時我們兩人對於文學都到了深惡痛絕的地步，很後悔為什麼走上了這條路？因為他不是學文學的，我也不是學文學的。加之「成功湖」旅社後面就是四十二路公車起站，我住大直海軍眷村是終點，一上了車就到了家，只要不誤最後一班車就行。有時談到快到晚飯的時候，兩人身上都沒有錢，或是我家裡有點好菜，他就和我一道到我家吃晚飯。那時和我來往的人不多，到我家裡的人更是少之又少，姜貴卻是我家中常客。後來我找到了工作，他也在中央電影公司掛了一個名義，不必守辦公室，但有錢可拿。我的工作也不忙，我辦公地點和他旅社又近，我走路又快，不到五分鐘就走到他的旅社，他到我這邊借書看報也很方便。因此自從我們認識起，直到他遷來臺中，[redacted]有十年以上的時間，我們兩人很少隔過三天不在一塊聊天。這期間我根本不想動筆，他也寫得不多，閒談幾乎佔去了我們生活中的大部份時間，但我們一點也不後悔時間浪費，談話是我們共同的消遣和安慰。有時他也陪我到西門町「新世界」看看免費電影。

我和姜貴接觸這麼久，覺得他看人、看事都非常深入，我們對很多人事的看法往往不謀而合，這是我們很談得來的最大原因。姜貴和我一樣，是「話不投機半句多」的人，他很少在大庭廣衆中出現，偶爾一現也不發一言，他看不慣很多人的嘴臉，不願生那種閒氣，所以人多的地方他不去，尤其是文藝界的集會。我要退出文協他也是最先知道的，他不屬於任何文藝團體，我們在一起的時候，他也沒有加入中國筆會，我聽別人告訴我當有人提議要我加入中國筆會時被人「封殺」了，我聽了好笑。前兩年聞見思學長還特別對我說，他問筆會負責人某某：「墨人爲什麼不是中國筆會會員？」某某告訴他說：「某某反對墨人入會。」我聽了又好氣又好笑，我請聞見思兄不要再提這件事，我從未申請加入中國筆會，我絕不想分別人一杯羹。其實某某見了我稱「墨老」如故，最近還請我算過命。對於這種「嘴裡叫哥哥，手裡掏傢伙」的鬼人鬼事我心裡十分好笑。姜貴是根本不屑於參加任何文藝團體的。他比我好的是不公開得罪人，我卻不顧利害，該講的就講，該作的也作，不計個人得失。因此我吃的暗虧比他還多。但他的旋風也吃過暗虧，那是出於小人的妬嫉。一提起旋風他就後悔，說他眞不該寫這本書。我對於我該說的話、該作的事，從不後悔。姜貴在很多地方也十分固執，那是很難移動他一分一毫的。

姜貴也和我一樣，相信命運。如提起某人很走運，他就說：「他的八個字兒好，咱們的八個字兒賤。」但是他的八字江湖術士一個也沒有算準。因此他作了這樣一個結論：

「命是有的，只是這些人算不出來。」

後來我自己研究易經、命學，多少和他這種感慨有關。

姜貴是不大重視自己的生命的，我說他是長壽相，如果好好保養，一定可以比別人長壽。他總是回答我：

「活得那麼久有什麼意思？」

因此，在保健方面他就不接受我的意見。他的血壓高，有一次我勸他去學學太極拳，運動運動，他幾乎生起氣來，他的個性是相當急躁的。

現在他並沒有得享遐齡。他已蓋棺論定，他在小說創作方面是一位成功的作家，但他在現實社會上是一位失敗者。

朱夜比他年輕很多，可以作他的兒子。朱夜原先住在臺中，他是一位很有才華的青年作家。民國五十年左右，我們都有不少短篇小說在中央日報副刊發表，那時的中央副刊最受人注目。我看了他的「燭影搖紅」、「彴約」等短篇之後，曾寫了一篇「朱夜的小說」在「中副」

發表，我認為他是一位有大智慧不是小聰明的作家。去年他由臺中藍燈出版社出版「朱夜選集」時也要我寫了一篇序在中央副刊發表。

朱夜在小說創作方面雖然極有才華，但在臺中時生活十分艱苦。他太太呂梅黛小說也寫得不錯，但兩人的稿費收入還不能維持生活。後來遷來臺北，在沙榮峯的聯邦影業公司工作，經濟情況稍微好轉。以後又改寫電視劇本，收入比小說高得很多，那兩三年間有點積蓄，買了兩棟房子。但電視界是很複雜的，拼命寫作也引起頭痛症，他覺得不是長久之計，知道文學創作是一條死路，因此決定出國冒險。先是準備到巴西，但到了巴拉圭就不能進入巴西，這樣才在巴拉圭住留下來。如果國內的稿費、版稅能夠解決生活問題，他不會停止小說創作。我愛惜他的才華，更不希望他停止創作，這一點我們兩人都很清楚，處境、心情也正相同。他一再對我說：「發了財以後再好好地寫一兩本書。」這和我當年養雞的心情一樣：「有了錢以後再好好地躲在深山裡寫。」但是我養雞失敗了，他出國冒險却十分成功，他在房地產上發了財。以台幣計算，國內男作家還沒有人有那麼多金錢。

去年上半年他還是相當惶恐，我曾為他批命，說他去年就會發財，去年過年他還來信說還沒有影子，但今年夏天回國時他親口告訴我，他臨行前去地政機關打聽了一下，地政機關告訴他，他那個地段土地已經暴漲，他的房地產要值臺幣兩三千萬，他從臺灣回去後隨即來信說，房地產一個月之間又大漲了。上個月他又回臺北，想籌點錢再買一塊好地。我很高興他冒險成功，寫八輩子文章也賺不到那麼多錢。

朱夜也是一位很有個性的人，不同流俗，不遷就別人，我行我素他很有冒險精神，敢作敢為。對寫作十分厭倦，對文藝界很多現象也看不順眼，所以他跳出這個圈子。他說他發了財以後會好好地寫一兩本書[redacted]，我也相信他有這種能力。

姜貴已經蓋棺論定。朱夜來日方長。我在方生未死之間，一切等退休以後再看。

星人兄：朱夜[illegible]年死於[illegible]，[illegible]

名梅[illegible]當過公賣局[illegible]回歸[illegible]以針灸為國人治病，二子亦已成年自立。就[illegible]作家[illegible]寫[illegible]不是好事。

二〇〇六年元旦 [illegible]

李春陽與蒼天悠悠

在「生與死」那篇拙作中我曾經簡單地提到已去世的小說家李春陽兄，可惜其中有關李春陽的文字手民漏撿了兩段，因此接不起頭來。今天又看到金劍的「蒼天悠悠念故友」的大作，使我覺得有爲春陽專寫一篇文字的必要。

本來他去世後我寫了一篇「蝴蝶與蒼天悠悠」在中央日報副刊發表，不是他的「蒼天悠悠」在中央副刊發表。他的「蒼天悠悠」是香港亞洲出版社出版的六十萬字的長篇小說，那時亞洲出版社的景況已不如前，但這本書的宣傳工作做得還不錯，那時亞洲畫報尚未停刊，除了在亞洲畫報刊登大幅廣告外，趙滋蕃兄還寫信約朋友寫評介文章，我也是接到他的信之後寫了一篇評介文字，但那篇文字已經不知道丟到那裡去了？隨後我又根據滋蕃兄告訴我的地址去永和鎮竹林路找他。他在路邊租了一間危樓棲身，我找到時他不在家，據房東說他出去幾天才能回來，我便將我的地址留給房東，請他轉交。

那時我已退役，正在養雞。一天下午，突然有人推我後院的竹籬門，我正在餵雞，連忙走過去開門，我把鐵絲扣着的竹籬門拉開，一位頭髮蓬亂，鬍鬚未刮的大漢站在外面囁嚅着：

「我是李春陽。」

我連忙把他請進來，我的眷舍很小，後面加蓋的那間小屋他要低頭進出。我一七〇的身高在中國人中間往往可以出人頭地，但他又大又胖，我的小屋似乎容納不下他，而我又正忙着餵雞，他乾脆和我站在外面雞棚裡一面看我餵雞，一面閒聊。他不會講話，又結結巴巴，我發覺他還有點氣喘。他比我年輕，但人太胖，顯得不大健康。他告訴我說過幾天要到東部山上養病。我問他是什麼病？他說是肺病。

「我看你養雞也很辛苦，不如和我一道去東部山上埋頭寫作？」

「不行，我的孩子都在上學，要我照顧；再說我一走，這些雞就會統統報銷。」

我不像他孤家寡人一個，兩肩扛一口，一人飽一家飽，愛到什麼地方就到什麼地方。我決定養雞不僅是爲了救窮救急，還希望打下一點經濟基礎，日後再安心上山寫作。

「養雞能賺錢嗎？」他問。

「我還沒有賺錢，能保本已經不大容易。」

「時間犧牲太多也不合算。」

「我的時間也不値錢。」我作了半輩子沒有代價的工作，寫作也沒有什麼代價，我並不想在寫作方面取回什麼？

「你寫的比我多。」

「寫得再多也沒有用，不能解決問題。」

我問他除了「蒼天悠悠」之外，還有什麼作品？他說還有一部七八十萬字的小說沒有地方發表。他說有一位海派作家要收買他的稿子，他沒有答應。

「我雖然沒有他的辦法大，但我決不賣給他。」他說。

談起寫作的事他不免有牢騷，對於當時文壇上的一些紅人，他一個也不放在眼裡。以「蒼天悠悠」來說，他是可以自負的。

這天晚上我留他吃晚飯，他也不客氣。飯後我又送他出去，因爲這時我們眷村還沒有公車，要走一大段路去大直搭車。這天我們談了不少。

他去東部之前，又到我家來辭行。我們又談了很多。他曾經提到想去日本，但是去不成。他也和我談過一件窩囊的事，說他從前在部隊裡，曾替團長寫過情書，團長得意的時候沒有獎勵他，情場失意時就怪他情書寫得不好，罵他是飯桶。李春陽雖然不會講話，也不是談情說愛的高手，但我相信他的情書會寫得不錯，因爲他的字體秀麗，和他那東北大漢，不修邊幅的外表絕不相同。大概是那位團長肚子裡沒有多少墨水，日子一久便被對方識破的關係，這就不能怪代筆人李春陽了。但他偏怪李春陽情書沒有寫好，他自己說出來不覺得好笑，我聽了倒很好笑。因爲我另外有位朋友自己的英文不好，交了一位外國筆友，請人代筆寫信，結婚之後對方發覺他的英文不行，因此在感情方面也打了折扣。

他去東部之後住在花蓮附近的山地，和我通信很勤，一個星期最少一封，這時他是和另一位作家盧克彰住在一起的。盧克彰也是我的朋友，盧克彰是辦函授學校失敗後才遠走東部的，本來中華文藝函授學校業務很好，由於盧栽在一位女朋友的手裡，所以把函授學校搞垮了。盧克彰是一位好好先生，但不是一位精明人，也沒有什麼行政能力，他的事業垮得十分可惜，不然以後也不會因爲拚命寫稿而得癌症早死。但李春陽在和我通信時從來沒有提過盧克彰。盧克彰不但和我是朋友，我們還是同庚，而且我替他批改過小說班詩歌班的習作，由於函授學校垮了，還欠了我一筆批改費。後來盧克彰再回臺北，他才告訴我當年他和李春陽同住在花蓮山上的故事。他說他知道李春陽和我的私交很好，但是他們兩人顯然處得並不愉快。

後來李春陽離開花蓮山地到臺東辦報，我還介紹夏楚去幫他的忙。以後他又去蘭嶼教小學，課餘時捕捉蝴蝶和象鼻蟲要我送到延平北路陳維壽先生那裡去賣，那時陳維壽還未出名，我不知道他是怎麼知道陳維濤專門收購蝴蝶和象鼻蟲的？我替他賣了一段相當長的蝴蝶和象鼻蟲，直到他離開蘭嶼為止。

原先我就介紹朱夜和他通信，他到臺中後就和朱夜成為朋友。以後我曾到臺中市中醫學院任教職，當時該院糾紛甚多，加之我去馬尼拉非華文教講習會主講了一個月的文學課程，雖經院長同意照准，但事後董事長講閒話，所以第二學期無論怎麼挽留，我還是把聘書退還學校。我在臺中時間不到兩個月，但和李春陽時常見面，我才發覺他好酒，嘴裡常有酒氣。他對於自己的身體漠不關心，頭腦也似乎沒有從前冷靜清醒，我倒不覺得他大事糊塗，但小事已不甚了了。

有一次他到臺北來，我和朱夜陪他到那位曾經替姜貴、朱夜和我算過命的某某處算命，那位仁兄說他兩年後有衛兵替他守門，要討一位有錢的太太，他本來喝了酒，因此樂得有點忘形，我也替他高興，因為這位先生沒有說我有這種好事。但結果並非如此，正如他說汪榴照要發大財走大好運（是姜貴告訴我的，姜貴和汪榴照在中影認識），而一回香港就自殺了差不多。

李春陽酒後騎車喪生十分可惜，我曾來臺中參加他的喪禮。事後他太太也把「蒼天悠悠」和一部十多萬字的小說以及廣播劇交給我替他找地方來出版，但這時文藝界已經興起一片新潮風，李春陽的作品一點也不新潮，我自己已很少寫作出書，他的作品沒有辦法推出去，最後又只好交還他太太，現在連他太太、孩子、稿子的下落也不知道了！

時間過得很快，李春陽去世已經八年，今天的讀者已經不知道有李春陽這麼一位傑出的作家，「蒼天悠悠」也已絕版了。

李春陽一生坎坷，他的遭遇比姜貴還差，姜貴生前還風光過一陣子，死後更加哀榮。李春陽坎坷一生，身後更加寂寞。

元月二十七日又有一位詩人朋友古丁被機車撞死，我正和朋友們替他籌備開追悼會的事。這些先後去世的朋友，生前都很寂寞，但個個都非等閒之輩，都有一枝不同流俗的大筆，但都沒有充分的發揮，實在令人浩歎！

我希望以後再也不要寫這類傷心喪氣的文字，希望我的朋友都能長命百歲。

最後笑的人是最成功的人；最後死的人更是最成功的人！

民國七十年元月三十日台北

七〇年元月三十日重校

悼詩人古丁

庚申年是作家的大凶年！這半年內先後去世的作家有徐訏、楊御龍、尤增輝、陳克環、姜貴、古丁等六位。而庚申年只剩最後七天，古丁還是逃不過這一刼。

以上這六位作家中，只有徐訏、姜貴享壽較高，他們兩人都是七十三歲，但不能算是長壽。楊御龍只有五十二歲，陳克環和古丁都是五十四歲，尤增輝只有三十多歲，而最不幸的是他和古丁都是死於車禍！古丁是被機車活活撞死的！

十二月二十七日下午兩點鐘，我在辦公室突然接到一通哭哭啼啼的電話，起初聽不清楚是誰打來的，只彷彿聽到「……老師……出車禍……」我還以爲是我的學生打來的。說那位老師出了車禍，後來我大聲問，仔細聽，才辨別出是詩人涂靜怡小姐的聲音：「古丁老師出車禍了……」以後又是一陣哭泣，當時我還沒有想到古丁會死，我只問涂小姐古丁在什麼地方？她說在林口長庚醫院，約我去看古丁，這時我還沒有想到古丁會死。

我先下樓在中山堂前面等涂小姐，沒有多久，她坐着計程車來了，下了車，因爲計程車不肯去林口，我問她古丁的傷勢怎樣？她又哭了起來，我沒有聽淸她的話，我也不敢確定古丁是死了。因爲自「中國風」雜誌創刊以來，涂小姐的工作負擔太重，除了上班、照顧家庭兒女之外，「中國風」的發行，校對工作都是她擔任，而她同時還忙「秋水」詩刊的出版，一天二十四小時都不夠用，再加上沒有錢，又得不到支援，心理負擔尤其重。在第一期出版時，因爲刋物內容太正派，發行突然遭到困難，雜誌發不出去，人已累得半死，打電話給我時也急得要哭。她要好心切，工作精神負擔又格外重，所以情緒一直不太穩定，很容易激動，因此我也沒有想到古丁會死。

後來我們另外叫了一部計程車，計程車又不肯去林口，我問什麼原因？司機說不能開空車回來。我問他什麼地方有車去林口？因爲我從未去過林口，不知道在什麼地方搭車。他說北門有車，我們便坐到北門另外搭三重客運去林口。

在車上等涂小姐情緒稍微穩定之後，我再探問確實情形，我才聽淸楚涂小姐的話：

「古丁老師已經去世了！……」

這眞是一件意想不到的事，上星期六我還和他通過電話，二十六日上午我打電話給他，他正在講話，我便打電話給涂小姐，告訴她程石泉教授對選稿的意見。眞想不到一天之隔，古丁竟死於車禍！

古丁不但是一位優秀的詩人，也是一位造詣很高的理論家批評家。他寫詩已經超過三十年，但是由於他不愛交遊，我脫離詩壇也有二三十年之久，所以直到最近兩三年我們才認識交往。由於他在他辦的「秋水」詩刊上發表的理論文字的關係，才引起我對他的注意，我覺得他是一位有見解、有原則、愛國家、愛中國傳統文化的詩人，因此我們才開始交往，我也才開始替「秋水」詩刊寫稿。

由於接觸較多的關係，我更覺得他是一位難得的朋友，他不但見解正確，而是極富正義感，作人作事，堅守原則，而且愛人以德。他原是空軍士官，有六位公子小姐，生活相當艱苦，他曾經養雞、替人燙衣服來貼補生活，即使在這種艱難情形之下，他還長期幫助一位半身不遂的朋友每月五百塊錢。最近聽說小女兒有一位失去父母的同學，情況很糟，他每月給小女兒的五千元，有一半是給那位女孩子分用，而他還決定接她來他家過年，並打算支持她上大學，想不到他自己就過不了年，在他生日前一天被機車撞死了！若有天理，好人應得好報，但他所得的竟是如此之慘。

他創辦「中國風」雜誌也是基於愛國家愛中國文化的熱忱，事前曾經和我商量過，他的理想、抱負我很贊成，但是我知道辦雜誌很難，而且他和涂小姐都沒有錢，我心裏並不贊成他冒這個險，但我了解他的個性，他決定作的事不管有多大困難一定要作，他有湖南人的精神，能吃苦耐勞，自奉文薄，我不忍心潑他的冷水，我只委婉地勸過涂靜怡小姐和古丁要愼重考慮這件事。涂小姐說：

「國家到了這種地步，我們不幹誰肯幹？古丁老師既然決定辦，再困難我們也要辦。」

因此，在涂小姐的長詩「歷史的傷痕」榮獲中山文藝獎，得了十二萬元的獎金之後，他們就把「中國風」雜誌辦起來了，想不到「中國風」只出兩期就遭遇到這樣不幸的事！

就在古丁去世的前兩天我碰到古丁的老朋友詩人文曉村先生，他還告訴我古丁是一位十分努力用功的人。他每天夜晚讀書要讀到一兩點鐘才去睡，多少年如一日。他作事讀書都很認眞，是一位非常實在的人。他不但詩和理論都很有深度，英文也很好。他在食品工業研究所主編了中英文兩份專業月刊。工作份量很重，最近又加上一份「中國風」的全部編輯工作。他沒有任何消遣，不抽烟，不喝酒，生活十分嚴肅，除了讀書寫作就是工作。這樣一位優秀的詩人作家，一位難得的正直好人，竟死於非命，誰能想到？

民國七十年元月廿七深夜

二〇〇七年[illegible]

能出能入亦狂亦狷

——悼張曼濤兼談湖南精神

湖南人在我們中國人當中有許多獨特的地方，不同流俗之處。湖南雖然也出「朽人」、「化生子」，一般湖南人也多少有幾分朽氣，但湖南人自有其可敬可愛的地方。

湖南人之可敬可愛，在於他們的率眞，敢作敢爲，和天塌下來當被子蓋的毫不在乎的那份德性。

湖南人不狂則狷，但無論是狂是狷，我都喜歡。我最怕的是滑得像泥鰍，到處和稀泥的鄉愿、牆頭草。因此，我的朋友以湖南人最多，或是具有湖南人的個性的人。

本來湖南人十之八九是從我們江西移過去的，過去在大陸時，湖南人每隔三年五載必然回江西祭祖，湖南的江西會館萬壽宮也到處都是，但令我奇怪的是：江西人移到了湖南之後，怎麼在性格上會和江西人不同？江西人只有曾文正所說的誠與拙，狷則有之，狂卻很少。江西人的保守和湖南人的敢作敢爲，相去甚遠，甚至吃辣椒也沒有湖南人辣得過癮。我的長輩鷹潭桂崇基老先生曾經好幾次因我談到湖南江西兩省的民性問題，對於本來是從江西過去的湖南人，爲什麼會產生那種「騾子」脾氣和精神？都找不出答案。若說地靈人傑，湖南的山水和江西大致相似，長江經過湘北，也流過贛北，湖南有洞庭湖，江西也有鄱陽湖，甚至洞庭湖裡有君山，鄱陽湖口也有大孤山（俗名鞋山），這兩省的自然環境、氣候，可以說沒有什麼差異，因此稻米也以這兩省出產最多，照理說，不會橘逾淮而爲枳。然而江西人就沒有湖南人那種狂者的進取精神，而其狷、倔，或有過之。因此，曾、左、彭、胡以來，湖南人比江西人顯得有聲有色。

今年元月我有兩位朋友先後去世，恰巧他們都是湖南人。一是元月二十七日車禍去世的詩人古丁，一是元月十六日在東京心臟痲痺去世的張曼濤教授。張曼濤雖然先去世，但我却最後得到消息。而這兩位朋友都比我年輕，正是壯年大有爲之時。

因爲小說家，「蒼天悠悠」的作者李春陽（也早已去世）是我的好友，張曼濤自東京回國之後，在文化學院任佛學研究所所長時特來看我（那時春陽還在世）。當時我對他所知甚少。他給我的第一印象是個子矮小，嘴上留了一撮鬍髭，看起來更像日本人，但有湖南人的豪爽不羈。

李春陽和他太熟了，照春陽的話說：「張曼濤當小和尚時就和我在一起。」李春陽也是一位怪人，和佛教關係甚深。但他也是一位六根未淨的人，他的成就在小說創作方面，香港亞洲出版的巨著「蒼天悠悠」，足以使他不朽。張曼濤的成就則在佛學理論方面，他去世前編纂出版的一百册「現代佛教學術叢刊」，也是一個了不起的貢獻。

李春陽是東北大漢，但木訥寡言。張曼濤即使在湖南人中也算是矮小的，但張曼濤精神旺盛，語若連珠，交遊甚廣，有湖南人的進取精神，喝酒時更能表現他的豪氣，他的酒量很好，個子雖小，喝酒絕不讓人。像他這種性格，可以闖蕩江湖，搞出一份事業，絕對不適宜於清燈古廟的清修，但無損於對佛學的研究。我以爲個人的清修固然可以達成正果，但對佛學的發揚、整理，則有更積極的意義。

幾年前當他告訴我要出版佛學叢刊一百册，要耗資一千萬以上時，我覺得他的膽子眞大。雖然我知道他和佛教的淵源很深，但這畢竟不是一個小數目，赤手空拳，如何能冒這個大險？有一次我和他夫人施照寰女士在東吳大學教授休息室碰面時，談到他的出版事業，我就對他夫人說：

「也只有他有這種大氣魄。」

「他也弄得焦頭爛額。」她說。

因爲他還用了不少人，每月人事開支就要十幾萬，而且他又忙得不可開交，經常跑日本、東南亞、韓國、香港，連打電話約我也是先由秘書小姐接通，只有一次去日本要我作保是他親自拿着表格來找我的。本來他一向是趙代表恒惕老先生作保的，趙先生去世後，那次又因為時間倉促，他才來找我，這也是我第一次替人作保。

曼濤不但豪放，而且熱心。當拙作「墨人自選集」出版後，他主動介紹日本友人替我翻譯，起先是一位在東京某大學任教的女士，因為她太忙，後來他又介紹一位在臺北留學的兵頭小姐和我見面。

一天我突然接到他從安樂園餐廳打來電話，要我去那邊吃廣東粥。我趕到中山北路餐廳時，他和一位小姐已經在座，他介紹說是兵頭小姐。

兵頭小姐的中國話講得很好，人也坦白大方而風趣。曼濤把他的意思告訴兵頭小姐，兵頭小姐同意作這件事，這天我們初步就談到這裡為止。

第二次我們三人也是在安樂園餐廳見面，談到五本書翻譯的次序問題，我把我的意見告訴兵頭小姐，同時請她看過之後再作決定。

兵頭小姐學成回日之後，又出國旅行了一次，直到她在東京一家女子大學任講師之後，才開始翻譯長篇小說「白雲青山」，並經常與曼濤和我保持聯繫。六十六年我自歐洲繞道東京回[redacted]時，在東京和兵頭小姐見面，她提出書中的一些細節當面和我商酌後才算定稿。還陪我遊皇宮和新宿御苑。日譯本的「白雪青山」雖然還沒有出版，但曼濤的盛意和兵頭小姐一年多的辛勞我是十分感激的。我對很多事情的看法都是順其自然，絕不强求，在佛家說是「緣」，在道家說是「數」，如果曼濤不去世，我相信他終會協助兵頭小姐出版的。現在曼濤已經去世，是「緣滅」？還是「數終」？我更不放在心上了，我認爲人生一切福禍得失莫不有「數」存焉。

曼濤生於民國二十二年，享年四十七歲。早期著有文藝作品「曉露」、「雨裡的靈魂」；思想理論著作有「論人性之開展」、「思想、宗教、信仰」、「佛教思想文集」、「日本人的死」、「歷史不留情」……等。並主編有「現代佛教學術叢刋」一百册。

古丁是湖南人，是有所爲有所不爲的狷者，他赤手空拳創辦「中國風」雜誌，車禍去世，抱憾以終；曼濤也是湖南人，但他出世入世自如，亦狂亦狷，他赤手空拳主編出版了一百册佛教學術叢刋，積勞而逝。史家不以成敗論英雄，我個人對於這兩位湖南朋友所表現的湖南精神，都十分嘆服。「老表」不才，謹以此短文悼念。

送庚申迎辛酉

陽曆年已經過去好久了，在我的觀念裏，幾十年來從沒有把陽曆年當年過，總認爲那不是我們中國人的年，雖然多了兩天假期，元旦那天我還是照樣登山，並沒有在家裏納福。

去年是民國六十九年，歲次庚申，是我的六十整壽，花甲一周。在過去六十年裏，除了吃的苦頭比別人多外，眞是「乏善可陳」。如果短命而死，那眞是窩囊了一輩子。幸而老天不收，閻王不要（實際上我不止「七進七出鬼門關」，最近又想起一件要命的事：大概是五十四年乙巳，正是炎夏天，一天清早，我坐在背靠窗子的木扶手沙發上看報，突然一塊紅磚從竹籬外飛進來，打破玻璃窗，玻璃碎片横飛，散落一地，後來仔細一看，木沙發扶手被紅磚砸了一塊一寸多長，好幾分深的缺口，如果這塊紅磚砸在我的後腦上，一定一命嗚呼；如果有一片碎玻璃刺進我的頭部，也絕對活不了。我自己事後想來，在這種情形之下居然毫髮無傷，眞是異數！和那次撞車空中飛人，簡直可以「媲美」。這塊紅磚是從那裏來的呢？原來是一位鄰居發了神經病，從我大門外砸進來的，以後他還困擾了我兩三年，最近聽他太太說他已經死在神經病院，我才想起這件要命的事。），所以才活到現在。照我們中國人的習慣說法，我應該算是活了六十一歲，辛酉年便是六十二歲了。

去年庚申死的作家不少，我那篇「凋謝的作家」本來沒有列入尤增輝，因爲我不認識他，沒有注意這件事，所以我說楊御龍年紀最小。不知道尤增輝只有三十三歲，呼嘯兄加上去時也忘記代我改正。三十三歲就死去的作家，實在太年輕了！

庚申年雖然是作家的魁星，但也使一向受社會冷落的作家走了「死運」。徐訏、姜貴身後的哀榮，不但是他們本人沒有想到，活着的作家事先也沒有想到。這不得不歸功於文工會主任周應龍先生。這次周應龍先生料理了兩位作家的後事，而且作得十分漂亮，花錢不算太多，效果之大却難以估計。可見事在人爲。

希望庚申年是文學的轉捩點，也是作家命運的轉捩點。西諺云：「好的開始就成功了一半」。庚申年在主管文藝的作法上的確是一個好的開始。

辛酉年是民國建國七十年。七十年來國家多災多難，我個人更是[redacted]九死一生。辛酉年無論是國家、個人，應該是否極泰來的時候了。

我生平無大志，只希望過和風細雨的田園生活，老來更愛山林，但是幾十年來始終沒有如願，因此只能因時地制宜，把握機會，忘我行樂。

「忘我」是很不容易做到的一件事，尤其是在競爭激烈的工商業社會，功利觀念特別重，自我中心意識特別濃，成功者固然沾沾自喜，失敗者便悲不自勝。成功者知進而不知退，有了一千萬，還想再賺一億，除非兩眼一閉，兩腿一伸，永遠沒有止境。失敗者怨天尤人，不死也會得神經病。如果退一步看，退一步想，有些悲劇便不會發生。

像我那位發神經病的鄰居，本來是交大學土木工程的，可以說學有專長，但是愛鑽牛角尖，總是覺得自己的本領比別人高，所得到的報酬却比別人小，因此不平之氣和妬嫉之心便很難擺平，由於個性很怪，自然人際關係很差，他也自然而然地把別人都看成敵人，懷疑別人都在暗中整他。這個死結他自己始終解不開，終於得了神經病。如果他能退一步想，不把自己看得太重要，便不會死在神經病院。

要能退一步想，甚至忘我，只有跳出紅塵，卽使是短暫的跳出，一個禮拜跳出一次，也大有益處。我星期假日登山，除了鍛鍊身體之外，就是退一步的作法。

我的老朋友丁先生已經在庚申年退休了，這對他是一件好事，對我更是一件好事。因爲自辛酉年起，我不必一個人形單影隻地上山下山，登山而又有一位談得來的朋友長期作伴，眞是人生一大樂事。

二十年前我是提早自軍中退役的。現在我幹公務員還差四年退休，我也很可能在民國七十一年壬戌提前退休，因爲到七十一年八月我便幹滿了十五年，可以自由選擇。退休以後我便無拘無束，可以作自己愛作的事，除了登山、旅遊之外，自然還想寫一兩部長篇小說。

這十幾年來我是以時間換取生活費的，對寫作的損失太大。什麼東西都可以用金錢購買，只有時間是金錢買不回來的，想到十幾年的時間損失，實在非常痛心，說來說去不過是爲了一份微薄但很固定的薪水。如果稿費足以維持生活，我絕不會出此下策。當初我自軍中退役就是不打算再任公職的。因爲我有自知之明，我不宜於此道。但造化弄人，硬是不讓我作野鶴閒雲。天下事不由人計算者大多如此。

現在我雖然完全了解自己的造化，一輩子離不開公職，甩不掉筆桿，但我還是想逆天行事，把時間完全操在自己的手裡。魚與熊掌不可得兼，我寧願與筆桿爲伍，我在這二者之間掙扎了幾十年，一直沒有如願，現在已年過花甲，到時候應該可以告老了。而且我已經沒有子女負擔，不必靠稿費維生，可以計劃寫作，不必發表，毫無心理負擔，這應該是我個人的文學生涯的黃金時代。但天下事不如意者常八九[redacted]，到我該退的時候恐怕還退不下去，果眞如此，我也只好犧牲小我了。

猴走鷄來，辛酉年是國運和我個人否極泰來的一年。我除了應該把「山中人語」繼續寫下去之外，希望還能多寫點別的東西。

歲尾年頭絮語

庚申年留不住，它終於悄悄地走了。

庚申年對別人也許沒是多大的意義，對我來說，却大不相同。

六十年前的庚申四月二十這一天，這個擾攘不安的世界，突然增加了我這麼一個無足輕重的生命。我不知道下地時我是否哇哇大哭過？但這六十年來，可笑的事情很少，該哭的事情却很多，但我是既很少笑，也很少哭，往往是打落門牙和血吞，眼淚往肚裡流。眞正該笑的時候，我會比別人笑得更響亮，我不慣於隱藏自己的情感，連說話時也無法壓低自己的嗓門。最近一位律師朋友請我吃飯，另一位有三面之緣，也通子平的律師笑着對我說：

「你的精神還是這麼旺盛，你在樓下講話樓上也能聽見你的聲音。」

這一點我自己倒不覺得，但我在痛苦的時候我便很少吭聲。

這六十年來我是痛苦的時候多，開心的時候少。我也不希望笑得太多，更不希望笑得太早。

在我的家族中，到了我這種年齡，不進棺材也得準備好棺材，能夠過六十[redacted]歲的人實在太少，我算是一個異數。可能是我的苦頭還沒有吃足，也可能是老天爲了彌補過去對我的虧欠，讓我活下去過點好日子。但不管好也罷，壞也罷，我決不會和姜貴一樣，常常想自殺。在這一點上，我要比他頑强，命運之神要想打倒我可不那麼容易。

庚申年走了，我的六十年也像流水樣地過去了。我不是什麼英雄豪傑，沒有爲這個時代激起一點波紋，甚至一點泡沫。我沒有造福衆生，也沒有危害別人，我是芸芸衆生之一，六十年來我心安理得。

第一個六十年庸庸碌碌，浪費的日子太多太多。希望第二個六十年少浪費一點時間，多作一點有意義的事，過着適情適性的生活。

怎樣才是有意義的事？這是因人而異。有的人認爲君臨天下才是有意義的事。像希特勒、史太林[redacted]些狂人，不把全世界、全人類踩在脚下便不滿足。有的人認爲掌握全世界的財富才是最有意義的事。像歐納西斯、巴勒維、他們的錢是夠多的了，但他們未必滿足，只要一口氣在，決不忘記賺錢這件事，因爲他們認爲財富代表一切。有些賭徒却認爲在星期五就約好牌搭子，從禮拜六下班起連打兩個通宵，打到星期一早晨上班，這才是最有意義的事。所以對任何事情的看法都是因人而異，無法强求一致，如果强求一致，必然帶來一場戰爭，一場大災難。

我所謂有意義的事與上面任何一種都沒有關係。我不但毫無君臨天下，把別人踩在腳下的任何野心，要我頤指氣使或是假裝笑臉我都不習慣，即使是坐着輛車跑跑飛機場，送往迎來，我也認爲是莫大的痛苦。

說到金錢，自然沒有人不喜愛，我也喜愛，尤其是受過窮、吃過苦的人，更知道金錢的重要。因爲你如果少了一塊錢，你就上不了公共汽車，吃不到一碗陽春麵，這是最現實不過的事，沒有什麼理由好講的。姜貴之所以常常想到自殺，說穿了也是爲了錢。如果有錢，他才捨不得死。如果有錢，他也比我會花。我們在一起的那段日子，他幾乎認爲錢就代表一切。寫文章的朋友多是窮過來苦過來的，誰都知道錢的重要，我更知道錢的重要。當我養雞的那段日子，雙手糊滿雞屎，日夜聞雞屎臭的時候，更是眼淚往肚裡流，說穿了也是爲了錢。但我絕不會爲賺錢而賺錢，不會爲了加一個圈兩個圈而一直賺下去。我連算盤都不會打，電子計算機也不會用，錢太多了自己也計算不清，那不是快樂，反而變成了苦惱。能夠衣食無慮，不必上班，安心地讀書、寫作（不計較稿費），於願已足，何必多求？

說到打牌，縱然有人每個星期天請我陪他在牌桌上坐一上午或下午，固定送我二幾千元，我也敬謝不敏，別說要我去傷那種腦筋。

此外還有什麼有意義的事呢？當然還有醇酒美人。

酒，我不是無量，從前酒逢知己時，我很能喝幾杯，一瓶紹興還不在乎。但是近年來我滴酒不沾，從不開戒。香烟戒了五十年，也從未開戒。姜貴到臺中又喝起酒來，這是我沒有想到的事。他認爲他戒酒很有決心，說不喝就不喝，我確實沒有看見他喝過酒，想不到他還是破了戒。因為他到台中後中了大獎。

至於美人，也是沒有一個男人不喜歡的。但美有內在外在之分。沒有內在美的女人，像我這種不合潮流的性格，又到了這種年齡，還眞不容易動心。我的老朋友丁先生，雖已年滿七十，童心未泯，每當我們兩人星期天在山上「獨來獨往」時，他曾經一再開玩笑地說：

「要是有兩位漂亮的小姐陪我們兩位活神仙爬爬山，那該多好？」

「你別作夢！」我總是潑他的冷水：「漂亮的小姐要坐小轎車在大馬路上兜風，誰會陪你老頭子爬一身臭汗？」

這是實話，天下那有這樣的美人？那些泡在舞廳、歌廳、酒家的美人，和我們這種人永遠無緣，我從來不去那種地方，決非惺惺作態。

那麼還有什麼有意義的事呢？在別人看起來大概實在再也沒有什麼有意義的事了，不過在我看起來還有一點點。

姜貴生前和我同意一件事，在以往有出版審查存在時，那就是：「凡是能發表出版的作品，都不能算是好作品；不能發表出版的作品才是真正的好作品。」我不知他生前有沒有寫下這種作品？如果有，希望他的三位公子好好藏之名山；如果沒有，那是一件憾事。如果他沒有死，我相信他能寫出比「旋風」、「重陽」好很多的作品來，但那必須是在吃飽喝足、不等稿費買米的情況之下才能辦到的。但他的性格是衣食足就不寫作了。

我所謂有意義的事，指的是這種事。

至於適情適性的生活，那更簡單：無憂無慮，與鳥獸草木山水爲伍而已。

但願國運昌隆，天假我以年，讓我的第二個六十年活得有意義一些。

70. 1. 1.

[illegible]：我今[illegible]已八十六，我三十年前已離開[illegible]生命
[illegible]之謎，我會知道有三十多年的創作生命！
我不會自殺，

二〇〇七年十月三日重校

孔明的形象

——兼談中國固有文化的形象

最近報章對於國劇中孔明的服裝問題，引起爭論。有謂孔明是書生，不應穿八卦衣；有謂孔明穿八卦衣、手持羽扇並不錯，清朝項珠則可以不戴。我以為這不僅是藝術造形問題，而是文化本質問題。

首先我們應該了解孔明是怎樣的人？不了解這一點，而視孔明為一般書生，想改為書生打扮就很難中肯。

諸葛亮字孔明，三國蜀漢瑯琊人。原本隱居南陽，躬耕自遣，是一位隱士，而且是一位深通易經的道家。

中國最早的道家是廣成子，而後黃帝、老子、莊子。道家是「學究天人」，舉凡天文、地理、科學、醫學、軍事、政治、文學，無不精通。道家的思想是以宇宙為中心，講宇宙本體論、相對論。所謂陰陽就是八卦的乾坤。一陰一陽之謂道，道也者陰陽也。易經講陰陽變化之道，老子中其義，闡釋宇宙的形成、發展的法則，層次分明，人事亦在其中，所以有「以正治國，以奇用兵。」「治大國若烹小鮮」之語。

孔明是道家中的後輩，他也精通陰陽之學，上通天文，下通地理，更通人情世故。躬耕南陽時他是出世的道家，「出山」後，他便成爲入世的道家了，而不是一般書生。

中國的所謂「書生」，上焉者是在人文主義中兜圈子；下焉者是在科舉中討生活，能詩、詞、歌、賦，就算雅人，其他多茫然無知，甚至四體不勤，五穀不分，所以有「百無一用是書生」之語。此與道家的人生、知識境界相去不可以道里計。關於中國固有文化的基本問題，在我最近出版的「墨人散文集」中收集的「中國文化的三條根」、「宇宙爲心人爲本—中國文化的眞面目」、「中國文化的宇宙觀」、「人與宇宙自然法則」、「李約瑟與中國文化」……等文中，有較詳細的闡述，此處不贅。

另外要說明的是道家與道士的異同。道家是學術的，層次很高；道士是宗教的，層次較低。中國文化本來是道家文化。孔子說「朝聞道夕死可矣」，又說「志於道」，「五十以學易可以無大過矣」，我們的老祖宗黃帝就是道家，他在位時作甲子、作六書、定律名、定算數，對中國文化的貢獻很大。他曾問道於廣成子，身體力行。孔子也多次請教過老子。

中國文化的根源在道，道是一種涵蓋宇宙人文的統合文化，天、地、人三合一的和諧文化，研究這種統合文化的學者就是道家。老子、莊子、鬼谷子、李淳風、袁天罡、邵康節、劉伯溫都是道家。

道家又分出世派和入世派。所謂出世派者只作學術研究和自身修持，不問世事，如陶弘景、邵康節、陳摶等是；入世派中則以諸葛亮、劉伯溫最為著名，最有貢獻。道家對中國的科學貢獻最大，英國生化學家史學家李約瑟著的「中國科技史」是最好的證明。

道教創始於東漢沛人張道陵。他本名陵，永平時任江州令，在現在的江西九江作父母官。其後到江西鷹潭龍虎山習煉丹符咒之術，從學者頗衆。他死後子衡傳其道。元順帝時，封他的後裔張宗演為「輔漢天師」。明洪武初，改封他的後裔張正常為「正一嗣教護國闡祖通誠崇道宏德大真人」，秩二品，子孫衍襲。清初還是一樣，乾隆時去封號，改秩正五品。民國廢止。這是道教的淵源。凡是以此為業，以及道觀的出家人，稱為道士或道姑。

道家和道教有層次之分，前者[redacted]高，後者宗教色彩濃，其區分在此。

至於仙道又是什麼關係呢，其關鍵在於「修持」。道家和道士修持成功的，達到廣成子所謂「吾與日月參光，吾與天地為常。」者，便是大羅金仙。此為神仙中成就最大者，無所不在無所不能。呂洞賓即神仙之流。

國劇中孔明自稱「山人」；山人即是「仙」之意，他尚未成仙。劇中他穿八卦衣絕對符合身份。八卦是中國固有文化的根本象徵，不是圖騰，更非迷信，天地間最大的學問盡在其中，韓國以四卦作爲他們的國旗，可謂禮失而求諸野，我們反而數典忘祖了。

中國固有文化的形象早已被歪曲了，因此舞臺上的孔明被歪曲的地方更多。如「借東風」中就渲染了濃厚的神秘色彩。其實借東風是氣象知識，不過那時還沒有「氣象學」這個名詞。孔明深通天文，他當然知道什麼時候會起東風、大霧，這是天文知識，一點不玄，在戲中我們就應該強調孔明的科學知識，而不應當替他披上玄學的外衣，這才是國劇應該改進的地方。

八卦衣是道家的象徵，羽扇表示仙風道骨，完全正確。如果將孔明改作一般書生打扮，那才是大錯。

胡漢民的文才與風骨

胡漢民先生是我所景仰的一位前輩、讀書人，和政治家。少年時對他的事跡所知不多，只覺得他不同流俗。直到我五十八歲那年，也就是胡先生百歲冥誕的那年，想不到黨史會主任秦心波先生突然約我以小說體裁寫胡先生傳記。這是一件大事，我覺得有點爲難，但不便謝絕。幸好胡先生女公子木蘭是國大代表，秦先生說胡代表有資料，也可以和她面談，問題當可迎刃而解。果然胡代表提供了我很多資料，也和我談了不少胡先生爲人處世的情形，胡代表對我的熱忱協助，使我增加了不少信心。在此之前我曾經聽見一位作家說，有人請他去訪問胡代表，寫紀念胡先生的文章，結果沒有成功。因此胡代表對我的熱忱，我更加感激。加上[redacted]秦先生對我的提示、協助，所以我才能完成「詩人革命家胡漢民傳」。這件事說起來也是數有前定，胡先生去世時是五十八歲，我受託寫胡先生傳記時也剛好五十八歲，而他原籍也是江西，豈非數耶？

大家都知道胡先生的籍貫是廣東番禺，其實他的原籍是江西廬陵縣延福鄉青山村，胡先生的太夫人也是江西萍鄉望族，她是文壯烈公的第六位千金，能詩能文，並且擅長音樂圍棋。胡先生的老太爺胡文照先生也是讀書人、而且是一位了不起的幕僚人才，是非分明，一介不取。胡漢民先生在文學方面的優厚稟賦和不計個人利害只講大是大非的堅強耿介的偉大性格，是得自雙親的遺傳。

胡先生的本名不是漢民，他老太爺原先替他取名衍鸛，字展堂，後又改名衍鴻，漢民是在東京參加革命寫文章的筆名，以後本名爲筆名所掩，他也以漢民爲名了。

胡先生自幼智慧極高，眞的一目十行，記性又好，一年就把四書、詩經唸完，十一二歲十三經全都唸完，還讀了文選、史記、古文辭類纂之類的書，從前讀書要背，不能背不能算是唸完，不像現在這麼簡單，所以他十一二歲時作古文就能洋洋洒洒下筆千言。十三歲時他寫了一首五言的「種竹」詩：

種竹北窗下　瀟瀟清香發
本以招涼風　反教蔽明月

現在的大學生一兩千字的白話文也多半弄不清楚，絕律詩更別談了。

不幸就在十三歲這年，胡先生的父親去世了。他父親一生清廉，家境困難，父親死後便無力從師，只好在家自修，想不到十五歲那年母親又去世了。

十六歲那年，他迫不得已，便和長兄清瑞各自課徒餬口，贍養弟妹。他的學生有十七八歲的，他眞是一位「小先生」。

他一面課徒，一面又應考書院，以獎助金贍養弟妹。後來他考進菊坡書院，攻讀詞章性理方面的學術。

他愛讀顧亭林、王船山等人的著作，因此民族主義思想早已深入內心。

國父孫中山先生首次在廣州起義失敗，很多不明事理的人把孫先生的起義說成「造反」。康有爲及其門徒對孫先生更是流言蜚語。胡先生却憤憤不平，他爲這件事寫了一首七律記事詩：

何人被髮祭伊川　胡運偏能過百年
日月無光空莫照　太平有道澤誰延
早知康樂非山賊　漫信孫登是水仙
縣令破門前日事　酣歌恒舞却依然

十九歲時胡先生認識了史古愚、堅如兄弟及其他革命黨人王鐵初、左斗山等，他自己的革命思想也更加濃厚起來。這年元旦，他親自寫了一副春聯貼在大門口：

文明新世界
獨立大精神

這在當時，無異於向滿淸政府挑戰。

二十歲時胡先生任廣州嶺海日報記者。二十二歲他考取洋學堂廣雅書院，但他自已沒有入學，而由堂弟胡毅生，代他上課。

史堅如起義失敗後，革命黨人都遠走國外，以免被捕。胡先生也想出國留學，結識更多的革命黨人，但他沒有這種經濟能力。因此他想代人捉刀，參加淸廷考試，賺取留學費用。但是別人以爲他的文章不適於科場，所以沒有人請他。他爲了表示自己的實力，便乘庚子恢復八股取士時，親自參加考試，果然一試即中。他中了舉人之後，別人還以爲他想作淸朝的官，他這才說明原意。因此第二天就有人請他捉刀。他也不負別人所託，代人考取了舉人，他拿了六千五百兩銀子，便和吳敬恆、鈕惕生、董樹堂、陸偉士等東履日本。這年他二十四歲。

他進入弘文學院師範科就讀，和黃興、楊度等同學。但只有三個多月，便因爲吳稚暉被捕投河自殺，他領導廣東同學以退學抗議，日本當局表面接受他的條件，不驅逐吳稚暉出境，暗中却威脅利誘其他聲言退學的同學，大家怕事，寫上「悔覺書」的很多，他便單獨提出退學書回國。追隨他的只有幾個人。

他回國後任嶺海日報總編輯，和康有爲門徒辦的羊城報爲女權事大開筆戰。他文筆犀利，銳不可當，對方便以革命份子中傷他，他便去梧州中學作總教習。又因英國人侯岸德毆打梧州中協衞兵、學生抗議事件，被迫辭職返粤，就任私立香山隆都學校校長，不到一個月，又因學生毀了文昌像，士紳大鬧而辭職。

一九〇四年冬天，胡先生再度赴日就讀日本法政大學速成法政科。

他對康有爲、梁啟超師生首鼠兩端，言不顧行，認識淺薄，剽竊武斷，非常不滿，認爲他們是民族革命的一大障礙，擬辦刋物駁斥，但一時籌不出錢來。

一九〇五年九月一日夜晚，他和　國父孫中山先生見面，加入同盟會，他和孫先生談得十分投機，通宵達旦。汪精衞說他和孫先生前世有緣。

這年十月六日保皇派在東京舉行「戊戌庚子死事諸人紀念會」，同盟會派胡先生出席，胡先生當場發表演說，將康有爲、梁啟超的保皇歷史和立憲派的錯誤，痛加駁斥，康梁門徒沒有一個人敢起來答辯，而且當場宣佈以後不再在東京開會了。

這是胡先生第一次以個人雄才對康梁出擊而大獲全勝。

隨後孫先生採納了他的建議，辦了一份「民報」，並推他擔任編輯。發刊詞是孫先生口授，由他執筆，標榜政綱六條，前三條是三民主義，後三條是對外政策。他還以「漢民」筆名發表了很多重要文章，與梁啟超筆戰一年，又大獲全勝。

日本文部省發佈清韓留學生取締規則，在中國留學生中引起軒然大波，有的主張立即回國，胡先生以「民報」創刊不久，一鬨而散會動搖根本，主張交涉取消取締規則，學生聯合會竟宣判胡先生和汪精衛的死刑，其中最激烈的竟是秋瑾。一天，她偕各省分部部長約胡先生談話，其實是興師問罪，胡先生單刀赴會，秋瑾氣勢洶洶，胡先生凜然不可侵犯，從容說明立場，有人喊打，胡先生昂然挺立，說完之後叫他們動手，秋瑾却連忙趨前握住胡先生的手道歉。他以無比的勇氣，理直氣壯的言辭，使一羣本來要殺他的人心悅誠服。

由於民報辦得有聲有色，胡漢民、汪精衛[redacted]兩人的文筆犀利，滿清政府懸賞十萬大洋購買他們兩人的首級。這是一個很高的價錢。

但是胡先生一點也不畏縮，反而拋妻別女，與汪先生一道去新嘉坡奔走革命。

在革命期間，他所遭遇的艱難、困苦、挫折，乃至誤會，不一而足，本文不能細談，但他事事大處着眼，是非公私分明，堅守原則，却是異鄉異地而皆然的。而他對汪精衛的「手足」之情，同志之愛，尤其令人感動。

原來汪精衛入京刺殺攝政王載灃前，曾血書「我今爲薪兄當爲釜」八字寄給胡先生，他一時感慨叢生，隨手寫了一首五律：

挾策當興漢

持椎復入秦
問誰堪作釜
使子竟爲薪
智勇豈無用
犧牲共幾人
此時眞欲絕
淚早落江濱

當他接到香港的電報說汪精衛被捕，他便淚如泉湧，以爲汪是死定了。後來他知道汪沒有死，被判終身監禁，便放下一切，專爲營救汪精衛奔走：

一天夜晚他在陳璧君家召開會議，希望大家出錢營救汪精衛，大家十分冷淡，他非常失望傷心。入睡後他恍惚看見汪精衛已死，頭掛在城門樓上，不禁失聲大哭，哭聲驚動了隔壁的黎仲實、陳璧君、黃金慶、吳世榮、陳新政等人，跑過來問他，怎麼這樣大哭？他便說出夢境。黃金慶等自慚涼薄，悄悄退出，當胡先生在東京拋妻別女追隨孫先生赴東南亞奔走革命，而滿清政府懸賞十萬大洋購買他項上人頭時，他沒有落一滴眼淚，而他夢見汪精衛被殺，哭聲却驚動四鄰，眞是至情至性，他所流的是英雄之淚，不是至情至性的人絕對不會如此眞情流露，這和汪精衞後來爲了政治權力對他的曖昧態度完全兩樣。

胡先生在政治上的光明磊落，毫無私心，實在令人敬仰。當他以廣東省長兼大本營總參議，代理大元帥及政治會議主席時，可以說是集黨政軍大權於一身，是孫先生順理成章的繼承人，但他爲了顧全大局，竟屈就外交部長。可見他視富貴如浮雲，[redacted]這種地方表現了一個政治家、眞正讀書人的胸襟。與孫先生讓袁世凱作大總統的氣魄亦無多讓。

他對孫先生的忠心耿耿，也表現了「孝子不諛其親，忠臣不諂其君」的精神。他對孫先生敢犯顏直諫，而暗中却代孫先生受過。且舉一事實來作證明：

一天，安徽省都督孫毓筠派專人到南京來報告孫先生：

「安徽財政困難，軍隊薪餉拖了很久，如果再不發餉，恐怕會激起兵變。」

孫先生不知道財政部有沒有錢，隨手批了二十萬。

胡先生去財政部提取，打開金庫一看，只存了十塊大洋。財政部長身在上海，次長彷徨無策，胡先生便拆東牆、補西牆，另提取粵北軍款六萬，再拼拼湊湊，總共也只有十萬。來人不明底細，反而抱怨胡先生：

「我明明看見總統批了二十萬，秘書長怎麼打了一個對折？」

胡先生不對來人說明實際情形，只支吾吾地說：

「你先拿回去應急，餘款三五日內一定撥到。」

事後他也沒有對孫先生報告實情，他獨自承擔一切責任。他既替孫先生受過，也替孫先生分勞分憂。孫先生視他為左右手，其來有自，非僅此一端。也只有孫先生配用胡先生這種人。他們這兩位大政治家眞是相得益彰。

胡先生對人處事十分公平，以總統府的職員薪水而言，上自他秘書長下到錄事，一律月俸三十元大洋，誰也不多，誰也不少。滿清官僚習氣，一掃而光。

孫先生任臨時大總統時，不但財政十分困難，政治情況也十分複雜，反對他的人不少，連宋教仁、章炳麟也和孫先生唱反調，甚至改選汪精衛為總理。胡先生覺得他們太天眞幼稚，獨闢衆議，據理力爭。他說：

「在民主政治已經走上軌道的國家，革命政黨不妨公開活動，成為普通政黨。但是我們的民主政治剛剛萌芽，軍閥操縱政治，從事憲法國會運動根本沒有可能。袁世凱之所以挾清廷要脅本黨交出革命政權，挾本黨逼迫溥儀退位，從中漁利，就是因為他有武力。他可以解散國會，逮捕議員。在這種情形之下，還談什麼民主政治？

「至於說到改選總統，精衛和我可以說情同手足，在私交上說我不應該反對，但是孫先生是黨的創辦人……無論如何，總理不能改選。」

但是宋教仁那批人能譁衆取寵，其他的人都噤若寒蟬，胡先生孤掌難鳴，結果總統員的改選了，臨時政府也搞垮了，後來宋教仁也被袁世凱暗殺了。胡先生却始終追隨孫先生革命到底。

孫先生一去世，他就要辭代理大元帥，改組政府。孫先生北上時卽着他代理政治會議主席及軍委會主席，集大權於胡先生一身，胡先生那時就立意辭職，是孫先生要孫科持親筆信去勸他打消辭意。孫先生給孫科的信中有這樣的話：

「……故此漢民縱不能代我辦事，必能代我任過，否則，各種之過皆直接歸我一人身上矣。漢民之用甚多，此爲其一，故不能任彼卸責也。……」

可見孫先生對胡先生了解之深。

孫先生逝世後，鮑羅亭在廣東「利用國民黨，消滅國民黨」。在民國十二、三年鮑羅亭和加拉罕卽物色國民黨中有資望而又「夙無主張、夸夫死權」的人。他們選擇了胡漢民、戴季陶、汪精衛三人仔細考核。他們對胡先生的評語是：「難相與」。對戴先生的評語是：「拿不定」。對汪精衛的評語是：「有野心可利用」。因此改組了政府，扶植汪精衛，打擊胡先生。鮑羅亭儼然太上皇。而胡先生對此始終不假以辭色，表現出凛然不可侵犯的態度，鮑羅亨視胡先生如眼中釘，便借廖仲愷案欲置胡先生於死地，終於把胡先生放逐到俄國去「考察」。胡先生臨行時作了一首七律「楚囚」紀事感懷：

稚子牽衣上遠航（註）送行無賴是秋光；
看雲遮處山仍好，待月來時夜漸涼；
去國屈原未憔悴，戢人叔子太荒唐；
浮屠三宿吾知戒，不薄他鄉愛故鄉。

國民政府定都南京後，胡先生辭去立法院長回到廣東之後，日本人又想利用他來分裂中國。先是大特務士肥原借辭行來遊說：

「胡先生，你是國民黨的元老，我們日本人對你都很尊敬。今天要談中日邦交，解決中日糾紛，非你不可，如果你能登高一呼，提倡中日親善，一切問題都可以解決。」

胡先生不但堅決[redacted]抗日[redacted]，因此直接了當地對士肥原說：

「謝謝閣下來向我辭行，但是我希望閣下和貴國朝野，不要看錯了我胡漢民。誠然，我和南京方面有意見，但這是我們內部的事。希望貴國政府不要利用這種弱點。同時我也坦白告訴閣下，我胡漢民向來不受人利用，尤其是國家大事上。」

後來松井大將又來遊說，胡先生指着松井的鼻子把他罵走了。

胡先生一生奔走國事，從不爲個人打算，但大是大非必分，三民主義的理想和原則一定堅持到底。不惜挺身而出，攘臂而起。對外對內莫不如此。有一次蔡元培等提議褒揚梁啟超在學術上的成就時，他就期期以爲不可。他說梁啟超是保皇黨，反民國的學人，國家名義不可以隨便予人，也不能是非不分，蔡元培等知難而退，褒揚梁啟超的提案終於沒有通過。

如果當年不是他和汪精衛兩枝健筆，在理論上先打敗了梁啟超，民國是很難成立的。這是關鍵所在，所以胡先生堅持原則，絕不和稀泥。

因此有人以爲，胡先生太不隨和，甚至說他氣量小，其實這是皮相之見，胡先生嫉惡有之，堅持原則有之，明辨是非有之，但氣量不小，反而能容人，他對汪精衛的維護容忍，即其一例。孔子誅少正卯能說他是不隨和、氣量小嗎？

胡先生是一位眞正的讀書人，但他不是腐儒；他憂時憂國，獻身革命，能淡泊名利，視富貴如浮雲；他在文學上的造詣和對國家的貢獻，均非禿筆所能形容。可惜他的文名爲勳業所掩，後人知者不多。

民國開國元勳中，讀書人不少，但胡漢民、汪精衛兩人是一時瑜亮。兩人能說能寫，本來又情同手足，但是兩人性格完全不同，汪無主見、飄浮不定，因而晚節不保，[redacted]。他的「引刀成一快，不負少年頭。」[redacted]是一種浪漫的革命情[redacted]。胡漢民不同，他有中心思想、作人原則，始終堅定不移，又有讀書人的淡泊情懷，所以進退自如，所以能成為大政治家。汪精衞熱衷名利，不甘寂寞，不能堅持原則，前後判若兩人，終至身敗名裂，足為書生從政者之戒。

胡先生死時他靈前有一副輓聯最能表現他的人格、學問、事業。

一代楷模黨尊李杜

千秋勳業人仰伊周

上聯是讚揚他在文學方面的成就，下聯是尊崇他的政治風範，貼切之至，不知出自那位高手？

[redacted]國步艱難，世風日下，[redacted]更需要胡漢民這樣有才華、有定力、有正氣的眞正讀書人、政治家。[redacted]等而下之者不足論矣。

69.10.12.青年戰士報

註：胡先生赴俄携女公子木蘭同行，胡代表時僅十六歲。

我對報紙副刊的期望

報紙不但是大衆廣播工具，也是社會學校。不少人的知識得自報紙者遠比得自制式教育者爲多。尤其是愛好文學的青年，十之八九是由報紙副刊的啟發激勵而走上文學之路，大學中文系、外文系培植出來的文學人才遠不如報紙副刊培植出來的多。雖然報紙副刊不發畢業文憑，更不授予文學士、碩士、博士學位，但報紙副刊的文學教育功能，實遠非文學系所能相提並論。因爲文學系多爲照本宣科，缺少創作示範。報紙副刊不但天天有創作示範，也時時有理論指導，而且多是經驗之談，較之缺少創作基礎的空洞理論更爲實惠。因此，一張報紙副刊，其重要性遠超過一所大學的文學系；一張報紙副刊的主編。其重要性也遠超過一個文學系的系主任。即使副刊主編沒有系主任的身份，但他作育文學人才的功效，遠非一般文學系主任所能企及。這不是形式問題，而爲不爭的事實。

我有四十年以上的投稿歷史，也有十年的教學經驗，因此我特別重視報紙副刊。我深深覺得教一年書，遠不如寫一本書的影響大，甚至還不如在報紙副刊上發表一個短篇小說，或是一篇散文，一首詩。在大陸時期，我大部份時間是從事新聞工作，從外勤到內勤，從編第一版、副刊到寫社論，我都經歷過，但我認爲報社最有意義的工作不是主筆、總編輯，而是編副刊。因爲社論和新聞一轉眼就成爲明日黃花，只有副刊，無論過多少時間，都有其存在價值。因爲副刊上的文字不是新聞，不是時論，而是文學作品。惟有文學作品才能突破時間、空間，不受時空限制。因此，一個好報紙副刊，一個好副刊主編，他對文學的貢獻也是無可比擬的。一兩位副刊編者，就足以影響一代文風，其好其壞？也是難以估計的。

大陸時期的報紙副刊姑且不談，三十八年以後的報紙副刊，對[redacted]文風就起了很大的影響作用，四十年代、五十年代的文學蓬勃發展，報紙副刊功不可沒。四十年代、五十年代的作家，不但創作力强，作品豐富，[redacted]，所有重要的文學作品，都是那個時代的產物。而那些重要的文學作品，大半是透過當時的報紙副刊，[redacted]無論質與量那一方面，都已超過三十年代。雖然現在四十年代、五十年代的作家與作品，正在有意無意地被忽視、糟踏，但後世讀者和文學史家，必能突破眼前的魔障，而以歷史的慧眼，給予公正的評價。那一時代的作品，雖間有八股之作，但不能因爲少數八股，而予以全盤否定。歷史將會是最好的裁判者，最好的證人。

[redacted]文風的轉變是[redacted]存在主義，意識流開其端，那一陣過了時的西風，

確實給中國文學造成了極大的傷害，現在仍然重創未癒，搖擺虛弱。這十幾年來，我們的文學走上了岔路，不但缺少進步，反而在倒退當中。

最近我受託作了一項專題研究工作，曾以六十七年全年出版的文學創作，作為基準，以三五八種作品作一分析，計長篇小說十四部，除了三部算是新作之外，其餘都是二十年前的舊作重新出書。短篇小說十九本，除了兩三本報社徵文選集，或是副刊的小說集之外，大多數是舊作重印。新詩集一共出了十四本，但多是作者自印，很少公開發行，銷路自然有限，其他都是消遣性、趣味性的散文、隨筆、雜感，以及雜燴式的自選集。嚴格說起來，隨筆、雜感乃至賣弄趣味的小品，都算不上是文學創作，但此類作品近年却大行其道，這不是什麼好現象，它說明了我們的文學創作陷入了低潮，甚至開了倒車。

小說是文學重鎮，長篇如此，短篇亦然。而就文學創作藝術來講，小說也是最難處理而思想內涵最複雜境界最高的一種文學藝術。寫小說不僅需要天才，也需要廣泛的知識和學問。如果曹雪芹沒有學問，他怎麼寫得出「紅樓夢」來，現在的許多所謂紅學專家，他們的研究工作，還是止於考證，很少人能說出曹雪芹的思想層次來。為什麼不能？因為這和憑史料考證不同，需要更大的學問。因此我個人的淺見是，小說創作的低潮，就是文學的低潮；小說創作的沒落，就是文學的沒落。

除了存在主義，意識流給我們的文學造成了重大傷害之外，稿費太低也是一大致命傷。以某報副刊爲例，五十年代的稿費平均約五六十元一千字，當時我寫一萬二千字的短篇，可以拿六七百元的稿費，相當我一個月的八成俸。香港「今日世界」更高，當時是二十元港幣一千字，一篇一萬兩千字的短篇，可拿二百多塊港幣，折合台幣一千多元，相當於我兩個月的八成俸。而今天某報副刊最高稿費不過五百元一千字，同樣長的一個短篇，只能拿五六千元，不到我的薪水三分之一。「今日世界」早已改版，已經不是作家投稿的對象了。其他報祇副刊的稿費不如某報的還多，請問有那一位老作家肯花那麼多心血去寫小說？得不償失的事畢竟很少人肯作。年輕的作者雖有人嘗試，但寫小說非一朝一夕之功，羅馬不是一天造成的。小說之不景氣，原因不止一端，我不過隨便舉出一兩件事實而已。

自由日報創刊之初，承主編約我湊數，因此我特別期望晨鐘副刊能振衰起弊，作中國文學的功臣。副總編輯桑品載先生、主編彭選賢先生，本身都是小說家，因此我的期望也更大。希望每月能在這個副刊上拜讀到幾篇高水準的小說、散文和新詩。

「科學重發明，文學重創作。」我願意重述我十多年前就說過的這兩句話。

70.1.11.自由日報

二〇〇七年一月二十日重校

談文化建設

——文化貸款免稅我見

我們可以肯定我們有五千年的歷史文化，朝野人士也自認我們是「文化大國」。可是，無可諱言的，作起文化工作來，我們却是十足的「小兒科」，甚至是「小家子氣」。文往往空話講得很多很多，事情反而作得很少；在別的方面用起錢來手面很大，在文化工作方面却斤斤計較；對一般稍有成就的個人優禮有加，對埋頭苦幹或有成就的文化人則相應不理，任其自生自滅，此種風氣由來已久，不自今日始，看樣子也不會自今日終。

文化是累積的，非一朝一夕之功。它是一個國家民族精神生活、文化水準的總體表現，不是工商事業的單項表演。文化工作需要長期投資——包括人力、資金——長程計劃，才能紮好根基，穩定發展，欣欣向榮。可是事實上我們在這方面作的是不下本錢的生意，只問收穫，不事耕耘。自然更無計劃。如果硬要說有，那也不過是某些單位的年度工作計劃而已，點綴的意義多，建設的性質少，與眞正發展文化事業，培養文化人才的遠大目標，相去甚遠。

每年國[illegible]的召開，都有文化組的建議，但大多空泛，不切實際，尤以未有一[illegible]文平時一談起文化工作，政府機關都訴苦說沒有錢，不能辦事。其實文化工作並不處處需要政府機關直接去作，只要政府機關行個方便，一視同仁就行。貸款是一件事，免稅又是一件事。這都不需要政府機關自己去作，也不必負任何責任的。

一個現代國家，貸款促進各種事業發展是一種正常手段，也是繁榮社會的有效方法。

在臺灣，農業可以貸款，漁業可以貸款，中小企業可以貸款，建築業也可以貸款，爲什麼文化事業不可以貸款？而事實上是沒有那一位作家、藝術家可以提出創作計劃申請貸款，或提出出版計劃可以申請貸款的。

如果提出出版計劃或創作計劃可以貸款，最多十年八年[illegible]的文化事業就可以起飛。出版和創作是相輔相成，相依爲命的。有了創作沒有地方出版不行，有了出版機構沒有創作也不行，二者相得益彰。

目前的情形是：私人出版機構，資金太少，甚至只有幾本書的本錢，這樣的出版機構怎麼能負起文化建設的重任？因此，他們只能出些成本輕、投機取巧，甚至攻擊人性弱點[illegible]的作品。如果他們能提出遠大正當的出版計劃，財經單位依照政府的文化政策審查，這才是最富建設性的積極作法，比什麼文化清潔運動，不是要强千百倍嗎？

貸款對作家藝術家的創作有直接的幫助，而且數字有限，這是花小錢成大功的作法。如果一位作家提出一百萬字的創作計劃，以三年時間完成，個人生活費每月以一萬元計算，約需三十六萬元。其作品稿費以千字五百元計算，一百萬字可得五十萬元稿費；版稅以百分之十計算，一百萬字的作品，每本訂價作二百元，每版作兩千本，一版可得版稅四萬元，合計五十四萬元，作家貸款三十六萬，有償還債務能力。如果銀行怕作家打高空，審查創作計劃時可以索取作家與報社發表契約及出版機構出版契約，或由他們擔保，這就不會形成呆賬了。還有，新近即將成立的文建會，也可以請該會作徵信調查或擔保。我所想的或者不夠周全，銀行家的辦法很多，向來小戶貸款又賴不掉債的，作家藝術家都是小戶，銀行一定有辦法套住這些人的。

免稅是更重要的步驟，可以鼓勵大企業家投資文化事業。臺灣有很多有錢人有錢無處用，如果投資文化事業可以免稅，何愁文化事業缺少資金？有錢好辦事，目前這種小兒科投機取巧的出版狀況，自可很快改觀。

觀光事業可以免稅五年，文化事業應該長期免稅，投資人最少也該免稅十年二十年，這樣他們才可以放手訂定長程計劃，大膽去作。作家藝術家更應該長期免稅，以資鼓勵。目前作家藝術家都是窮人，收入很少，但出版書籍或演出必須繳稅。這種收之於窮人的稅，於國家無補，對作家藝術家的精神打擊却很大。如果我們的作家也像日本作家一樣，列上全國收入最多的十名榜首之內，自然應該收稅，而且可以累進計算。但是今天[redacted]作家生活都有問題，都是業餘作家，寫作以補家用，不是職業作家。何以沒有職業作家？因爲以寫作爲業非餓飯不可。在這種情形之下，區區幾百幾千元的版稅還要先扣除，文化事業怎麼站得起來？作家藝術家怎會全心全力以赴？這在表面上看來似乎是個人的事，但對國家文化建設却關係重大。不談文化建設則已，要談文化建設，文化貸款和作家藝術家創作免稅實爲當務之急。這比國家增列預算或作家貧病而死拿出十萬八萬來治喪要有效得多，甚至比成立一個空洞的文建會更富有建設性。

文化建設工作應重實質，而不必計較形式。如果只有圖書館而無書籍，只有畫廊而無畫，只有劇院而無劇本、演員，那又如何建設？

這次國建會的文化組所提供的意見比以往的意見實際具體得多，比去年的「美籍華人作家」意見更有天壤之別。希望以後不要再花大把的鈔票請「美籍華人作家」來[redacted]，來挖中國文化的根。國內作家並不全是阿斗。

人必自侮然後人侮之。君子不重則不威。希望大家自愛自重。文化建設基本上是精神建設，應先從認識自己的文化，掃除崇洋媚外的心理建設作起。

70.7.25.台灣日報

「山中人語」後記

從民國五十六年當上公務員之後，我的時間就在上班、下班中悄悄溜走，一眨眼已經十四年了！在這十四年中，是我來臺灣以後在文學創作方面最歉收的一段時間，壯年光陰如此浪費掉了，實在可惜；但爲了生活，又不得不如此浪費，內心之矛盾痛苦，實在難以言宣。雖然我也利用了一些零碎時間充實自己，但對我的創作生活來說，還是得不償失。因此，我總希望熬過十五年，可以領終身俸時退休，錢雖甚少，但基本生活沒有問題，我自己也已另作準備，這樣退休之後，就可以安心寫一兩部大部頭的長篇。我個人認爲，只有大長篇纔有意義，纔能充分發揮，纔能一展抱負。短篇小說、散文、詩，都不能滿足我的創作需求。因此我一直在作經濟方面和寫作方面的醞釀準備，不想寫其他的零碎東西。

那年徐訏先生突然去世之後，對於我們這個社會上也許沒有什麼激盪，但是對於寫作的朋友，尤其是五十歲以上的人，却造成一大震撼。徐訏先生是著作等身的作家，但是三十八年流寓海外之後，一直不能安心創作。雖然老驥伏櫪，志在千里，但他總是鬱鬱寡歡。他晚年與呼嘯兄交往甚密，呼嘯兄瞭解他的苦衷和心理，也曾出力想辦法請他回國定居，讓他能安心寫作，可惜徐訏先生突然以癌症去世。

徐訏先生去世後，在臺北曾舉行了一個追悼大會，此後不久，一天我突然接到呼嘯兄的電話，約我下午下班後在中華書局後面的思蜜見面，並說明有公孫嬿兄。我準時赴約，結果由公孫嬿兄作東在隔壁餐廳請吃了晚飯。

飯後過思蜜喝茶，呼嘯兄突然提議要我為他編的「新文藝」副刊寫個專欄，一個月三四篇，當時我沒有答應。一是我對零碎的東西興趣不大；二是恐怕不能暢所欲言；三是一固定下來就變成了一個精神負擔。因此我對他說：

「我計劃等退休以後再專心寫作，希望能寫一兩部大長篇，現在我不想零零碎碎地寫。」

「大家都說以後再寫，可是我們這一代的作家以後的時間不多，現在不寫以後後悔都來不及了。」

他雖然沒有明白舉出徐訏作為警告，但我瞭解他的意思。也感謝他的好心。他是一位坦誠耿直的朋友，不大愛拐彎抹角。不過，我也有我的苦衷，我不知道我該寫什麼？我不會譁衆邀寵、標新立異、更不會討好賣乖，我寫給誰看？因此我說等我回去仔細考慮以後再答覆他。

第二天上午，我打電話問呼嘯兄，寫作範圍和內容有沒有限制？有的報紙甚至要字斟句酌，這種文章就太難寫了，我何必給自己過不去？他爽快地說沒有限制，我便答應他以「山中人語」作為專欄名稱。山中野人，本無高見，縱有失言，諒不見怪。於是，每月兩三篇，每篇三千字左右的「山中人語」便在「新文藝」副刊上出現了。起先我以為讀者限於軍中，不久有兩位教授說是看到拙作，我問他們是在什麼地方看到的？他們說出報紙名稱和拙作內容，我知道這不是騙我，「新文藝」副刊的讀者有不少高級的知識份子。小說家張漱涵也當面對我講過她看了我的「山中人語」。

六十九年十二月，青年小說家彭選賢突然寫信給我，說自由日報在七十年元旦創作，他編文藝副刊，要我寫稿。他是我的忘年交，他在新竹師範專科學校唸書時就有短篇小說在各大報發表，也請我去師專講過紅樓夢的寫作技巧，他小說寫的很好，人更謙虛誠篤，因此我不能不答應他。但我沒有時間替他寫小說，答應他寫個「浮生小記」專欄，每篇也是三千字上下。

由於這兩個固定的專欄，逼着我非寫不可，而最大的好處是能寫我自己想寫的，沒有什麼顧忌。因此半年時間，居然寫了不少。再加上在中央日報、中華日報、臺灣日報、臺灣新聞報等報刊發表的作品，把剪貼簿統計一下，竟有六十多篇，二十多萬字，可以出一本集子了。

這本集子的內容主要的是談人生、談文學，以及我個人的生活情趣等。每週我有六天的時間在紅塵滾滾的臺北市討生活，有一天時間獨自逍遙至深山空谷，出入於色空之間，率性而談，倒也無掛無礙。

這本集子對我來說，只是我文學創作生涯中的一點雪泥鴻爪。我是不大重視散文的，從前我只寫詩和小說，不大寫散文。我希望明年提前退休之後，集中精力時間寫一部已經有了腹稿的一百多萬字的長篇，預定六十五歲時完成。以我四十歲時從軍中提前退役專心寫作的經驗來看，應該可以達到這個心願。那七、八年時間，平均每年寫了一部以上的長篇，還有許多短篇，以及文藝理論「紅樓夢的寫作技巧」，出書二十多本，我所有重要的作品都是那段時間寫的。現在年齡雖然超過當年退役時四十多歲，但體力未衰，甚且過之，因此我將[redacted]退休之後的日子，視作我寫作生涯的黃金時代。但願老天不要再使我為了生活或其他原因而繼續浪費生命，這次我已浪費十幾年了！

辛酉年冬月台北

壬戌年冬月校正

「[redacted]記

辛酉年冬月台北
壬戌年冬月校正

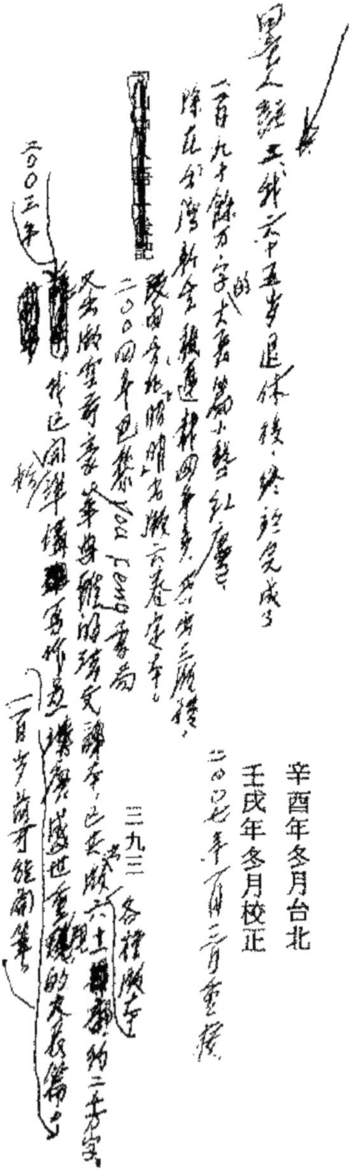

三九三

墨人博士著作書目（校正版）

書目	類別	出版者	出版時間
一、自由的火焰（與《山之禮讚》合併易名《墨人新詩集》）	詩集	自印（左營）	民國三十九年（一九五〇）
二、哀祖國（與《山之禮讚》合併易名《墨人新詩集》）	詩集	大江出版社（臺北）	民國四十一年（一九五二）
三、最後的選擇	短篇小說	百成書店（高雄）	民國四十二年（一九五三）
四、閃爍的星辰	長篇小說	大業書店（高雄）	民國四十二年（一九五三）
五、黑森林	長篇小說	香港亞洲社	民國四十四年（一九五五）
六、魔障	長篇小說	暢流半月刊（臺北）	民國四十七年（一九五八）
七、孤島長虹（全集中易名爲富國島）	長篇小說	文壇社（臺北）	民國四十八年（一九五九）
八、古樹春藤	中篇小說	九龍東方社	民國五十一年（一九六二）
九、花嫁	短篇小說	九龍東方社	民國五十三年（一九六四）
一〇、水仙花	短篇小說	長城出版社（高雄）	民國五十三年（一九六四）
一一、白夢蘭	短篇小說	長城出版社（高雄）	民國五十三年（一九六四）
一二、颱風之夜	短篇小說	長城出版社（高雄）	民國五十三年（一九六四）

一三、白雲青山	長篇小說	長城出版社（高雄）	民國五十四年（一九六五）
一四、春梅小史	長篇小說	長城出版社（高雄）	民國五十四年（一九六五）
一五、洛陽花似錦	長篇小說	長城出版社（高雄）	民國五十四年（一九六五）
一六、東風無力百花殘	長篇小說	長城出版社（高雄）	民國五十四年（一九六五）
一七、合家歡	長篇小說	臺灣省新聞處（臺中）	民國五十四年（一九六五）
一八、紅樓夢的寫作技巧	文學理論	臺灣商務印書館（臺北）	民國五十五年（一九六六）
一九、塞外	短篇小說	臺灣商務印書館（臺北）	民國五十五年（一九六六）
二〇、碎心記	長篇小說	小說創作社（臺北）	民國五十六年（一九六七）
二一、蘿姑	長篇小說	小說創作社（臺北）	民國五十七年（一九六八）
二二、鱗爪集	散　文	水牛出版社（臺北）	民國五十七年（一九六八）
二三、青雲路	短篇小說	臺灣商務印書館（臺北）	民國五十八年（一九六九）
二四、變性記	短篇小說	臺灣商務印書館（臺北）	民國五十八年（一九六九）
二五、龍鳳傳	長篇小說	幼獅書店（臺北）	民國五十九年（一九七〇）
二六、火樹銀花	長篇小說	立志出版社（臺北）	民國五十九年（一九七〇）
二七、浮生集	散　文	聞道出版社（臺南）	民國六十一年（一九七二）
二八、墨人詩選	詩　集	臺灣中華書局（臺北）	民國六十一年（一九七二）
二九、鳳凰谷	長篇小說	臺灣中華書局（臺北）	民國六十一年（一九七二）

三〇、墨人短篇小說選　短篇小說　臺灣中華書局（臺北）　民國六十一年（一九七二）
三一、斷腸人　短篇小說　臺灣學生書局（臺北）　民國六十一年（一九七二）
三二、詩人革命家胡漢民傳　傳記小說　近代中國社（臺北）　民國六十七年（一九七八）
三三、心猿　長篇小說　學人文化公司（臺北）　民國六十八年（一九七九）
三四、山之禮讚　詩　集　秋水詩刊（臺北）　民國六十九年（一九八〇）
三五、心在山林　散　文　中華日報社（臺北）　民國六十九年（一九八〇）
三六、墨人散文集　散　文　學人文化公司（臺中）　民國六十九年（一九八〇）
三七、山中人語　散　文　臺灣商務印書館（臺北）　民國七十二年（一九八三）
三八、花市　散　文　江山出版社（臺北）　民國七十四年（一九八五）
三九、三更燈火五更雞　散　文　江山出版社（臺北）　民國七十四年（一九八五）
四〇、墨人絕律詩集　詩　集　臺灣商務印書館（臺北）　民國七十六年（一九八七）
四一、全唐詩尋幽探微　文學理論　臺灣商務印書館（臺北）　民國七十六年（一九八七）
四二、第二春　短篇小說　采風出版社（臺北）　民國七十七年（一九八八）
四三、全唐宋詞尋幽探微　文學理論　臺灣商務印書館（臺北）　民國七十八年（一九八九）
四四、小園昨夜又東風　散　文　黎明文化公司（臺北）　民國八　十年（一九九一）
四五、紅塵（上、中、下三卷）　長篇小說　臺灣新生報社（臺北）　民國八　十年（一九九一）
四六、大陸文學之旅　散　文　文史哲出版社（臺北）　民國八十一年（一九九二）

四七、紅塵續集　長篇小說　臺灣新生報社（臺北）　民國八十二年（一九九三）
四八、墨人半世紀詩選　詩　選　文史哲出版社（臺北）　民國八十四年（一九九五）
四九、張本紅樓夢（上下兩巨冊）　修訂批註　湖南出版社（長沙）　民國八十五年（一九九六）
五〇、紅塵心語　散　文　圓明出版社（臺北）　民國八十五年（一九九六）
五一、年年作客伴寒窗　散　文　中天出版社（臺北）　民國八十六年（一九九七）
五二、全宋詩尋幽探微　文學理論　文史哲出版社（臺北）　民國八十九年（二〇〇〇）
五三、墨人詩詞詩話　詩詞・理論　詩藝文出版社（臺北）　民國八十九年（二〇〇〇）
五四、娑婆世界（定本）　長篇小說　昭明出版社（臺北）　民國八十八年（一九九九）
五五、白雪青山（定本）　長篇小說　昭明出版社（臺北）　民國八十九年（二〇〇〇）
五六、滾滾長江（定本）　長篇小說　昭明出版社（臺北）　民國八十九年（二〇〇〇）
五七、春梅小史（定本）　長篇小說　昭明出版社（臺北）　民國八十九年（二〇〇〇）
五八、紫燕（定本）　長篇小說　昭明出版社（臺北）　民國九　十年（二〇〇一）
五九、紅樓夢的寫作技巧（定本）　文學理論　昭明出版社（臺北）　民國九　十年（二〇〇一）
六〇、紅塵六卷（定本）　長篇小說　昭明出版社（臺北）　民國九　十年（二〇〇一）
六一、紅塵法文本　巴黎友豐（you fong）書局出版　二〇〇四年初版

附　註：

▲北京中國文聯出版社二〇〇三年出版　大陸教授羅龍炎・王稚濟合著《紅塵》論專書

▲臺北市昭明出版社出版墨人一系列代表作、長篇小說《娑婆世界》、一百九十多萬字的空前大長篇《紅塵》（中法文本共出五版）暨《白雪青山》（兩岸共出六版）、《滾滾長紅》、《春梅小史》、《紫燕》、短篇小說集、文學理論《紅樓夢的寫作技巧》（兩岸共出十四版）等書。臺灣中華書局出版的《墨人自選集》共五大冊，收入長篇小說《白雪青山》、《黛姑》、《鳳凰谷》、《江水悠悠》（爲《東風無力百花殘》易名）、《短篇小說・詩選》合集。《哀祖國》及《合家歡》皆由高雄大業書店再版。臺北詩藝文出版社出版的《墨人詩詞詩話》創作理論兼備，爲「五四」以來詩人、作家所未有者。

▲臺灣商務印書館於民國七十三年七月出版先留英後留美哲學博士程石泉、宋瑞等數十人的評論專集《論墨人及其作品》上、下兩冊。

▲《白雪青山》於民國七十八年（一九八九）由臺北大地出版社第三版。

▲臺北中國詩歌藝術學會於一九九五年五月出版《十三家論文》論《墨人半世紀詩選》。

▲《紅塵》於民國七十九年（一九九〇）五月由大陸黃河文化出版社出版前五十四章（香港登記、深圳市印行）。大陸因未有書號未公開發行僅供墨人「大陸文學之旅」時與會作家座談時參考。

▲北京中國文聯出版公司於一九九二年十二月出版長篇小說《春梅小史》（易名《也無風雨也無晴》）；一九九三年四月出版《紅樓夢的寫作技巧》。

▲北京中國社會科學出版社於一九九四年出版散文集《浮生小趣》。

▲北京群眾出版社於一九九五年一月出版散文集《小園昨夜又東風》；一九九五年十月京華出版社出

版長篇小說《白雪青山》大陸版，第一版三千冊，一九九七年八月再版一萬冊。

▲長沙湖南出版社於一九九六年一月初出版墨人費時十多年精心修訂批註的《張本紅樓夢》，分上下兩大冊精裝一萬一千套。立即銷完，因未經墨人親校，難免疏失，墨人未同意再版。

Mo Jen's Works

1950 *The Flames of Freedom*（poems）《自由的火焰》

1952 *Lament for My Mother Country*（poems）《哀祖國》

1953 *Glittering Stars*（novel）《閃爍的星辰》

The Last Choice（short stories）《最後的選擇》

1955 *Black Forest*（novel）《黑森林》

The Hindrance（novel）《魔障》

The Rainbow and An Isolated Island（novel）《孤島長虹》（全集中易名爲富國島）

1963 *The spring Ivy and Old Tree*（novelette）《古樹春藤》

1964 *Narcissus*（novelette）《水仙花》

A Typhonic Night（novelette）《颱風之夜》

Ms.Pei Mong-lan（novelette）《白夢蘭》

The Joy of the Whole Family（novel）《合家歡》

Flower Marriage（novelette）《花嫁》

1965 *White Snow and Green Mountain*（novel）《白雪青山》

The Short Story of Miss Chung Mei（novel）《春梅小史》

The Powerless Spring Breeze and Faded Flowers（novel）《東風無力百花殘》(《江水悠悠》)

Flower Blossom in Loyang（novel）《洛陽花似錦》

1966 *The Writing Technique of the Dream of Red Chamber*（literature theory）《紅樓夢的寫作技巧》

Out of The Wild Frontier（novelette）《塞外》

1967 *A Heart-broken Story*（novel）《碎心記》

1968 *Miss Clever*（novel）《靈姑》

Trifle（prose）《鱗爪集》

1969 *The Road to Promotion*（novelette）《青雲路》

1970 *A Sex-change Story*（novelette）《變性記》

The Biography of the Dragon and the Phoenix（novel）《龍鳳傳》

1971 *A Brilliantly lighted Garden*（novel）《火樹銀花》

1972 *My Floating Life*（prose）《浮生記》

Selection of Mo Jen's Poems《墨人詩選》

A Heart-broken Woman（novelette）《斷腸人》

Phoenix Valley（novel）《鳳凰谷》

Mo Jen's Works（five volumes）《墨人自選集》

Selection of Mo Jen's short stores《墨人短篇小說選》

1978 *Hu Han-ming, the Poet and Revolutionist*（novel）《詩人革命家胡漢民》

1979 *The Mokey in the Heart*（i.e. The Purple Swallow renamed）《心猿》

1980 *The Hermit*（prose）《心在山林》

A Collection of Mo Jen's Prose（prose）《墨人散文集》

A Praise to Mountains（poems）《山之禮讚》

1983 *Mountaineer's Remarks*（prose）《山中人語》

1985 *My Candle Burns at Both Ends*（prose）《三更燈火五更雞》

Flower Market（prose）《花市》

1986 *A Mundane World*（novel, four volumes, over 1.9 million words）《紅塵》

1987 *Remarks on All Poems of the Tang Dynasty*（theory）《全唐詩尋幽探微》

1988 *Remarks On All Tsyr*（prose poem）*of the Tang and Sung Dynasties*（theory）《全唐宋詞尋幽探微》

1991 *The Breeze That Came From The East Last Night in My Little garden Again*（prose）《小園昨夜又東風》

1992 *Travel for Literature in Mainland China* (prose) 《大陸文學之旅》

1995 *Selection of Mo Jen's Poems, 1992-1994* 《墨人半世紀詩選》

1996 *I'll look upon the World* 《紅塵心語》

Chang Edition of the Dream of Red Chamber 《張本紅樓夢》（修訂批註）

1997 *Cherish thy guests and the Muses* 《年年作伴寒窗》

1999 *Saha Shih Gai* 《娑婆世界》

1999 *Remarks on All Poems of the sung Dynasties* 《全宋詩尋幽探尋》

1999 *Mo Jen's Classical Poems and Prose Poems* 《墨人詩詞詩話》

2004 *Poussiere Rouge* 《紅塵》法文譯本

墨人博士創作年表（二〇〇五年增訂）

年度	年齡	發表出版作品及重要文學紀錄摘要
民國二十八年己卯（一九三九）	十九歲	在東南戰區《前線日報》發表〈臨川新貌〉。淪陷區著名的上海《大美晚報》隨即轉載。
民國二十九年庚辰（一九四〇）	二十歲	在《前線日報》發表〈希望〉、〈路〉等新詩作品。
民國三十年辛巳（一九四一）	二十一歲	在《前線日報》發表〈評夏伯陽〉書評等文。
民國三十一年壬午（一九四二）	二十二歲	在各大報發表〈苦難的行列〉、〈贛州禮讚〉（長詩）、〈老船夫〉、〈盲歌者〉、〈自己的輓歌〉、〈抹去那怯弱的眼淚吧〉、〈生命之歌〉、〈快割鳥〉、〈鷦鷯與雲雀〉等詩及散文多篇。
民國三十二年癸未（一九四三）	二十三歲	在各大報發表長詩〈鋤奸隊長〉、〈搜索連長〉、〈遙寄〉、〈寫在第七個七七〉、〈父親〉、〈受難的女神〉、〈城市的夜〉及〈火把〉、〈擊柝者〉、〈橋〉、〈古鐘〉、〈汽笛〉、〈山居〉、〈沙灘〉、〈夜行者〉、〈孤芳〉、〈蚊蟲〉、〈蒼蠅〉、〈蹓躂〉、〈陽光〉、〈深秋〉、〈贈某詩人兼寫自己〉、〈哀亡命詩人〉、〈自供〉、〈白屋詩抄〉、〈哀歌〉、〈生活〉、〈給偶像崇拜者〉、〈戰書〉、〈燈下獨白〉、〈夜歸〉、〈失眠之夜〉、〈悼〉、〈殘英〉、〈黃昏曲〉、〈補綴〉、〈復活的季節〉、〈擬戀歌〉、〈晨雀〉、〈春耕〉、〈天空的搏鬥〉等長短抒情詩。另發表散文及短篇小說多篇。

民國三十三年甲申（一九三九）	二十四歲	發表〈山城草〉五首及〈沒有褲子穿的女人〉、〈襤褸的孩子〉、〈駝鈴〉、〈無聲的哭泣〉、〈長夜草〉、〈春夜〉、〈擬某女演員〉、〈蛙聲〉、〈麥笛〉等詩及散文多篇。
民國三十四年乙酉（一九四五）	二十五歲	發表〈最後的勝利〉及〈煉獄裏的聲音〉、〈神女〉、〈問〉等長詩與散文多篇。
民國三十五年丙戌（一九四六）	二十六歲	發表〈夢〉、〈春天不在這裡〉等詩及散文多篇。
民國三十六年丁亥（一九四七）	二十七歲	發表〈冬天的歌〉、〈流浪者之歌〉、〈手杖、煙斗〉及長詩〈上海抒情〉等與散文多篇。
民國三十七年戊子（一九四八）	二十八歲	主編軍中雜誌、撰寫時論，均不署名。
民國三十八年己丑（一九四九）	二十九歲	七月渡海抵臺、發表〈呈獻〉、〈滿妹〉、及長詩〈自由的火燄〉、〈人類的宣言〉等及散文多篇。
民國三十九年庚寅（一九五〇）	三十歲	發表〈站起來，捏死他！〉、〈滾出去，馬立克！〉、〈英國人〉、〈海洋頌〉等詩。出版《自由的火燄》詩集。
民國四十年辛卯（一九五一）	三十一歲	發表〈春晨獨步〉、〈炫與殉〉、〈悼三閭大夫屈原〉、〈詩聯隊〉、〈心獵之歌〉、〈子夜獨唱〉、〈真理、愛情〉、〈友情的花朵〉、〈啊，西風啊！〉、〈歲暮吟〉、〈師生〉、〈往事〉、〈天書〉、〈歷程〉、〈雨天〉、〈火車飛馳在海岸線上〉、〈帶路者〉、〈送第一艦隊出征〉等詩、及〈哀祖國〉長詩。
民國四十一年壬辰（一九五二）	三十二歲	發表〈未完成的想像〉、〈鄰上吟〉、〈窗下吟〉、〈白髮吟〉、〈秋夜輕吟〉、〈秋訊〉、〈渴念、追求〉、〈寂寞、孤獨〉、〈冬眠〉、〈我想把你忘記〉、〈想念〉、〈成人的悲歌〉、〈訴〉、〈詩人〉、〈詩〉、〈貝絲〉、「春天的懷念」五首、〈和風〉、〈夜雨〉、〈臺灣海峽的霧〉等及散文、短篇小說多篇。出版《哀祖國》詩集。

民國四十二年癸巳（一九五三）	三十三歲	發表〈寄台北詩人〉等詩及散文短篇小說多篇。高雄百成書店出版短篇小說集《最後的選擇》，收入〈蓮玲〉、〈生死戀〉、〈梅蘭馨〉、〈敵人的故事〉、〈最後的選擇〉、〈蔣復成〉、〈姚醫生〉等七篇。大業書店出版長篇小說《閃爍的星晨》一、二兩冊。
民國四十三年甲午（一九五四）	三十四歲	發表〈霧萊〉、〈海鷗〉、〈鳳凰木〉、〈流螢〉、〈鵝鑾鼻〉、〈海邊的城〉、〈長夏小唱〉及散文、短篇小說多篇。
民國四十四年乙未（一九五五）	三十五歲	發表〈雲〉、〈F-86〉、〈飄GK〉等詩及散文、短篇小說多篇。香港亞洲出版社出版長篇小說《黑森林》，並獲中華文獎會國父誕辰長篇小說第二獎（第一獎從缺）。
民國四十五年丙申（一九五六）	三十六歲	發表〈四月〉等詩及散文、短篇小說多篇。
民國四十六年丁酉（一九五七）	三十七歲	發表〈月亮〉、〈九月之旅〉、〈雨和花〉等詩及長篇小說《魔障》。
民國四十七年戊戌（一九五八）	三十八歲	暢流半月刊雜誌社出版長篇連載小說《魔障》。
民國四十八年己亥（一九五九）	三十九歲	發表短篇小說、散文多篇。文壇雜誌社出版長篇小說《孤島長虹》（全集中易名為《寶國島》）。
民國四十九年庚子（一九六〇）	四十歲	發表〈橫貫小唱〉等詩及散文、短篇小說多篇。
民國五十年辛丑（一九六一）	四十一歲	發表〈熱帶魚〉、〈豎琴〉、〈水仙〉等詩及短篇小說甚多。奧國維也納納富出版公司編選的《世界最佳小說選》選入短篇說〈馬腳〉，同時入選者有諾貝爾文學獎得主威廉福克納、拉革克菲斯特等世界各國名作家作品。

民國五十一年壬寅（一九六二）	四十二歲	發表〈青鳥〉、〈兩腳獸〉、〈晚會〉、〈祈禱〉等詩及短篇小說甚多。奧國維也納納富出版公司又將短篇小說《小黃》（以江州司馬筆名撰寫者）選入《世界最佳小說選》，同時入選者有諾貝爾獎得主蕭洛霍夫、郭沫若及世界各國名作家作品。
民國五十二年癸卯（一九六三）	四十三歲	香港九龍東方文學社出版社出版中篇小說《古樹春藤》。發表短篇小說、散文甚多。
民國五十三年甲辰（一九六四）	四十四歲	香港九龍東方文學社出版短篇小說集《花嫁》，收入〈教師爺〉、〈劉二爹〉、〈二媽〉、〈異鄉人〉、〈花嫁〉、〈扶桑花〉、〈南海屠鮫〉、〈高山曲〉、〈古寺心聲〉、〈誘惑〉、〈隱情〉、〈美珠〉、〈新苗〉、〈心聲淚影〉等十四篇。 高雄長城出版社出版中短篇小說集《水仙花》，收入〈水仙花〉、〈銀杏表嫂〉、〈圓房記〉、〈江湖兒女〉、〈天鵝〉、〈賭徒〉、〈搶親〉、〈黃龍〉、〈風雪歸人〉、〈花子老爺〉、〈擊磬寺的居士〉、〈人與樹〉、〈過客〉、〈阿婆〉、〈馬腳〉、〈小黃〉等十六篇。 高雄長城出版社出版中短篇小說集《白夢蘭》。收入〈情敵〉、〈空手〉、〈師生〉、〈斷夢〉、〈黃昏曲〉、〈白夢蘭〉、〈平安夜〉、〈凱塞琳．萊蒙托夫與我〉、〈陽春白雪〉、〈亂世佳人〉、〈傷心之旅〉、〈白衣清淚〉、〈護士與病人〉、〈如夢記〉、〈除夕〉等十五篇。　高雄長城出版社出版《中華日報》連載的二十五萬字長篇小說《白雪青山》。　發表短篇小說、散文甚多。
民國五十四年乙巳（一九六五）	四十五歲	高雄長城出版社出版連載長篇小說《洛陽花似錦》、《春梅小史》、《東風無力百花殘》三部。　發表短篇小說、散文甚多。 省政府新聞處出版長篇小說《合家歡》。
民國五十五年丙午（一九六六）	四十六歲	是年五月赴馬尼拉華僑文教講習會講授「紅樓夢的寫作技巧」及新詩課程一個月。 商務印書館出版文學理論專著《紅樓夢的寫作技巧》、全書共十五萬字。 商務印書館出版中短篇小說集《塞外》。收入〈塞外〉、〈鬍子〉、〈百合花〉、〈天山風雲〉、〈白金龍〉、〈白狼〉、〈秋爾紫鵑〉、〈曾萬秋的衣缽〉、〈半路夫妻〉、〈百鳥聲喧〉、〈風竹與野馬〉、〈美人計〉、〈夜襲〉、〈花燭劫〉等十四篇。

民國五十六年丁未（一九六七）	四十七歲	發表短篇小說、散文甚多。小說創作社出版連載長篇小說《碎心記》。
民國五十七年戊申（一九六八）	四十八歲	小說創作社出版《中華日報》連載長篇小說《邋姑》。水牛出版社出版散文集《鱗爪集》，收入〈家鄉的魚〉、〈家鄉的鳥〉、〈雪天的懷念〉、〈秋山紅葉〉、〈學問與創作之間〉等散文七十六篇、舊詩三首。
民國五十八年己酉（一九六九）	四十九歲	商務印書館出版中短篇小說集《青雲路》。收入〈世家子弟〉、〈青雲路〉、〈空槍記〉、〈久香〉等四篇。
民國五十九年庚戌（一九七〇）	五十歲	商務印書館出版中短篇小說集《變性記》。收入〈變性記〉、〈嬌客〉、〈歲寒圖〉、〈泥龍〉、〈祖孫父子〉、〈秋風落葉〉、〈老夫老妻〉、〈恩愛夫妻〉、〈布販與偷雞賊〉、〈芳鄰〉、〈沙漠王子〉、〈沙漠之狼〉、〈世界通先生〉、〈寶珠的祕密〉、〈奇緣〉等十五篇。幼獅文化事業公司出版長篇小說《龍鳳傳》。臺北立志出版社出版長篇《火樹銀花》出版全集時易名《同是天涯淪落人》。
民國六十年辛亥（一九七一）	五十一歲	立志出版社出版長篇小說《火樹銀花》。發表散文多篇及在高雄《新聞報》連載長篇小說《紫燕》。
民國六十一年壬子（一九七二）	五十二歲	闢道出版社出版散文集《浮生集》。收入〈文藝的危機〉、〈貝克特高風〉、〈五十年華〉等散文十三篇、舊詩六首。學生書局出版短篇小說散文合集《斷腸人》。收入短篇小說〈斷腸人〉、〈薇薇〉、〈相見歡〉、〈滄桑記〉、〈恩怨〉、〈夜宴〉等七篇及散文〈文學系與文學創作〉、〈大學國文教學我見〉、〈作家之死〉等十五篇。　中華書局出版《墨人自選集》五大冊，包括長篇小說《白雪青山》、《邋姑》、《鳳凰谷》、《江水悠悠》（《東風無力百花殘》易名）及《短篇小說、詩選》（精選短篇小說二十八篇、抒情詩一〇六首），共一百五十萬字。
民國六十二年癸丑（一九七三）	五十三歲	發表散文多篇。列入英國劍橋國際傳記中心（International Biographical Centre Cambridge England）出版的《國際詩人名錄》（*International Who's Who in Poetry, 1973*）。

民國六十三年甲寅（一九七四）	五十四歲	出席第二屆世界詩人大會。發表散文多篇。
民國六十四年乙卯（一九七五）	五十五歲	列入正中書局出版的《中華民國文藝史》（1975）。發表〈臺北的黃昏〉新詩一首及散文多篇。
民國六十五年丙辰（一九七六）	五十六歲	列入英國劍橋國際傳記中心出版的 *Men of Achievement. 1976* 發表〈歷史的會晤〉新詩及散文、短篇小說多篇。
民國六十六年丁巳（一九七七）	五十七歲	應 I.B.C 邀請於三月間赴義大利翡冷翠出席國際文藝交流大會（The 3rd I.B.C. International Congress on Arts and Communications）。會後環遊世界。發表〈羅馬之戀〉、〈羅馬之松〉、〈翡冷翠的女郎〉、〈翡冷翠之柳〉、〈塞納河〉等詩及〈羅馬掠影〉、〈羅城記〉、〈威尼斯之旅〉、〈藝術之都翡冷翠〉、〈西雅奈與比薩斜塔〉、〈美國行〉、〈江戶、皇宮、御苑〉、〈環球心影〉等遊記。在《中國時報》發表有關中國文化論文〈中國文化的三條根〉，在《新生報》發表〈文藝界的『洋』瘋癲〉等多篇。
民國六十七年戊午（一九七八）	五十八歲	近代中國社出版長篇傳記小說《詩人革命胡漢民傳》。列入英國劍橋國際傳記中心出版的《國際名人辭典》（*Dictionary of International Biography. 1978*）、《國際知識分子名錄》（*International Who's Who of Intellectual. 1978*）、《國際人名剪影》（*International Register of Profiles*）、《國際社會名人錄》（*International Who's Who in Community Service*）。發表〈六月之荷〉詩一首。在各報發表〈中國文化的宇宙觀〉、〈中國文化的真面目〉、〈文化、社會形態與當代文學創作（為亞洲文學會議而作）〉、〈人與宇宙自然法則〉等。出席亞洲文學會議。列入中華書局出版的《中華民國當代名人錄》（*Who's Who of R.O.C. 1978*）列入行政院新聞局編印的一九七八年英文《中華民國年鑑名人錄》（*China Yearbook Who's Who*）。

民國六十八年己未（一九七九）	五十九歲	學人文化事業有限公司出版長篇小說《心猿》（《紫燕》易名）。發表短篇小說〈春〉、〈杏林之春〉、長詩〈裘吉米・卡特〉及〈山之禮讚〉五首。短篇〈客從故鄉來〉、〈人瑞〉。理論〈中國古典小說戲劇〉、〈抗戰文學的整理與再創作〉（《中央日報》）等多篇。
民國六十九年庚申（一九八〇）	六十歲	秋水詩刊社出版詩集《山之禮讚》、收集六十四年以後新詩四十四首及七言絕律詩十首。　中華日報社出版散文集《心在山林》、收集〈花甲豐中過〉、〈老當益壯〉、及抒情寫景散文數十篇。 臺中學人文化事業出版有限公司出版《墨人散文集》收集〈文化、社會形態與當代文學創作〉、〈人與宇宙自然法則〉、〈中國文化的三條根〉、〈宇宙爲心人爲本〉、〈文藝界的『洋』瘋癲〉等理論性散文數十篇。 在《中央日報・副刊》發表〈紅樓夢研究的正確方向〉、《中華日報・副刊》發表〈人生六十樹常青〉、《青年戰士報・新文藝副刊》發表〈山中人語〉專欄文章〈山水之間〉、〈生命長短價值觀〉、〈寶刀未老〉、〈七進七出鬼門關〉、〈報人甘苦〉、〈杏壇生涯〉等。 接受《大華晚報》採訪組副主任程榕寧兩次訪問、一爲談胡漢民生平、一爲談《易經》、《道德經》、命學，並發表〈醫學命學與人生〉專文。
民國七十年辛酉（一九八一）	六十一歲	繼續撰寫《山中人語》專欄。 應臺中市《自由日報》特約撰寫《浮生小記》專欄。 應行政院新聞局邀請參觀本省農漁畜牧事業單位、並在《中央日報》發表〈人在福中〉散文。 接受臺灣廣播公司《成功之路》節目訪問、於四月廿七日晚八時半播出。 在高雄《新聞報》發表〈撥亂反正說紅樓〉（六月十七、十八日）論文。
民國七十一年壬戌（一九八二）	六十二歲	九月赴漢城出席第二屆中韓作家會議、並在東京參加中日作家會議、曾暢遊南韓、北海道、大阪至東京名勝地區、歸後撰寫〈韓國掠影〉、〈秋遊北海道〉，發表於《中央日報》。 列入中華民國名人傳記中心出版的《中華民國現代名人錄》。

		列入英國劍橋國際傳記中心出版的《傑出男女傳記》（*Men and Women of Distinction*）並附照片。 列入美國 MarQuis 公司出版的《世界名人錄》（*Who's Who in the World*）第六版。 接受義大利藝術大學授予的文學功績證書。
民國七十二年癸亥（一九八三）	六十三歲	商務印書館出版散文集《山中人語》，收集散文七十篇。
民國七十三年甲子（一九八四）	六十四歲	商務印書館出版《論羈人及其作品》上、下兩冊，包括評論文章六十餘篇。 列入義大利 Accademia Itlia 出版英、法、德、義四種文字的《國際文學史》（*The History of International Literature*）及《百科全書：當代人物（*The Encyclopadeia: Contemporary Personalities*）。 端午節（六月四日）開筆撰寫已構思準備十餘年的一百餘萬字的大長篇小說《紅塵》，年底完成初稿四十餘萬字。 十月在韓國漢城舉行的第四屆中韓作家會議，事忙未能出席，但提出一萬餘字的論文（古典與現代）一篇。
民國七十四年乙丑（一九八五）	六十五歲	由江山出版社出版《三更燈火五更雞》、《花市》散文集等兩本，前者收入散文、理論二十四篇，後者收入散文遊記二十七篇。 八月一日退休，專心寫作《紅塵》，於十二月底完成九十二章，告一段落，共一百二十萬字，超出《紅樓夢》十餘萬字，內有絕律詩（聯）三十一首。
民國七十五年丙寅（一九八六）	六十六歲	年初開始研讀《全唐詩》，撰寫《全唐詩尋幽探微》，十一月完成，共十二萬餘字，一面在《新聞報・西子灣》發表，並連同歷年所作絕律詩三十七首，定名為《羈人絕律詩集》，一併交與臺灣商務印書館簽約出版。 列入美國 A.B.I. 出版的 5000 Personalities of the World；英國 I.B.C. 出版的 *The International Authors and Writers Who's Who.*

民國七十六年丁卯（一九八七）	六十七歲	訪問考察東南亞地區、國家馬來西亞、新加坡、泰國、菲律賓、香港十七天，並出席多次座談會。 商務印書館出版《全唐詩尋幽探微》（附《墨人絕律詩集》）。 《紅塵》長篇小說於三月五日開始在（臺灣新生報）連載。 七月四、五日出席在臺北市召開的抗戰文學研討會。 八月一日出席在高雄市召開的第七屆中韓作家會議。
民國七十七年戊辰（一九八八）	六十八歲	元月二日完成《全唐宋詞尋幽探微》（附《墨人詩餘》）全書十六萬字。設於美國深受世界尊重的「國際大學基金會」（The Marguis Giuseppe Scicluna 1855-1907 Intemarional University Foundation）（Founded 1973）授予榮譽文學博士學位。
民國七十八年己巳（一九八九）	六十九歲	臺灣商務印書館出版《全唐宋詞尋幽探微》。 臺北大地出版社三版長篇小說《白雪青山》。 世界大學（World University）授予榮譽文學博士學位。
民國七十九年庚午（一九九〇）	七十歲	五月應大陸黃河文化實業公司邀請，作四十天文學之旅，與北京、上海、杭州、九江、武漢、西安、蘭州等地作家座談中華文化、文學創作，坦誠交換意見，獲得一致共識，真摯友情與尊敬，廣州電視臺並全程錄影，製作專輯播出，六月底返臺後即撰寫《大陸文學之旅》專著。 艾因斯坦國際學院基金會（Albert Einstein 1879-1955 Intemational Academy Foundation）授予榮譽人文學博士學位。 榮列英國劍橋國際傳記中心出版的IBC Book of Dedications.占全書篇幅五頁，刊登照片五張，介紹五十年創作生涯，十分翔實，篇幅之大，為全書冠，並禮聘為IBC副總裁。
民國八十年辛未（一九九一）	七十一歲	二月底新生報出版《紅塵》，二十五開本，上、中、下三鉅冊。黎明文化事業公司出版《小園昨夜又東風》散文集。 應香港廣大學院禮聘為中國文學研究所客座指導教授。 《紅塵》榮獲新聞局著作金鼎獎及嘉新優良著作獎。

年代	年齡	事蹟
民國八十一年壬申（一九九二）	七十二歲	文史哲出版社出版《大陸文學之旅》。 應聘香港廣大學院中研所客座指導教授。 一月五日開筆寫《紅塵續集》，自九十三章起至一百二十章止，共四十萬字，六月十日完稿。《紅塵》全書共一百九十萬字。續集自十二月一日開始在《臺灣新生報•副刊》連載近年，雙破長篇鉅著及連載紀錄。中國廣播公司《中廣小說選播》節目，亦於十二月一日十四時三十分，在AM657千赫第一廣播網開始播出長篇鉅著《紅塵》上、中、下三冊，由戴愛華小姐導播，集該公司播音精英，通力合作，龍老夫人一角由播音元老白銀飾演，其餘人物均為一時之選，效果奇佳，前所未有。　北京「中國文聯出版公司」出版《也無風雨也無晴》。 羈人故鄉九江《師專學報》，於本年起開闢《羈人研究》專欄，與《陶淵明研究》、《黃山谷研究》，並稱三大專欄，甚受教育、學術界重視。
民國八十二年癸酉（一九九三）	七十三歲	十月下旬，偕《秋水》詩刊同仁涂靜怡、雪柔、麥穗、汪洋萍、鳳信子、林蔚穎等為慶祝《秋水》創刊二十周年，訪問哈爾濱、北京、西安三大都市，與當地詩人座談交流，水乳交融，兩岸詩人因而建立深厚友誼。十一月初，隻身訪問昆明，探親、昆明作協主席曉雪、八十多歲老作家李喬、小說家張昆華、《春城晚報》副總編輯熊廷武、副刊主編原因、理論家教授余斌、作家湯世傑、李錦華等集會歡迎，其中多為白族、彝族等少數民族作家，乃以雲南少數民族文化資源努力創作相勉，深獲共鳴。資深作家彭荊風、晚間並來下榻處暢談。 繼續應聘香港廣大學院中研所客座指導教授三年。 十二月新生報社出版《紅塵續集》，全書共四大冊，其實前後一貫，為一整體，該報為方便，乃以《續集》名之。一生心願心血得以完成，在輕、薄、短、小及商品文學獨占市場情況下，亦一大異數。北京「中國文聯出版公司」出版《紅樓夢的寫作技巧》。

民國八十三年甲戌（一九九四）	七十四歲	一月開始研讀自北京購回的《全宋詩》、擬續寫《全宋詩尋幽探微》。 四月十一日接受臺北復興廣播電臺《名人專訪》節目主持人裴雯小姐訪問；談一生寫作歷程及大長篇《紅塵》寫作經過。 臺北《世界論壇報》副社長兼副刊主編詩人評論家周伯乃先生、特自五月三十一日起一連三天出版特刊，慶祝七十晉五誕辰暨創作五十五周年，除刊出〈小傳〉、〈七五人生一首詩〉、〈中國新詩與傳統詩詞的整合〉、〈明開生命之門〉三篇新作外、並刊出蒙古族女詩人作家薩仁圖婭的〈墨人：屈原風骨中華魂〉，及馬來西亞霹靂州立女子中學校長、詩詞家、散文作家彭士麟女士論《紅塵》與大陸作家作品比較的書信、墨人著作校長、詩詞家、散文作家彭士麟女士論《紅塵》與大陸作家作品比較的書信、墨人著作目錄、美國兩個榮譽文學博士、一個人文學博士照片三張、《紅塵》獲獎照片一張、及周伯乃〈無限的祝禱〉文等。 八月七日、中國時報系的《工商日報•讀書版•大書坊》刊出蓓齡的《紅塵》墨人專訪文章、並配合攝影記者何日昌拍攝的墨人及《紅塵》四冊照片。 大陸廣州暨南大學中文系教授兼臺港暨海外華文文學研究中心主任、評論家潘亞暾、費時月餘撰寫《紅塵續集》論文達一萬餘字的〈偉大史詩的歸結〉、於九月二十一至二十五日在臺北市《世界論壇報•副刊》全文刊出、見解不凡、對《續集》的成功更使他大吃一驚、因此、更肯定《紅塵》的史詩價值、地位。 八月二十八日第十五屆世界詩人大會在臺北召開、儘提出〈中國新詩與傳統詩詞的整合〉論文一篇、並未出席、論文則由《中國詩刊》主編曾美霞女士代讀。
民國八十四年乙亥（一九九五）	七十五歲	一月、臺北文史哲出版社出版《墨人半世紀詩選》（一九四二—一九九四）。 一月十日應臺北廣播電臺《藝文夜話》主持人宋英小姐訪問、許導播秀玲決定十日開播《紅塵》全書四冊，每日廣播兩次。 中國詩歌藝術學會主辦、中國文藝協會協辦、於五月二十二日在臺北市中國文藝協會舉行《墨人半世紀詩選》學術研討會、與會詩人、評論家六十餘人、討論情況熱烈、並印發海峽兩岸評論家王常新、古繼堂、古遠清、李春生、楊允達、周伯乃等十三家論文專集。各家均推崇、肯定新舊詩兩方面的成就與半個多世紀的貢獻。

		英國劍橋國際傳記中心頒贈二十世紀文學傑出成就獎。 榮列一九九五年英國劍橋國際傳記中心出版的The Definitive Book of the Deputy Directors General of the IBC.佔全書篇幅五頁，刊登照片五張，爲全書之冠。
民國八十五年丙子（一九九六）	七十六歲	臺北圓明出版社出版涵蓋儒、釋、道三家思想的散文集《紅塵心語》。卷首有珍貴的文學照片十餘張。 臺北中國詩歌藝術學會出版《十三家論文》論《曇人半世紀詩選》。
民國八十六年丁丑（一九九七）	七十七歲	臺北中天出版社出版與《紅塵心語》爲姊妹集的散文集《年年作客伴寒窗》，各篇亦均以五、七言詩作題，內中作者詩詞亦多，並附錄珍貴文學資料訪問記，特寫，著作目錄等十餘篇。出任「乾坤」詩刊顧問，並主編該刊古典詩詞。 完成《曇人詩詞詩話》、《全宋詩尋幽探微》兩書全文。
民國八十七年戊寅（一九九八）	七十八歲	構思六年的以佛學精義結合修行心得化爲文學創作的長篇小說《婆娑世界》，於三月二十八日開筆，十二月脫稿。共三十八章，五十多萬字。 英國劍橋國際傳記中心（IBC）出版《二十世紀傑出人物》以照片配合文字將曇人傳記刊卷首重要位置，並頒發獎狀。大陸中國國際經濟文化交流促進會、燕京國際文化藝術研究會等七大單位編纂出版的《世界華人文學藝術界名人錄》，中國國際交流出版社出版的《世界名人錄》，均爲十六開巨型中文本。
民國八十八年己卯（一九九九）	七十九歲	本年爲來臺五十周年，創作六十周年，中國習俗八十歲，昭明出版社出版長篇小說《婆娑世界》。 美國傳記學會（ABI）出版二十世紀《五百位有影響力的領袖》，以照片配合文字將曇人傳記刊於卷首重要位置並頒發獎狀。照片及詩詞五首編入中國《當代吟壇》巨著。　美國「世界智庫」與艾因斯坦國際學會基金會」聯合頒贈曇人傑出成就榮譽獎，以紀念千禧年，並榮列中國出版的《中華精英大全》。 美國傳記學會頒贈曇人「二十世紀成就獎」。

民國八十九年庚辰（二〇〇〇）	八十歲	臺北昭明出版社陸續出版定本長篇小說《白雪青山》、《滾滾長江》、《春梅小史》；文學理論《紅樓夢的寫作技巧》，連同民國八十八年出版的長篇小說《娑婆世界》，並列為墨人一系列代表作品，以慶祝墨人八十整壽。 臺北詩藝文出版社出版《墨人詩詞詩話》。 臺北文史哲出版社出版《全宋詩尋幽探微》。
民國九十年辛巳（二〇〇一）	八十一歲	臺北昭明出版社出版長篇小說定本《紅塵》全書六冊及長篇小說《紫燕》定本。
民國九十一年壬午（二〇〇二）	八十二歲	五月三日偕長子邏翰赴上海訪友小住。 英國劍橋國際傳記中心授予「終身成就獎」。
民國九十二年癸未（二〇〇三）	八十三歲	八月底偕夫人及在臺子女四人經上海轉往故鄉九江市掃墓探親並遊廬山。
民國九十三年甲申（二〇〇四）	八十四歲	準備出版全集（經臺北榮民總醫院檢查無任何疾病。）巴黎 you-Feng 書局出版臺灣典雅法文本《紅塵》。
民國九十四年乙酉（二〇〇五）	八十五歲	此後五年不遠行，以防交通意外，準備資料。計劃百歲前開筆撰寫新長篇小說。 北京「中央出版社」出版《強國丰碑》，以著名文學家張萬熙為題刊出墨人傳略，為臺灣及海外華人作家唯一入選者。並先後接到北京電話、書函邀請寄送資料編入《一代名家》、《中華文化藝術名家名作世界傳播錄》。
民國九十五年丙戌（二〇〇六）至民國一百年（二〇一一）——	八十六歲至九十二歲——	重讀重校全集，已與臺北市文史哲出版社簽訂出版《墨人博士作品全集》合約， 民國一百年年內可以出版。此為「五四」以來中國大陸與臺灣所未有者。